ESG컨설팅

한광식 박종철 이종현 공저

이프레스

추/천/사

변화의 바람이 불고 있다. 현대 사회에서 우리가 직면한 지구의 생태계 위기, 기후 변화, 사회적 불평등, 그리고 거버넌스 문제 등은 지금까지 인류가 경험해 보지 못한 규모와 복잡성을 지니고 있다. 이렇게 다양하고 복잡한 문제들 앞에서 ESG의 중요성은 하루가 다르게 커지고 있다. 세계 각국은 이 변화를 인지하고, 그 중요성을 실질적으로 알아차리며, 각자의 방식으로 ESG의 가치를 실현하기 위한 전략을 구축하고 있다. 그 가운데 우리나라도 이 변화의 주역으로 자리 잡기 위한 다양한 노력을 지속하고 있다.

우리나라의 ESG 관련 국정과제, 무디스의 국가 ESG 평가, 그리고 유엔지속가능발전목표(SDGs) 평가 등을 살펴보면, 한국은 이미 세계적인 ESG 트렌드에 발맞춰 가고 있음을 알 수 있다. 그럼에도 이러한 평가와 지표는 우리 앞에 남아있는 수많은 과제와 함께 미래의 방향을 제시한다.

뉴욕타임스가 '세계에서 가장 중요한 경제학자'로 선정한 제프리 삭스 미국 컬럼비아대학교 경제학 교수는 "지속 가능한 발전은 공상과학소설이 아니라 우리가 실제로 방법을 알고 비용도 절대적 범위 안에 있는 손에 잡히는 기회"라고 말했다. 이 말은 우리나라의 모든 부처, 지방자치단체, 기업, 그리고 국민 모두가 함께 ESG의 가치를 실현하기 위해 노력해하고 그것이 충분히 가능함을 의미한다. 이 책은 그러한 노력의 방향과 구체적인 실행 계획을 제시하는데 중요한 역할을 할 것이다.

본 책은 사회 각 분야의 ESG 정립을 위한 컨설팅을 취지로 기획됐다. 책은 컨설팅의 의미와 ESG 경영의 의미, 그리고 ESG 관련 행정, 금융, 투자, 정책 관련 내용을 상세하게 제시하고 있다. 이를 통해 기업, 정부, 그리고 사회 모두가 지속 가능한 미래를 향해 전략적으로 나아갈 수 있는 방향을 알려준다.

더불어 이 책은 한국의 ESG 문제와 그에 대한 해결 방안을 다루며, 이를 위한 구체적인 실행계획과 전략, 그리고 그것을 실현하기 위한 실천적인 방법들을 모색할 수 있는 기회를 제시한다. 이런 내용은 한국이 지속 가능한 미래를 향해 확고한 발걸음을 내딛도록 도와줄 것이다.

'ESG컨설팅'은 ESG의 복잡한 이슈들을 명확히 이해하고, 그것을 실제 현장에서 어떻게 실현해나갈 것인지에 대한 구체적인 안내서의 역할을 할 것이라 기대한다. 이러한 변화의 흐름 속에서, 변화의 바람이 몰고 오는 이 시점에서, 우리 모두가 지속 가능한 미래를 향해 함께 나아갈 수 있길 진심으로 바란다.

우리 사회의 현재 상황을 고려할 때, ESG는 단순히 기업의 사회적 책임을 넘어선, 모든 계층과 부처가 함께 참여하며 노력해야 할 핵심 의제라고 할 수 있다. 기업의 사회적 책임은 과거에는 선택적이었으나, 현재는 필수적인 요소로 자리 잡았다. 이러한 변화는 기업뿐 아니라, 정부와 시민 사회 모두에게 필요한 전환점을 제시한다. 그리고 그 방향성을 제시하는 것이 바로 'ESG컨설팅'의 역할이다.

이 책을 통해 우리 사회가 지향해야 할 지속 가능한 미래의 비전을 제시하고, 그를 위한 구체적인 전략과 방안을 제공함으로써, 우리 모두가 함께 향해 나아갈 수 있는 길 위로 올라설 것이다.

변화의 바람이 불어올 때, 그 바람을 맞서는 것이 아니라, 그 바람을 이용해 더 큰 목표를 향해 나아갈 수 있는 방법을 찾는 것이 중요하다. 그렇게 함께 나아가는 것이 ESG의 진정한 의미이며, 그 방향을 제시하는 것이 이 책의 목적이다.

국제지도자연합 세계총재
전 UN사무차장 겸 UN에스캅 사무총장
김 학 수

머/리/말

전 세계적으로 ESG는 빠른 속도로 기업의 영역을 넘어 국가경쟁력 이슈로 확대되고 있지만, 우리나라는 다소 늦은 출발로 준비가 미흡한 상태입니다. 이로 인해 글로벌 시장에서 활약하고 있는 기업들은 무역장벽으로 부딪치는 어려움을 겪고 있는 상황입니다. 여기에 더해 중소기업 및 중견기업 등은 인력이나 정보 부족으로 더 많은 어려움에 처해 있으며, 특히 중앙이나 지방, 지역 간 ESG에 대한 인식이나 준비에 있어서 많은 편차가 존재하고 있습니다.

수출 중심의 국내 기업은 EU 등 국제사회의 법률 규범화에 대응하는 국가경쟁력 강화가 절실합니다. 중앙행정부처와 지방자치단체들은 다양하게 실행하고 있는 ESG 행정의 일관성과 효율성을 제고해야 합니다. 그러기 위해서는 중소 및 중견기업을 포함한 다양한 경제적·사회적 주체들이 ESG를 내재화하고 발전시킬 수 있는 공감대를 형성하고, ESG 생태계 조성을 통한 ESG 관련 창업 진흥 및 청년대상 신규 일자리 창출이 무엇보다도 중요합니다.

우리나라는 산업의 특성상 해외 의존도가 높기 때문에 그만큼 국가경쟁력을 키워야 합니다. 이를 위해서는 정부와 지방자치단체, 기업, 공공기관, 시민, 언론, 교육기관 등 각 주체들이 ESG 확산을 위한 노력과 실천을 함께 해나갈 필요가 있습니다. 이제 세계 10위권의 선진국 반열에 오른 만큼 글로벌 ESG 트렌드를 벤치마킹하는 것뿐만 아니라 개도국을 대상으로 ESG 확산을 주도할 필요도 있습니다.

ESG컨설팅은 ESG경영에 대한 전문성과 경험을 바탕으로, 기업이 처한 문제를 해결하고 향후 예측되는 문제에 대해 현실적이고 객관적인 솔루션(Solution)을 제시하는 것입니다.

또한 컨설팅을 진행하는 ESG 컨설턴트(Consultant)는 고객이 원하는 ESG 질문(Question), 문제(Problem), 요구(Needs)에 대해서 효율적인 대답(Answer), 해결책(Solution), 산출물(Product)을 제시할 수 있어야 합니다.

모쪼록 본서를 통하여 기업, 기관, 지자체 등 우리나라의 각 주체들이 직면하고 있는 ESG 현황을 파악하고 실무적으로 문제들을 해결할 수 있으며 실질적인 도움을 주는 ESG컨설팅 생태계가 창출되기를 바랍니다.

그동안 이 책이 출간될 때까지 마음을 다하여 주신 모든 분과 이프레스의 최용구 대표님께 깊은 감사를 드립니다.

2023년 10월
저자들을 대표하여
한 광 식

차/례

- 추천사_ 3
- 머리말_ 6

Chapter 01 컨설팅의 이해

1. 컨설팅(Consulting) 12
2. 컨설팅 유사개념 15
3. 컨설턴트(Consultant) 19

Chapter 02 컨설팅 수행모델

1. 르윈과 샤인(Lewin & Schein) 모델 40
2. 콜프와 프록만(Kolb & Frohman) 모델 41
3. 밀란(Milan) 모델 43
4. 매거리슨(Margerison) 모델 46

Chapter 03 컨설팅 수행단계

1. 착수단계 53
2. 진단단계 64
3. 실행단계 74
4. 종료단계 108

Chapter 04 ESG경영 및 행정

1. ESG 개요 112
2. ESG경영 125

3. ESG 행정 132
4. ESG 평가와 공시 189

Chapter 05 ESG 금융 및 투자
1. ESG 금융 212
2. ESG 투자 213

Chapter 06 K-ESG 가이드라인 활용
1. 배경과 목적 220
2. 활용방안 227

Chapter 07 알아두면 도움이 되는 팁
1. 시장조사법 236
2. 돈 되는 지식재산권의 확보 246
3. 사업화를 추진하기 위한 5가지 핵심요소 252
4. 사업화화 프로세스 255

부록
1. ESG 관련 기관 270
2. ESG 용어 308

■ 참고문헌_ 341
■ 찾아보기_ 342

Chapter

01

컨설팅의 이해

Environmental, Social and Governance

이 장에서는 컨설팅과 유사한 개념에 대해서 살펴보고, 컨설턴트(Consultant)가 되기 위한 핵심요소, 기본자세, 직업윤리, 대화예절, 인터뷰(Interview) 과정 등에 대해서 학습하기로 한다.

1 컨설팅(Consulting)

컨설팅은 일상적인 조언을 구하거나 제공하는 행위를 가리켜 왔다. 그러나 컨설팅을 전문적으로 수행하는 사람이 늘어나면서 다양하게 규정되고 있다. 컨설팅 하면 보통 경영컨설팅을 생각하지만 지금은 경영분야뿐만 아니라 의료, 건축, 금융, 설계, 엔지니어링, 법률 등 많은 영역에서도 이루어지고 있다. 이들 각 분야에서 사용하는 컨설팅의 의미와 접근방식은 다양하다.

결론적으로 컨설팅은 특정분야에 대한 전문성과 경험을 가지고 주어진 문제를 해결하고, 향후 예측되는 전반적인 문제에 대해서 현실적이고 객관적인 솔루션(Solution)을 제시하는 것이다. 유능한 컨설턴트(Consultant)는 고객이 원하는 질문(Question), 문제(Problem), 요구(Needs)에 대해서 효율적인 대답(Answer), 해결책(Solution), 산출물(Product)을 제시할 수 있어야 한다. [그림 1-1]은 컨설팅(Consulting)의 개념을 설명한 것이다.

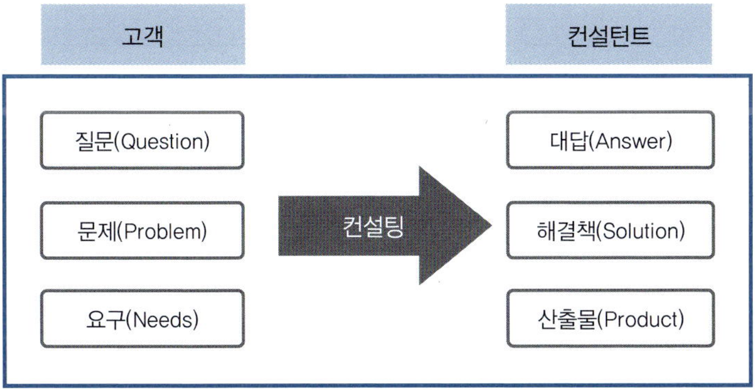

[그림 1-1] 컨설팅(Consulting)의 개념

또한, 컨설팅은 그 대상이 '사람'인 경우와 '조직'인 경우로 구분할 수 있다. 대상이 '사람'인 컨설팅은 두 사람 사이에서 이루어지는 상호작용이다. 한 사람은 특정분야의 전문가로서, 자신의 업무와 관련해서 도움이 필요한 사람을 도와준다. 이와 같은 경우는 컨설팅 대상이 사람이기 때문에, 컨설팅을 컨설턴트(Consultant), 의뢰인(Consultee), 고객(Client) 삼자 간의 상호작용으로 정의한다.

반면, 컨설팅 대상이 '조직'인 경우에는 컨설팅의 초점이 기업의 '업무'에 있기 때문에 컨설팅을 컨설턴트(Consultant)와 고객(Client) 양자 간의 상호작용으로 규정한다. 이상과 같이 컨설팅은 의뢰인이 도움을 청하는 문제가 '사람'에 관한 것인지, 아니면 '조직'에 관한 것인지의 차이가 있을 수는 있겠지만, 의뢰인이나 고객의 문제에 대해 컨설턴트가 지원해 주는 활동이라는 점에서는 동일함을 알 수 있다. [그림 1-2]는 컨설턴트(Consultant)의 의미를 나타낸 것이다.

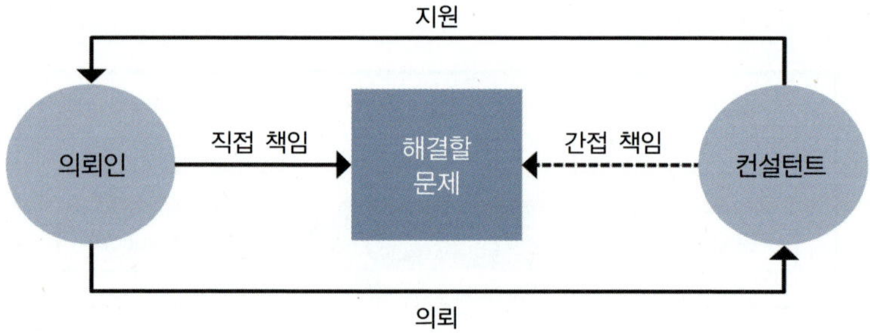

[그림 1-2] **컨설턴트(Consultant)의 의미**

초기의 컨설팅은 주로 회계(Accounting)와 제조분야에 근간을 두었으나 기업조직이 확대되고 기업경영이 점점 복잡해짐에 따라 전략 컨설팅, 인적자원 컨설팅, 운영관리 컨설팅, 정보기술 컨설팅 등으로 확대되어 왔다.

전략 컨설팅

전략 컨설팅에서는 신규시장 진출이나 기존시장의 방어, 사업다각화, M&A 등 기업의 전략적 대안에 대한 최고경영자의 효과적인 의사결정을 지원하는 서비스를 제공한다.

인적자원 컨설팅

인적자원 컨설팅에서는 종업원들의 성과 평가, 임금 및 보상체계, 직급 및 승진체계, 적정인력 산출 등과 같은 전통적인 기업의 인사·조직관리 문제들을 다루며, 최근에는 조직활성화를 위한 조직구조 재설계나 변화관리 등의 문제가 부각되고 있다.

◎ 운영관리 컨설팅

운영관리 컨설팅에서는 리엔지니어링, 아웃소싱, 종합적 품질경영(Total Quality Management, TQM), 6시그마 등과 같이 생산현장이나 사무직의 생산성 향상, 품질 개선, 업무 효율화 등의 서비스를 제공한다.

◎ 정보기술 컨설팅

정보기술 컨설팅에서는 전사적 자원관리(Enterprise Resource Planning, ERP), 지식관리시스템(Knowledge Management System, KMS), 데이터 웨어하우스(Data Warehouse), 인터넷 등 기업의 정보기술 도입 및 개발 등의 서비스를 제공한다.

2 컨설팅 유사개념

1) 코칭(Coaching)

코칭은 개인의 목표를 성취할 수 있도록 자신감과 의욕을 고취시키고, 실력과 잠재력을 최대한 발휘할 수 있도록 돕는 일을 의미한다. 코칭이라는 용어는 커다란 사륜마차를 가리키는 '코치(Coach)'로부터 비롯된 것으로, 사람을 목적지까지 운반한다는 의미에서 목표점에 다다를 수 있도록 인도한다는 의미로 변화되었다. 1830년 영국 옥스퍼드대학에서 학생들의 시험통과를 돕는 가정교사 일을 가리키는 말로 사용되었고, 1861년에 이르러 스포츠

분야에서 사용되기 시작하였다.

일반적으로 코칭은 사람의 행동을 성숙하게 하는 데 초점을 둔다. 드러나는 행동과 그에 대한 조치를 배우며 피드백(Feedback)을 제공하고 사람들에게 미래지향적으로 생각하고 스스로 깨닫게 해준다.

2) 상담(Advice)

상담은 심리학적인 기술과 교양을 말하는데, 문제를 가지고 찾아온 내담자와 대화를 통해 상담자가 문제해결에 대한 조언을 해주거나 내담자 자신이 문제를 해결할 수 있도록 인격적 발달을 돕는 것이다. 상담은 과거의 문제로 상처를 받은 사람들이 주로 찾아오고, 내담자의 심리를 파고들어 분석하고 평가하여 치유하는 데 초점을 둔다.

상담과 코칭은 많은 유사점이 있다. 모두 일대일 관계를 가지며 변화와 진보에 초점을 두는 성장지향적인 관계다. 서로 유사한 관계처럼 보이기는 하나 상담은 학습자가 기술과 안목을 갖게 하는 데 더 큰 비중을 두는 반면, 코칭은 사람들의 성장과 변화에 관한 기본원리들을 삶의 모든 영역에 적용하는 데 중점을 둔다.

3) 멘토링(Mentoring)

멘토링은 경험이 적은 사람과 경험이 많은 사람이 짝지어서 합의한 특정 역량을 개발하려는 인간관계를 말한다. 멘토링에는 두 사람의 관계에서 주체가 되는 멘토(Mentor)가 있고, 멘토의 지도와 도움을 받는 멘티(Mentee)가 있다.

Hudson(1999)은 멘토(Mentor)는 "다른 사람에게 유용한 지식과 통찰과 전망 또는 지혜를 제공하거나 특정분야의 선지자로서 조언하고 격려하는 사람"으로 정의하고 있다. 따라서 멘토링이란 경험과 지식이 풍부한 사람이 멘티(Mentee)에게 지도와 조언을 하면서 실력과 잠재력을 개발하는 것이며, 선배나 경험이 많은 사람이 후배와 진지한 관계를 맺으며 역할 모델이 되고, 개인적이며 심리사회적인 지원을 제공하는 것을 뜻한다. 전통적인 멘토링은 위계적 관계였으나 현대의 멘토링은 상호주의적이고 평등하고 협조적인 학습 동맹이다.

멘토의 유래는 그리스 신화에서 비롯된다. 고대 그리스의 이타카 왕국의 왕 오디세우스(Odysseus)가 트로이(Troy) 전쟁에 나가면서, 친구에게 자신의 아들 텔레마코스(Telemachus)를 보살펴 달라고 맡겼는데, 그 친구의 이름이 바로 멘토(Mentor)였다. 멘토는 오디세우스가 전쟁에서 돌아올 때까지 텔레마코스의 친구, 선생님, 상담자, 때로는 아버지가 되어 그를 잘 돌보았고 텔레마코스가 성장하는 데 더할 나위 없이 커다란 정신적인 지주 역할을 했다. 10년 후 전쟁에서 돌아온 오디세우스는 훌륭하게 성장한 아들을 보고 "역시 멘토(Mentor)다워!"라며 크게 칭찬했다. 그 후로 멘토라는 이름은 지혜와 신뢰로 한 사람의 인생을 이끌어 주는 지도자라는 의미로 사용되었다.

이러한 의미의 멘토링은 기업에서도 많이 사용되는데, 기업에서 멘토링은 현장훈련을 통한 인재 육성 활동으로 정의할 수 있다. 즉, 회사나 업무에 대한 풍부한 경험과 전문지식을 가진 사람이 일대일로 전담하여 구성원을 지도, 코치(Coach), 조언하면서 실력과 잠재력을 개발, 성장시키는 활동이다. 최근에 많은 기업이 도입하고 있는 후견인 제도가 멘토링의 전형적인 사례이다. 이 제도는 신입사원들이 업무에 신속히 적응하도록 유도하고 성장 잠재력을 개발하는 데 있다.

4) 카운슬링(Counseling)

카운슬링은 의뢰인이 해결해야 할 문제를 발견하고 이해하는 데 도움을 줄 수 있는 기법이다. 카운슬링을 통해서 의뢰인은 자신감과 개인적인 목표를 추구하는 데 있어서 독립적인 태도를 가질 수 있다. 또한, 조직이 아닌 개인을 돕는 데 목적을 두고 있으므로 일대일 관계로 이루어지는 것이 좋다. 컨설팅에 유용하게 활용될 수 있는 카운슬링 기법을 소개하면 다음과 같다.

첫째, 긍정화이다. 긍정화는 의뢰인이 자신을 긍정적으로 다시 보도록 돕는 것이다. 가장 간단한 긍정화기법은 '역설적 칭찬'이다. 이것은 의뢰인의 말이나 행동을 토대로 거기에서 긍정적인 면을 발견하여 그 점을 부각시키는 기술을 말한다. 역설적 칭찬보다 좀 더 적극적인 방법으로 '긍정의 발굴'이 있다. 의뢰인의 말이나 행동의 내면에 깔린 긍정적인 면을 발굴하여 이를 부각시키는 기술을 말한다.

둘째, 자기의 주체화이다. 이것은 의뢰인을 주체적이고 능동적으로 변화시키는 기술이다. 의뢰인이 문제를 남의 탓으로 돌리는 경우에 필요하다.

셋째, 적절한 조언이다. 조언을 할 때는 목적을 분명히 밝히고, 의뢰인이 지금까지 어떤 노력을 해왔는지 알아보는 것이 필요하다. 그리고 조언은 되도록 간단하고 구체적으로 하며, 카운슬링의 효과에 대한 피드백을 받는 것이 좋다.

이와 같이 카운슬링은 주로 언어를 주요 매개(媒介)로 하는 데 비해, 심리요법은 언어에 의한 것 외에 유희요법, 작업요법, 음악요법, 회화요법, 레크리에이션요법 등의 활동을 통하는 것까지 포함한다는 차이가 있다.

3 컨설턴트(Consultant)

컨설턴트는 학문적 지식과 현장경험을 바탕으로 의뢰자의 문제를 파악하여 현재(As-Is)보다 나은 미래(To-Be)의 모델을 제공함으로써, 의뢰인의 경쟁력 강화를 도와주는 역할자를 말한다. 컨설턴트에 대한 정의는 보는 관점에 따라 다르겠지만 몇 가지를 소개하면 다음과 같다.

- 컨설턴트는 경영상의 문제를 최고경영자의 시각으로 바라보되 사실에 입각하여 철저하게 분석하고 의뢰인의 상황에 맞는 최적의 해결책을 제시하며, 도출된 해결책의 효과적인 실행을 위해 의뢰인을 지속적으로 지원하는 사람이다.

- 컨설턴트는 경영의 현상을 객관적으로 관찰·분석하고 문제점을 조기에 지적하며, 풍부한 경험을 바탕으로 적절한 해결 방안을 조언하는 비즈니스 닥터(doctor)라고도 한다.
- 컨설턴트는 기업의 조직·계획·지시·통제 등 경영에 관한 문제를 밝혀내고 전문가적인 입장에서 문제를 해결하는 데 필요한 교육·경험·기술적 능력을 가진 사람으로, 공평하고 객관적인 조언으로 기업에 봉사하는 사람이다.

1) 유능한 컨설턴트가 되기 위한 핵심요소

유능한 컨설턴트가 되기 위한 핵심요소로는 [그림 1-3]과 같이 마인드, 경험, 커뮤니케이션, 핵심 전문지식 등이 있다.

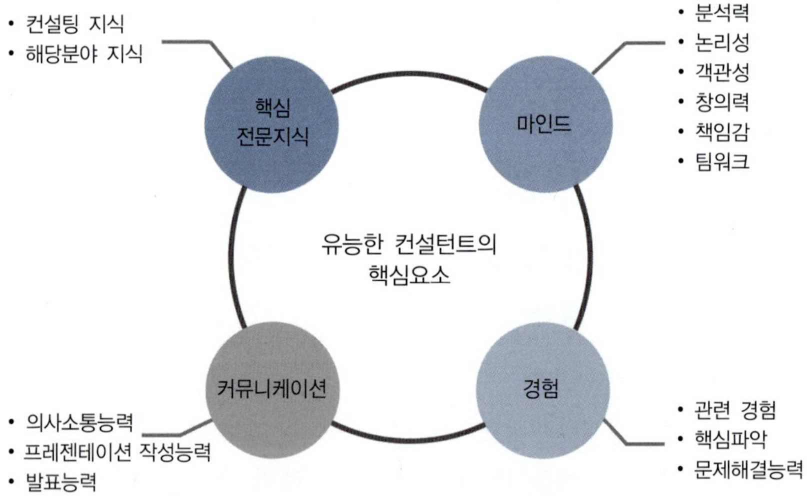

[그림 1-3] 유능한 컨설턴트가 되기 위한 핵심요소

2) 컨설턴트의 기본자세

- 처음 접하는 의뢰인에게는 가벼운 목례와 함께 명함 및 악수를 교환한다.
- 의뢰인에게는 물론 동반한 컨설턴트에게도 경어를 사용한다.
- 인사가 끝나면 방문한 느낌이나 분위기를 토대로 가볍게 이야기를 풀어간다.
- 방문 목적과 준비한 내용을 차분하게 설명한다.
- 의뢰인 방문은 설명을 위한 목적 외에 의뢰인의 요구를 경청하기 위한 자리임을 상기한다.
- 설명과 토론이 함께 동반되는 경우 의뢰인의 집중도를 감안하며 시간관리를 한다.
- 설명이나 토론 이후에는 설명 내용과 의뢰인의 기대수준이 부합되었는지 확인한다.
- 경쟁사에 관한 직설적인 평가나 지나친 평가절하는 피한다.
- 의뢰인의 발언과 행동에 대해서는 경청하되 단정적인 긍정 또는 부정표현은 삼간다.
- 의뢰인의 요구에 대한 즉시적인 답변을 삼가고 내부검토 후 회신할 것을 약속한다.
- 면담이 끝나면 면담의 목적과 성과에 대해 간략히 정리·확인한 후 다음 일정을 약속한다.
- 프로젝트 진행 중에는 의뢰인 기업(기관)의 문화와 단계를 존중 및 준수한다.
- 사적인 목적이나 용도로 의뢰인의 자산 및 이익을 침해해서는

안 된다.

3) 컨설턴트가 갖추어야 할 직업윤리

어떠한 직업에 종사하든 개개의 직업인에게 요구되는 윤리규범이 존재하기 마련이다. 컨설턴트의 업무는 기업의 경영 전반에 거쳐 커다란 영향력을 미칠 수 있으므로 윤리적인 측면에서 고려되어야 할 사항들이 비교적 많은 편이다. 컨설턴트의 윤리강령은 컨설턴트가 업무 수행 시 지켜야 할 최소한의 사항으로서, 다음과 같은 항목이 국제적으로 널리 통용되고 있다.

◘ 고객의 정보는 무덤까지 비밀로 한다.

이는 컨설턴트가 지켜야 할 가장 중요한 사항이다. 기밀유지에 실패하면 고객뿐만 아니라 컨설턴트에게도 치명적인 결과를 초래할 수 있다. 따라서 부정경쟁방지법 등을 사전에 숙지하여야 한다.

컨설턴트는 고객의 업무와 관련된 모든 정보를 비밀로 취급하여야 하며, 습득한 정보를 개인의 이익을 위해 사용하거나 타인에게 제공하지 않아야 한다. 기업과 자신이 한 일을 주변 사람들에게 자랑하기 위해 유포해서도 안 된다. 또한, 고객의 입장에서도 컨설턴트에게 기밀유지에 대한 당부를 서면으로 하여 각서를 받아두는 것이 바람직하다.

◘ 허위·과장을 해서는 안 된다.

컨설턴트는 모든 것을 다 할 수 있는 것처럼 자신을 나타내서는 안 된다. 즉, 자신이 해결할 수 있는 능력범위 내에서 프로젝트에 참여해야 한다. 계약을 성사시키기 위해 마치 자신의 서비스가 만병통치약인 것처럼 과장하여 설명하는 등 고객에게 비현실적 기대를 갖게 하거나 효과에 대한 과도한 약속은 금물이다.

정해진 비용만 받는다.

컨설턴트는 컨설팅의 소개나 계약 성사를 이유로 소개비나 보상금을 받아서는 안 된다. 자신이 아닌 제3자를 추천하는 데 따른 대가를 받거나, 상품이나 서비스의 수수에 대한 관심을 보여서도 안 된다. 계약서에 명시된 금액 이외에 일체의 부가적인 사항을 요구하는 것은 공정한 거래행위가 아니므로 바람직하지 못하며 다음 기회의 거래를 이끌어내기 어렵다.

업무범위를 지킨다.

컨설턴트는 자신이 가지고 있는 기술과 지식의 범위 내에서 고객에게 업무를 제공해야 한다. 자신의 서비스 분야를 벗어나는 과제는 고객이 스스로 판단하여 다른 서비스를 채택하거나 해결하도록 해야 한다. 일단 고객과 컨설턴트가 합의한 분야 이외의 것은 고객의 요구나 합의가 없는 한 일방적으로 다른 컨설턴트를 주선하거나 권유하지 않아야 한다.

모호한 업무는 피한다.

컨설턴트는 문제 발생의 소지가 있는 부분을 발견하게 되면 관계자에게 알려 혼자만 알고 수행함으로써 발생할 수 있는 위험을 사전에 방지하도록 해야 한다. 컨설팅의 결과는 고객이 끌어안게 된다. 따라서 모든 돌발적인 상황이나 문제에 직면하게 되면 고객에게 신속하게 알림으로써 그들이 대처하고 해결할 수 있는 기회를 제공하는 것이 좋다. 발생 가능한 사안은 컨설팅 계약단계에서 고객과 미리 협의하거나 계약서에 명문화하는 것도 고려해야 한다.

◘ 성실하게 상담한다.

컨설턴트는 컨설팅의 수행목적 · 범위 · 작업계획 · 수수료 등에 대해 고객과 상호이해가 이루어져야 한다. 여기에는 사업추진에 영향을 미치는 개인적 · 금전적 요소들을 포함한다. 컨설팅을 수행하다 보면 고객의 요구에 부응하지 못하거나 이해관계 상반 등의 소지가 발생할 수 있는데 이러한 경우 대화를 통해 고객을 이해시켜야 한다.

◘ 인사개입은 절대 금물이다.

컨설턴트는 고객과의 사전협의 없이 고객에게 신규직원의 채용이나 현재의 직원을 교체하도록 권유해서는 안 된다. 컨설턴트가 기업에게 행사할 수 있는 영향력 중의 하나가 바로 기존 직원이나 컨설팅 추진인원에 대한 신상의 문제를 제기하는 것인데, 만약 이러한 문제의 발생이 예견되는 컨설팅을 수행하게 된다면 사전에 인사권을 가진 자와 이러한 사안을 제시할 수 있는지 협의하는 것이 좋다.

책임감 있는 업무자세를 보인다.

컨설턴트는 고객, 일반인, 동료들과의 관계에 있어 전문가로서의 책무를 다해야 한다. 부실한 업무수행은 고객에게 불신감을 주는 것은 물론 소속된 컨설팅 기관이나 사무소의 이미지에도 치명적인 영향을 미치게 된다. 특히 기업이나 그 소속직원의 약점이나 과오를 발견하더라도 고압적인 자세나 위협적인 발언을 하는 등의 태도는 금해야 한다. 컨설턴트는 고객을 지원하고 그들의 발전과 성장을 위해 일하는 것을 가장 큰 보람으로 여겨야 한다.

동료 컨설턴트와 서로 협력한다.

컨설턴트는 다른 컨설턴트가 윤리강령을 준수하고 업무에 만전을 기하도록 협조해야 한다. 자신만을 생각하여 다른 컨설턴트의 어려움을 외면하거나 불필요한 경쟁심리를 가지고 서로 반목하는 것은 바람직하지 않다. 동료 컨설턴트는 정보와 경험의 교류를 위한 가장 좋은 친구이다.

TIP 컨설턴트에게 금지되는 언행

- 고객을 불쾌하게 하거나 불신으로 고객 감정을 자극하는 언행을 하여서는 안 된다.
- 자화자찬이나 과신 등 컨설턴트 개인의 자랑을 일삼는 것은 좋지 않다.
- 고객에게 고압적이거나 위협적인 말이나 태도는 안 된다.
- 의도적으로 접대나 향응을 요구하거나 강요를 하여서는 안 된다.

- 고객을 무시하거나 경시하는 언행, 비방하는 언행을 하여서는 안 된다.
- 고객 앞에서 다른 컨설턴트나 고객들을 비방하거나 비난하여서는 안 된다.
- 고객에게 불법적이거나 위법 행위를 방조하는 형태의 컨설팅은 안 된다.
- 고객의 언행이 다소 불쾌함을 느낄 경우라도 고객에게 맞대응하여 고객을 불쾌하게 하여서는 안 된다.
- 실행하기 어렵거나 실행을 못할 약속을 남발하여서는 안 된다.

4) 대화예절

최대한 긍정적인 표현을 사용하고, 명료하게, 쉽고, 공손하게 말해야 한다. 또한, 경어는 지나치지 않도록 경우에 맞게 사용해야 한다. 서로의 인격을 존중하고 상호존중하는 마음이 있어야 비로소 진정한 경어가 된다. 대화의 기본자세는 다음과 같다.

- 시선: 상대방의 미간을 부드럽게 보면서 말한다.
- 몸: 상황에 맞는 표정으로, 등을 펴고 똑바른 자세로, 적절한 몸짓을 사용한다.
- 입: 정확한 발음으로 자연스럽고 상냥하게, 알기 쉽고 친절하고 공손하게, 적당한 크기와 속도로 말한다.
- 마음: 편견 없이 대화하도록 한다.
- 발음은 정확하고 밝은 목소리로 한다.
- 말의 속도 조절에 유념하며 강조할 부분에는 반드시 악센트를 가한다.
- 상대방의 관심분야에 초점을 맞춘다.
- 말끝을 흐리지 않고 명료하게 전달한다.

- 상대방이 알아듣기 쉬운 용어를 사용한다.
- 상대방의 말을 끝까지 경청한다.
- 견해 차이가 있더라도 끼어들지 않는다.
- 긍정적인 태도로 맞장구를 친다.
- 대화 도중 가끔씩 상대방 편으로 몸을 기울여 관심을 표시한다.

5) 컨설턴트의 복장

컨설턴트의 복장은 때(Time), 장소(Place), 상황(Occasion)에 맞게 선택해야 한다. 장소나 상황에 맞는 복장을 했는지 여부에 따라 그 사람의 이미지가 달라진다. 물론 옷차림이나 몸치장만으로 사람을 판단하게 되면 자칫 선입견에 빠질 수 있으나, 사람의 첫인상을 좌우하는 첫 번째 요인은 역시 옷차림이 될 수밖에 없다. 옷차림과 같은 첫인상을 바탕으로 그 사람과의 대화나 행동 등을 통해 보다 구체적인 인상을 만들어 나가게 되는 것이다.

말하자면 복장은 일종의 의사표시로서, 옷차림을 통해 그 사람의 직장, 생활, 환경, 성격, 취미, 교양을 엿볼 수 있다. 따라서 값비싼 옷보다는 깨끗하고 단정하게 차려 입는 데 역점을 두고, 최신 유행을 따르기보다는 자기에게 어울리는 옷으로 맵시 있게 연출하여 세련된 이미지를 주는 것이 좋다.

컨설턴트가 옷차림에 신경 쓰는 것은 단순히 멋을 부리기보다는 품위를 갖추는 것을 의미한다. 많은 사람을 만나 전문분야에 대한 지식과 가치를 전달해야 하는 컨설턴트는 일주일에 보통 수십 명에 달하는 사람을 만나게 된다. 때문에 복장과 이미지 관리에 신경을 쓰지 않을 수 없다.

컨설턴트의 복장 및 이미지에 있어 가장 중요한 점은 신뢰성, 활동성과 단정함의 균형이다. 특히, 컨설턴트에게 있어 전문성과 신뢰는 절대가치이므로 단정하고 깔끔한 인상을 주는 것이 매우 중요하며, 지나치게 원색적인 복장이나 눈에 띄는 장신구는 자신의 품격을 떨어뜨릴 뿐 아니라 회사의 이미지까지 훼손할 염려가 있으므로 지양하는 것이 바람직하다. 특히, 여름철에는 겨드랑이가 보이지 않도록 반팔이나 민소매 옷은 피하는 것이 좋으며, 여성의 경우 샌들을 신지 말아야 하는 것은 아니지만 맨발은 고객에게 결례가 되는 점을 감안해야 한다.

경영진을 대상으로 한 회의나 중요한 프레젠테이션을 진행할 때는 자신의 정장 아이템 중에서 가장 뛰어난 것으로 선택한다. 왜냐하면 여러 사람의 시선을 받는 자리에서 자신의 뜻을 관철시켜야 하므로 작은 실수도 용납하지 않을 것 같은 느낌을 부각시키는 것이 중요하기 때문이다.

한편 넥타이 핀이나 커프스 버튼 같은 액세서리는 무난한 느낌을 주는 것이 좋으며, 광택이 나거나 튀는 색상은 피하도록 한다. 왜냐하면 빔 프로젝터의 빛에 반사될 염려가 있는데다가 고객의 시선이 분산될 수 있기 때문이다.

○ 양복

- 자신의 체형에 맞는 색상과 무늬를 선택한다.
- 지나친 유행을 피하며, 기능적이고 품위 있는 사무용 정장

(Business Suit)을 착용한다.

- 검정색이나 감색이 기본이며 화려한 원색, 너무 독특한 재질이나 눈에 띄는 디자인은 지양한다.
- 바지 길이는 서 있을 때 단이 구두 등에 가볍게 닿는 정도가 좋으며, 소매 길이는 손등 위로 알맞게 얹히는 정도가 좋다.

와이셔츠와 벨트

- 와이셔츠를 드레스 셔츠(Dress Shirt)로 표현하기도 하는데 이는 일본인들이 흰색 셔츠(White Shirt)를 와이셔츠로 발음한 데서 생겨난 잘못된 표현이다.
- 사무용 정장(Business Suit)에는 흰색이 잘 어울리며 신뢰감을 줄 수 있는 푸른색 계열도 무난하다.
- 와이셔즈의 사이즈는 목둘레와 소매길이로 측정하는데, 목 부분과 손목 부분이 1~1.5cm 정도 보이도록 하여 재는 것이 올바른 방법이다.
- 양복과 어울리는 색상의 벨트를 착용하되 지나치게 폭이 넓거나 버클모양이 요란한 것은 금물이다.

넥타이

- 넥타이를 맨 길이는 벨트의 버클을 약간 덮을 정도가 적당하다. 이보다 짧으면 여유가 없어 보이고, 길면 느슨한 느낌을 주게 된다.
- 넥타이의 폭은 상의의 깃과 폭이 같은 것으로 선택하고, 넥타

이의 색깔은 양복과 동일한 색이 무난하며 보색 계통의 넥타이는 화려한 이미지를 자주색 계통의 넥타이는 활기 있고 적극적이며 믿음직스러운 인상을 줄 수 있다. 의뢰인을 대상으로 한 중요한 프레젠테이션 진행시에는 신뢰감을 주는 청색이나 적극적인 느낌의 자주색을 선택하는 것이 적절하다.

• 조끼를 입을 때는 넥타이가 조끼 밑으로 나오지 않도록 하며, 조끼를 입지 않았을 때 하는 클립식 넥타이핀은 금색의 단순한 형태를 선택하는 것이 좋다.

구두와 양말

• 구두의 색깔은 양복 색깔과 맞추는 것이 좋다. 검정색이나 짙은 갈색이 일반적이다.

• 캐주얼화는 가능하면 피하는 것이 좋다.

• 경영진을 대상으로 한 보고 또는 의뢰인과의 회의 시에는 반드시 정장구두를 착용한다.

6) 인터뷰(Interview)

인터뷰란 면접·대담·회견 등을 뜻하는 말로 넓은 의미로는 조사·진단·시험·취재 등의 목적으로 특정한 개인이나 집단에 대면하여 필요한 정보를 수집하는 것을 말한다. 인터뷰는 계획 수립에서 매우 중요한 기법 중의 하나이다. 인터뷰를 통해서 얻고자 하는 것이 무엇이며, 누구에게, 언제, 어디서, 어떤 방법으로 원하는 정보를 얻을 수 있는지에 대해서 판단하여야 한다.

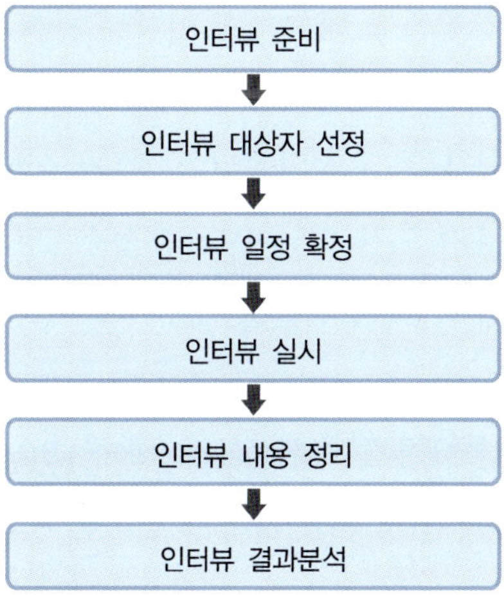

[그림 1-4] **인터뷰 진행단계**

인터뷰 준비

인터뷰 진행자는 우선 인터뷰 대상자에게 인터뷰 목적에 대해서 간단히 소개하고 인터뷰자들의 역할을 설명한다. 이때 인터뷰 내용기록과 소요시간에 대해서 사전에 동의를 구한다. 인터뷰 일시와 대상자가 확정되면 사전에 인터뷰 목적과 내용 등에 대해서 간단한 설명을 한다.

인터뷰 대상자 선정

프로젝트 팀원은 인터뷰 수행에 대한 책임이 있다. 인터뷰는 보통 2인 1조로 수행하는 것이 좋으나, 그 이상일 경우에는 인터뷰 대상자에게 위화감을 줄 수 있는 소지가 있다. 따라서 인터뷰 수행인원은 인터뷰 대상자가 수행하는 업무활동에 대해서 사전에 분석·조사하는 것이 필요하다. 경영목표나 핵심성공요인을 파악하기 위해서는 경영층을 대상으로 인터뷰를 하는 것이 바람직하며, 업무를 파악하기 위한 인터뷰 시에는 각 부서장이나 실무자들을 대상으로 인터뷰를 실시하는 것이 효과적이다. 인터뷰 대상자는 부서별 2~3명 정도가 적당하며, 부서장 1명과 업무에 대해서 잘 알고 있는 실무자 1~2명들을 대상자로 선정한다.

수행인원은 두 명이 필요한데 한 사람은 토의를 진행하며, 다른 한 사람은 인터뷰 내용을 기록하도록 한다. 인터뷰 시간은 각 인터뷰에 대해서 1시간(경영층), 2시간(관리자, 실무자) 정도가 적당하나, 상황에 따라서 유동적이고 확인을 위해 추가의 인터뷰를 실시할 수 있다.

인터뷰 일정 확정

인터뷰는 프로젝트 착수회의(Kick-off 미팅) 시 일정이 정해져 있어야 하며 가능하면 경영층부터 시작한다. 이는 경영목표와 전략에 대해서 파악한 후 분석을 하는 것이 인터뷰 주제를 더욱 명확히 할 수 있고, 기관 전반에 대한 관심도 유발할 수 있기 때문이다. 인터뷰 장소는 인터뷰 대상자들이 편안하게 느끼는 장소를 선택하며, 소음과 여러 방해를 피할 수 있는 장소로 하는 것이 효과를 극대화할 수 있다. 익숙한 장소에서 인터뷰를 할 때 인터뷰 대상자가 편안함을 느끼고 적극적으로 대화를 할 수 있어야 질 높은 결과를 이끌어낼 수 있다.

⭘ 인터뷰 실시

인터뷰 양식지를 바탕으로 주제범위에 벗어나지 않도록 편안하고 자연스러운 분위기하에서 인터뷰를 실시한다. 인터뷰 기록자는 대상자가 말하는 대로 가능한 모든 내용을 기록하도록 한다.

⭘ 인터뷰 내용 정리

인터뷰 수행 시 발견된 새로운 질문항목들에 대해서 토의를 하고 추후에 인터뷰 결과자료의 검토 및 보완요청을 위해 연락할 수 있는 여건을 마련해 놓는다.

부서명(팀명)		직급/이름	
장소/일시		연락처	
항목	인터뷰 내용		

[그림 1-5] **인터뷰 양식**

인터뷰 결과분석

작성된 인터뷰 양식지를 정리하여 대상자에게 전달한다. 인터뷰 기록자가 잘못 이해하고 작성된 부분이 없는지를 확인하고 필요시 수정·보완을 요청한다. 인터뷰 수행자는 기록된 인터뷰 양식지를 바탕으로 결과에 대해서 상호의견을 고려하면서 토의를 실시한다. 미흡한 부분이거나 명확하지 않은 부분에 대해서는 전화질의 등을 통해 결과를 명확히 정리하며, 인터뷰 결과에 대해서는 인터뷰 대상자에게 확인 과정을 거친다. 필요할 시 인터뷰 결과에 대해서 수정하거나 보완할 부분이 있으면 추가 질의를 통해 수정하도록 한다.

읽을 거리

리더십(Leadership)을 계발(啓發)하자!

리더십은 고대나 현대를 살아가는 우리들에게 있어 영원한 화두이며, 관심사이다. "리더십이란 무엇일까?"라는 질문을 던졌을 때, 우리는 선뜻 답을 내리기가 어렵다. 리더십의 대가인 존 가드너(John Gardner)는 "리더십은 설득이나 예시를 통해 개인이나, 조직이 제시하는 공유된 목표를 추구하도록 조직을 인도하는 것"이라고 정의했다. 또한, 인권운동가로 잘 알려진 제시 잭슨(Jesse Jackson)은 "리더십을 다양한 의견을 하나로 묶어내는 것이며, 도전적인 기회 속에서 비전을 명확히 세워 현실을 돌파하기 위해 조직과 사회를 동원하는 활동"이라고 정의했다.

동양에서는 리더의 자격을 신언서판(身言書判), 즉 외모와 말하는 것, 글 쓰는 것, 판단하는 것으로 평가했다. 현대에서의 리더는 일반적으로 인격(character), 판단력(judgement), 직관력(intuition)을 핵심자질로 평가한다. 하버드대학 케네디스쿨에서는 리더십을 구성하는 요소를 다음과 같이 강조하고 있다.

첫째, 명확한 비전 설정이다. 비전은 성장의 원동력이며, 미래의 그림이기 때문이다. 사람들이 미래를 창조하기 위해 노력하는 이유를 명시적으로 언급해야 하며, 상상이 가능해야 하며, 바람직해야 하며, 실행가능하고 유연해야 하며, 이해할 수 있어야 한다.

둘째, 목표 설정이다. 목표는 공동체 조직원을 뛰게 하는 힘이다. 따라서 비전에 따라 목표가 설정되어야 한다. 목표를 세우는 것과 이를 달성하기 위해 동기를 부여하는 일이 리더의 역할이다. 또한 목표는 공유되어야 하며, 함께 설정하는 것이 바람직하다.

셋째, 확실한 전략을 세우는 것이다. 전략은 목표에 도달하는 방법 중의 하나이다. 무엇(what)이 아니라 어떻게(how)에 관한 것이다. 중・장기 비전을 달성하기 위해서는 이에 맞는 전략이 요구된다.

넷째, 공동체 조직원들과의 유기적인 연합이 필요하다. 리더(Leader)와 팔로워(Follower)는 대등한 위치에 놓인 동반자다. 단지 역할이 다를 뿐이다. 성공적인 동행을 위해서는 서로 협력해야 한다.

다섯째, 환경의 적응과 이용이다. 환경이란 맥락(context)과 상황(situation)을 포함하는 것으로 리더십의 발휘에 많은 영향을 미친다.

그렇다면 리더십은 타고 나는 것일까 아니면 만들어지는 것일까? 한 가지 분명한 것은 리더는 '훈련을 통해 향상될 수 있다'는 것과 리더가 되기 위해서는 '오랜 기간 준비가 필요하다'는 것이다. 따라서, 준비된 자만이 리더로 성공할 수 있고 존경을 받을 수 있다. 리더십의 전문가인 미국의 제임스 쿠제스(James Kouzes)와 배리 포스너(Barry Posner)의 리더가 되기 위한 6가지 방법을 살펴보기로 한다.

첫째, 모델(model)을 설정한다. 자신이 처한 상황을 고려하여 닮고 싶은 리더를 정한다.

둘째, 현재의 도전과 변화를 피하지 말고 의미 있게 받아들인다. 도전은 시련이지만, 잘 극복하면 미래를 향한 기회가 된다.

셋째, 도전과 시련을 겪으면 심리적으로 강해진다. 인내와 끝없는 정진(精進)이 필요하다.

넷째, 신뢰를 쌓는다. 먼저 스스로에 대한 신뢰를 구축하고, 꾸준하고 성실한 노력으로 타인으로부터 신뢰를 쌓아야 한다.

다섯째, 대인관계를 발전시킨다. 리더십은 기본적으로 인간관계인 만큼 다른 사람을 이해하고 설득하고 소통할 수 있어야 한다.

여섯째, 리더십을 계발(啓發)한다. 목표를 설정하고 습관화될 수 있도록 한다.

다음은 리더를 파멸시키는 함정의 유형에 대해 살펴보기로 한다.

첫째, 자만심의 함정이다. 다른 사람의 의견을 듣기도 전에 자기 의견이 옳다고 생각하며, 자신이 내놓은 전략이나 아이디어가 채택되지 않으면 책임지기를 거부하고 모든 상황을 자기식대로 해석한다.

둘째, 스타의식의 함정이다. 다른 사람의 주목을 항상 받고 싶어 하며, 말이 앞서기도 하고, 남에게 보이기 위한 멋진 약속을 남발하며, 남이 말할 기회를 주지 않고 자신에게만 관심이 집중되도록 중점을 둔다.

셋째, 다혈질의 함정이다. 사소한 실수에 대해 분명치 않은 이유로 화를 내고, 동일한 행동에 대해 어느 날은 칭찬을 하고 어느 날은 심하게 꾸짖곤 한다. 즉, 감정기복이 심하고 기분에 따라 결정을 번복하는 일이 잦다.

넷째, 신중함의 함정이다. 뭔가 잘못되지 않을까 하는 염려, 다양한 의견을 들어 보지 않고서는 결정을 내릴 수 없다는 불안감이 감싸고 있고, 쉽게 약속을 하지 않으며, 명확하게 결정을 내리지 못한다.

다섯째, 불신의 함정이다. 다각적으로 분석하고 재검토를 반복하면서 늘 부정적인 면만 보고 비판적인 피드백을 주며, 타인은 늘 개인적인 이익만을 따라 움직인다고 생각한다.

여섯째, 무관심의 함정이다. 독자적인 업무에 능한 사람의 모습이며, 스스로를 고립시켜 중요한 정보를 얻지 못하기도 한다. 자신의 약점을 보이기 싫어하며, 감정표현을 잘 하지 않으므로 위기상황이나 장애물이 있을 때, 후퇴하거나 우회하는 경향이 있다.

일곱째, 예스맨(yes-man)의 함정이다. 갈등을 싫어하며, 늘 다른 사람을 기쁘게 해줘야 한다는 강박관념이 있다. 불협화음이나 갈등의 소지가 있는 내용이나 아이디어는 바로 삭제하려는 경향이 있어 늘 뻔한 아이디어만 맴돌기도 한다. 모든 사람을 지지하고 편드는 것에 익숙하며, 자기 생각이나 감정을 강하게 드러내는 경우가 없으며, 인기라는 유혹에 잘 빠진다.

이처럼 리더에게는 늘 도처에 많은 함정이 도사리고 있다. 잘 나가던 리더가 하루아침에 곤경에 빠지고, 승승장구하던 개인과 조직이 갑자기 어려워지는 결정적 이유는 함정을 극복하지 못했기 때문이다. 하지만 함정은 잘 극복하면 더 이상 '걸림돌'이 아니라 '디딤돌'이 될 수 있다. 따라서 항상 자신의 약점을 잘 보완하고 강점을 최대한 부각하면 리더로 성장할 수 있다. 그리고 리더는 비전(vision)을 잘 설정하고 그것을 실현할 수 있도록 조직을 인도해 가는 것임을 주목할 필요가 있다.

출처: 저자(한광식)가 기고한 내용임을 밝힘.

Chapter
02

컨설팅 수행모델

Environmental, Social and Governance

이 장에서는 대표적인 컨설팅 수행모델인 르윈과 샤인(Lewin & Schein) 모델, 콜프와 프록만(Kolb & Frohman) 모델, 밀란(Milan) 모델, 매거리슨(Margerison) 모델 등에 대해서 살펴보기로 한다.

1 르윈과 샤인(Lewin & Schein) 모델

르윈(Lewin, 1947)은 본인의 논문에서 조직에서의 모든 수준의 변화, 즉 개인 · 집단 및 조직의 태도변화는 [그림 2-1]과 같이 해빙(Unfreezing) → 이동(Moving) → 재동결(Refreezing)의 세 단계를 거치면서 이루어진다고 보았다. 이 개념은 후에 샤인(Schein, 1961)에 의해서 더욱 발전되어 경영이론으로 흡수되었기 때문에 흔히 르윈과 샤인(Lewin&Schein) 모델이라고 부른다.

[그림 2-1] 르윈과 샤인(Lewin&Schein) 모델의 수행단계

해빙(Unfreezing)

변화에 대한 조직의 수용성을 높이기 위해 동기유발을 이끌어 내는 단계이다.

이동(Moving)

실제로 변화를 위한 행위를 선택하여 시행하는 단계이다.

○ 재동결(Refreezing)

일단 변화가 이루어지고 새로운 수준에서의 균형이 이루어진 이후에 그 상태가 고착화되는 단계이다.

2 콜프와 프로만(Kolb & Frohman) 모델

콜프와 프로만(Kolb & Frohman) 모델에서는 조직의 변화 과정을 [그림 2-2]와 같이 7단계로 구분하고, 성공적인 변화를 이루기 위해서는 이와 같은 변화 과정의 각 단계별로 변화 담당자와 피변화자 간에 적절한 관계가 형성되어야 한다고 보고 있다.

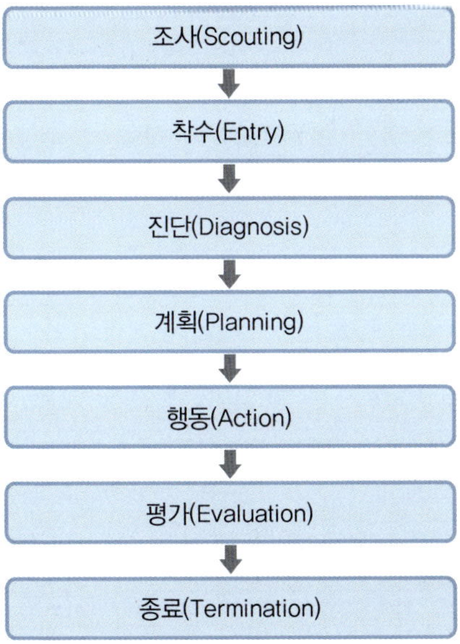

[그림 2-2] 콜프와 프로만(Kolb&Frohman) 모델의 수행단계

조사(Scouting)

변화담당자와 피변화자 서로가 상대방의 요구와 노력을 평가하여 착수점을 결정하는 단계이다.

착수(Entry)

문제·목표·목적에 대한 정의를 내리고 상호 관심과 신뢰를 확인하며, 변화의 필요성에 대한 인식을 확실히 하는 단계이다.

진단(Diagnosis)

문제와 목표의 정의를 위한 자료를 수집하고 이와 관련하여 이용가능한 자원을 평가하는 단계이다.

계획(Planning)

구체적인 목적을 정의하고 목적달성을 위한 대안과 각 대안이 조직에 미치는 영향을 평가하여 실제적인 행동계획을 수립하는 단계이다.

행동(Action)

최선의 대안을 실행으로 옮기고 예기치 못한 상황이 발생할 경우에 행동계획을 수정하는 단계이다.

평가(Evaluation)

목적이 얼마나 달성되었는지를 평가하고 계속적으로 발전시킬 것인지 중지시킬 것인지를 결정하는 단계이다.

⊙ 종료(Termination)

새로운 행동양식을 확인하고 시스템의 소유권을 피변화자에게 완전히 이양시키는 단계이다.

3 밀란(Milan) 모델

밀란(Milan) 모델은 [그림 2-3]과 같이 국제노동기구(ILO) 주관으로 컨설팅의 제반이론을 포괄적으로 정리한 것이다.

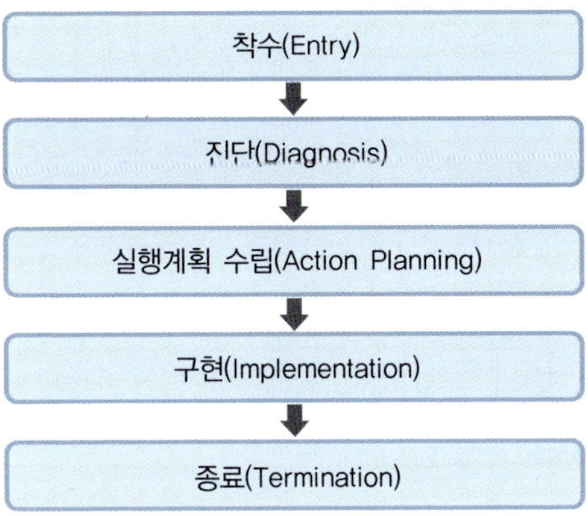

[그림 2-3] **밀란(Milan) 모델의 수행단계**

⊙ 착수(Entry)

의뢰인과 컨설턴트와의 만남이 이루어지고 예비진단 과정을 통해 컨설팅 계약이 성립된다.

- 의뢰인과의 첫 대면

- 예비 문제 진단
- 컨설팅 수행계획 수립
- 의뢰인에게 컨설팅 수행계획 제안
- 컨설팅 계약 체결

진단(Diagnosis)

의뢰인이 직면한 현안과 달성하고자 하는 목표에 대해 심층적으로 정보를 수집하여 문제를 파악하고 원인을 규명한다.

- 목적분석
- 문제분석
- 사실발견
- 사실분석과 종합
- 의뢰인에게 피드백

실행계획 수립(Action Planning)

진단단계를 통해 파악된 문제와 원인을 바탕으로 대안을 도출하고 실행계획을 수립한다.

- 해결대안 개발
- 대안의 평가
- 의뢰인에게 해결대안 제시
- 실행계획 수립

구현(Implementation)

수립된 실행계획에 따라 변화를 유도한다.

- 실행지원
- 해결대안의 조정
- 교육 · 훈련 실시

종료(Termination)

컨설팅 프로젝트의 완료 결과를 보고하고 철수한다.

- 평가 실시
- 최종보고서 작성
- 경영층 승인 획득
- 후속작업 계획
- 철수

여기서 제시하는 컨설팅 수행단계는 국제노동기구(ILO)에서 제시한 밀란(Milan) 모델을 중심으로 제시한 것이다. 컨설팅 수행방법은 경영분야의 조직변화론에 근간을 두고 있기 때문에 기본적인 접근방법이나 단계 등은 대동소이하다. 최근에는 방법론을 문제해결의 기본구조로 규정하고 각 단계별로 가장 적합한 문제분석과 해결기법을 적용하고자 하는 노력이 한층 고조되고 있다.

4 매거리슨(Margerison) 모델

매거리슨(Margerison)은 그의 저서에서 컨설팅 과정을 [그림 2-4]와 같이 크게 3단계로 구분하고 다시 12과정으로 세분하였다. 용어나 단계별 비중면에서는 다른 이론과 상이하겠지만 르윈(Lewin)의 조직변화이론의 맥락에서 크게 벗어나지는 않는다.

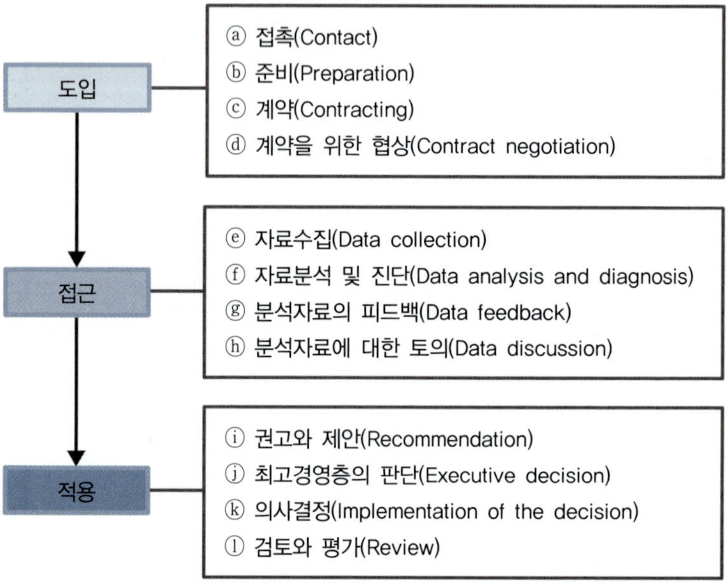

[그림 2-4] **매거리슨(Margerison) 모델의 수행단계**

● 접촉(Contact)

의뢰인의 문제에 대한 토론이 시작되는 단계로서, 쟁점에 관한 의견의 접근을 이끌어내야 한다. 만일 의뢰인이 호소하는 쟁점에 대하여 정확하게 지적하고 해결대안을 제시한다면 의뢰인은 컨설턴트의 의지와 능력에 신뢰감을 가지게 될 것이다.

준비(Preparation)

의뢰인 조직에 대해 표면적으로 파악한 사항을 정리하고 제공할 자료를 준비하는 단계로서, 본 자료에 대해 의뢰인이 동의한다면 보다 본격적으로 의뢰인과의 접촉에 임할 수 있다.

계약(Contracting)

앞으로 진행될 컨설팅 수행단계에 관해 법적·단계적으로 명시하는 근거를 구상하는 과정으로, 수행의 범위, 주체, 시기, 장소, 방법, 이유, 비용 등에 대한 의견교환과 접근, 일치가 이루어지는 과정이다. 상세한 세부내역은 계약협상 이후에 문서화되어 제안서의 형식으로 제출된다.

계약을 위한 협상(Contract negotiation)

전 단계에서 구상된 계약내용에 대해 의뢰인과 구체적으로 협의하는 과정이다. 의뢰인은 컨설턴트가 제출한 제안서를 평가하고, 이에 대해 동의하기 전에 조직 내부 담당자들과의 토론을 거치게 된다.

자료수집(Data collection)

의뢰인과의 계약이 체결될 경우 컨설턴트는 면접 및 집단회의, 설문지 또는 다른 적절한 방법들을 이용하여 자료를 수집해야 한다.

자료분석 및 진단(Data analysis and diagnosis)

수집된 자료를 평가하고 검토할 수 있는 시기로서, 이와 같은 자료를 어떤 용도에 어떤 방법으로 사용할 것인지를 고려해야 한다. 나아가 의뢰인 조직의 재조정과 회의를 개최하기 위한 조정이 이루어져야 한다.

분석자료의 피드백(Data feedback)

수집·분석된 자료를 의뢰인에게 구두 또는 서면으로 발표하는 과정이다. 이 과정은 그동안 진행해 온 컨설팅 작업에 관해 의뢰인과 컨설턴트간의 시각차를 좁히고 일치시키는 데 매우 중요하다. 또한, 지금까지 진행된 작업에 대해 활발히 검토함으로써 의뢰인으로부터 확인과 검증을 받는 과정이기도 하다. 이와 같은 과정은 가급적 매 단계마다 이루어지는 것이 바람직하다.

분석자료에 대한 토의(Data discussion)

컨설턴트와 의뢰인이 분석자료에 대해 함께 토의함으로써 의견을 명확히 일치시켜 오해를 방지하고 초점의 왜곡·결여 현상을 예방한다.

권고와 제안(Recommendation)

피드백을 통해 의뢰인에게 제출된 수집자료 분석내역에는 제안서의 내용이 포함될 수도 있다. 이 과정은 컨설팅에서 가장 중요한 과정으로, 의뢰인이 고려할 수 있는 모든 대안들을 포함시켜야 한다. 또한, 모든 창조적인 발상을 이용한 기회요인을 제공해 주어야 한다.

최고경영층의 판단(Executive decision)

의뢰인은 컨설턴트의 직접적인 조언보다는 제출된 제안서와 토의 과정을 통해 최종판단을 내리고자 하는 경향이 있다.

의사결정(Implementation of the decision)

의뢰인과 컨설턴트 간의 의견을 일치시키는 단계로서, 향후 컨설팅 수행으로 연결되는 시작점이 된다.

검토와 평가(Review)

컨설팅의 결과를 검토하고 평가하는 과정이다. 정확하게 평가하려면 평가자와 평가항목의 선정, 평가대상의 결정 등을 충분히 고려해야 하며, 이 결과에 대한 평가는 조직 전반에 피드백되는 것이 바람직하다.

Chapter

03

컨설팅 수행단계

Environmental, Social and Governance

이 장에서는 컨설팅 수행단계인 착수단계, 진단단계, 실행단계, 종료단계에 대해서 살펴보고, 단계별로 많이 사용되는 분석도구에 대해서 학습하기로 한다.

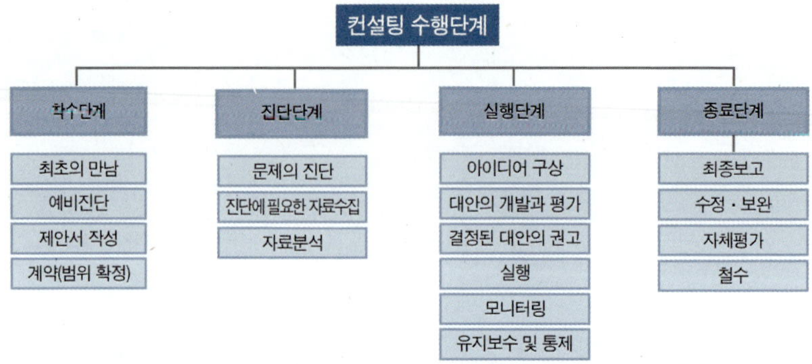

많이 사용되는 컨설팅 분석도구

1	PEST분석	1	시나리오 플래닝기법	1	브레인스토밍법
2	경쟁세력분석(5-Force Model)	2	인과도표	2	친화도법
3	경쟁위치 매트릭스분석	3	전략적 옵션의 도출과 평가	3	속성열거법
4	시장세분화	4	가치사슬(Value Chain)분석	4	SCAMPER기법
5	시장위치분석	5	SWOT분석	5	마인드맵
6	제품수명주기	6	핵심역량분석	6	BCS기법
7	BCG 매트릭스분석	7	7's Model	7	전략 Canvas & Action Frame
8	GE/Mckinsey 매트릭스분석	8	ABC분석	8	타당성 평가
		9	벤치마킹	9	경제성 평가
		10	이슈트리분석	10	이해관계자 분석
		11	GAP분석	11	변화관리

[그림 3-1] **단계별 컨설팅 분석도구**

1 착수단계

착수단계는 의뢰인과 컨설턴트가 처음 만나 컨설팅의 수행 여부를 판단하고 계약을 체결하는 단계로서, 컨설턴트와 의뢰인이 컨설팅 목적에 따른 기초적인 탐색이 이루어진다.

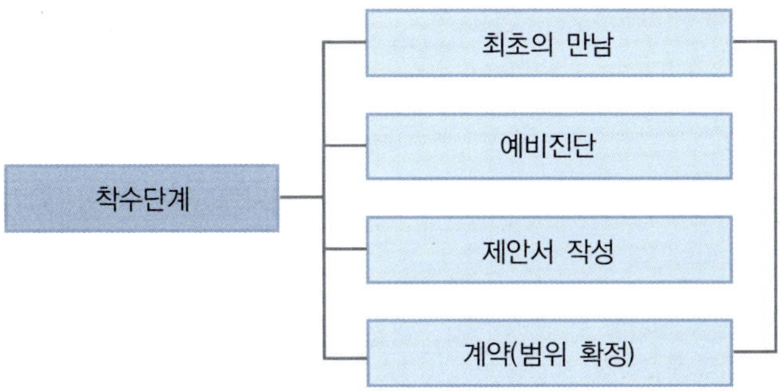

[그림 3-2] 컨설팅 착수단계

1) 최초의 만남

최초의 만남은 컨설턴트의 주도로 이루어지며, 의뢰인이 컨설턴트에 대해 신뢰와 확신 그리고 긍정적인 인상을 가질 수 있는 중요한 과정이다. 이때 의뢰인으로부터 신뢰감을 얻으려면 유사사례와 성공사례를 제시하면서 설명하는 과정을 갖는 것이 효과적이다.

최초의 만남을 통해 컨설팅 수행에 대한 타당성을 통해 예비진단 과정을 진행할 것인가를 결정한다. [그림 3-3]은 컨설팅의 진행 여부 판단 흐름도를 나타낸 것이다.

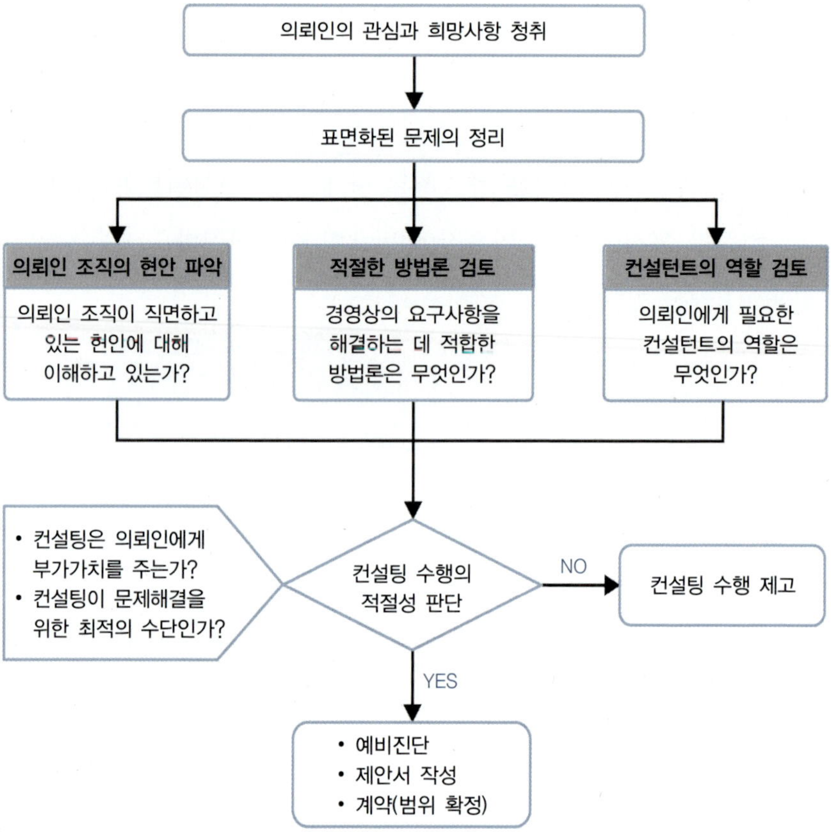

[그림 3-3] **컨설팅의 진행 여부 판단 흐름도**

최초의 만남을 위한 준비

사전에 의뢰인이 속한 산업의 특징이나 경영환경을 중심으로 한 핵심요인을 파악하는 것이 좋다. 의뢰인은 기성화(Readymade)된 해결안보다는 자사에 적합한 고유의 해결책을 원함을 감안해야 한다. 최초의 만남에서 필요한 회의자료는 다음과 같다.

- 해당 기업이 속한 국가의 거시경제
- 산업의 역사와 성장추세
- 산업 고유의 문제
- 의뢰인의 업무수행에 영향을 미치는 법령, 관습 및 제도
- 산업 내 경쟁환경
- 시장 내 의뢰인의 위상
- 의뢰인이 산출하고 있는 제품과 서비스
- 의뢰인이 채택하고 있는 기술 등이다.

관련 자료수집이 완료되면 회의 준비에 대한 다음과 같은 점검 과정을 거친다.

의뢰인에 대한 이해

- 의뢰인의 비즈니스, 요구사항 그리고 제약사항은 무엇인가?
- 당면한 문제에 대해 가장 흥미로운 반응을 보이는 집단은 누구인가?
- 의뢰인은 독자적으로 의사결정을 내릴 수 있는가, 아니면 배후에서 의뢰인을 지지하는 또 다른 이들이 있는가?
- 의뢰인이 과거에 다른 컨설팅사로부터 같은 주제로 컨설팅을 받아 본 경험이 있는가?
- 컨설턴트가 준비하고 예상하는 잠재적인 문제점에는 어떠한 것들이 있는가?

◉ 컨설턴트 자신의 준비상태

- 컨설턴트는 컨설팅에 대한 우선순위와 목적을 충분히 이해하고 있는가?
- 컨설턴트는 본인이 소속된 컨설팅사의 전략과 우선순위를 이해하고 있는가?
- 컨설턴트는 전략적 가치가 있는 경우 의뢰인에게 '예'라고 대답하고, 가지가 낮은 일에 내해서는 '아니오'라고 대답할 필요성이 있음을 인식하고 있는가?
- 컨설턴트는 본인이 선호하는 컨설팅 방법을 이해하고 있는가?
- 컨설턴트는 본인이 의뢰인과의 최초의 만남을 성공적으로 이루어내는 데 적합한 수준이라고 판단하는가 또는 자신 이외에 누구를 추천할 수 있는가?

◉ '아니오'라는 대답을 분명히 하는 경우

- 안 되는 이유를 명확히 설명할 수 있는가?
- 의뢰인에게 대안을 제시할 수 있는가?

2) 예비진단

예비진단은 컨설팅 계획을 수립하고, 목적 및 문제를 규정하기 위한 것으로 컨설팅 목적이 분명한 경우에는 생략이 가능하다. 예비진단은 일반적으로 [그림 3-4]와 같이 진행된다.

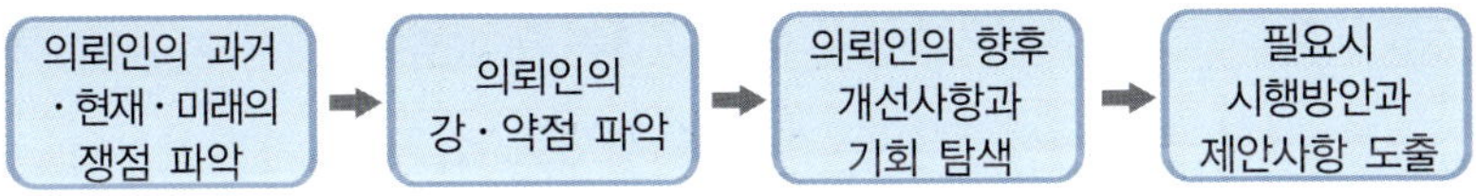

[그림 3-4] 예비진단 진행순서

예비진단 시 고려사항

[그림 3-5]는 예비진단 시 고려사항을 나타낸 것이다.

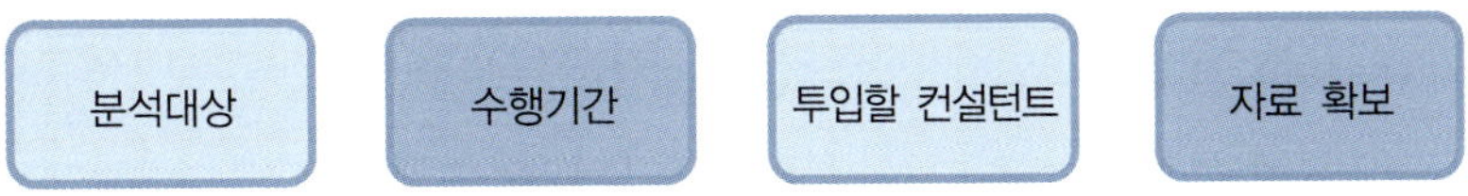

[그림 3-5] 예비진단 시 고려사항

- 분석대상: 조직의 특성과 현 상태를 분석한다.
- 수행기간: 자료 확보기간을 제외하고 1~2일 정도 소요되는 것이 일반적이다.
- 투입할 컨설턴트: 올바른 컨설팅 방향을 설정하고 의뢰인으로부터 전문가로서의 능력을 확인시켜 주기 위해 가급적 경험과 지식이 탁월한 컨설턴트를 투입한다.
- 자료 확보: 예비진단에 필요한 자료를 확보하는 것이 관건이다.

3) 제안서 작성

제안서는 의뢰인으로부터 의뢰받은 프로젝트를 어떻게 수행할 것인지를 포괄적으로 정리한 문서로서, 제안요청서(Request For Proposal, RFP)를 근거로 각 제안기관의 프로젝트 수행능력, 비용 등과 같은 내용을 제시한 문서라고 할 수 있다.

제안서는 의뢰인에게 깊은 인상을 심어줄 수 있는 기회이자 프로젝트 수주와 직결되는 매우 중요한 문서인 만큼 깔끔한 형식과 명료한 내용으로 작성해야 한다. 의뢰인에 따라서는 제안서 양식을 미리 설정하여 제안기관으로 하여금 이에 따르도록 하기도 한다.

(1) 주요항목

일반적으로 의뢰인에 제출하는 제안서는 다음과 같이 구성된다.

- 업무지식: 예비진단을 통해 파악된 내용과 현상을 바탕으로 향후의 방향을 제시한다.
- 적용할 방법론: 문제해결의 접근방법과 컨설팅에 적용할 방법론을 제시하고 제안사의 강점과 특성 강조, 방법론에 따라 단계별 일정계획을 제시한다.
- 인력부문: 유사 프로젝트 경험을 지닌 컨설턴트 참여를 부각시킨다.
- 제안사의 소개: 관련 실적과 영업활동 소개, 재무구조 등을 언급한다.
- 비용 및 기타부문: 제안금액과 책임, 권한범위, 프로젝트 산출물의 지적소유권 문제, 필요장비와 인력 등을 기술한다.

(2) 제안서를 작성할 때 고려사항

제안서를 작성할 때는 필요항목의 누락 여부를 꼼꼼히 점검하도록 하며, 다음과 같은 기본원칙과 고려사항이 충실히 반영될 수 있도록 검토 과정을 거친다.

일반원칙

- 사용자와의 대화용 도구라는 사실을 인식한다.
- 지나친 기술적 언급은 가급적 피하고 쉽게 이해할 수 있도록 작성한다.
- 논리적 순서에 의거하여 정연하게 작성한다.
- 타 기업과의 부적절한 비교나 감정의 개입은 최대한 피한다.
- 제안요청서에 제시된 작성기준을 준수했는지 검토한다.

제안성격의 규명 및 고객요구 파악 시 고려사항

- 프로젝트의 목적과 범위에 대해서 명확히 정의한다.
- 고객의 요구사항과 프로젝트의 성격을 명확히 한다.
- 불명확한 고객의 요구나 향후 변동 가능성이 많을 것으로 예상되는 부분은 명확히 정의한다.

해결안을 제안할 때의 고려사항

- 제안서가 제안요청서의 요구내용을 충족시키는지의 여부를 확인한다.
- 고객의 환경에 가장 적합한 접근방법의 수행방안을 제시한다.
- 제시된 기간 내에 요구되는 수준으로 수행이 가능한지를 검토한다.
- 제시된 방법으로 프로젝트를 수행할 경우 예상되는 문제점이

나 위험요소가 무엇인지를 사전에 검토한다.

• 예상 투입인력의 적절성과 이행 가능성 여부를 검토한다.

(3) 제안서 제출

제안서 제출은 우편 등의 간접방식보다는 직접 전달하는 방식이 적절하며, 의뢰인의 예상 질문에 대한 예상 답변을 준비하는 것이 바람직하다. 또한, 제안서에 대한 발표시간이 주어진 경우에는 가급적 시청각 도구를 활용하여 충분한 연습을 하는 것이 좋다.

TIP **제안서 작성 스킬**

- 고객의 요구조건을 만족시키고, 고객의 니즈가 무엇인지를 제안요청서, 고객, 산업정보로부터 찾아내어 이를 충족시킨다.
- 고객관점에서 제안서를 작성한다.
- 검증된 제안서 구조(핵심부터 제시하는 헤드라인식 구조)를 따른다.
- 주장(Claim)을 했으면 반드시 증거(Proof)를 제시한다.
- 주제문은 가급적 짧게 작성한다.

4) 계약(범위 확정)

계약은 관계법령에 따른 공식적인 형식이나 상호 동의에 따라 여건에 적합한 형식을 취할 수도 있으며, 분쟁이나 오해가 발생되지 않도록 사업수행 전에 컨설팅 범위를 확정해야 한다. 프로젝트의 범위와 작업단계, 일정, 각 단계별 종료 및 확인, 산출물, 외부 전문가 활용방안 등을 명확히 하여야 한다.

(1) 계약의 형식

계약은 다음과 같은 형식을 취하기도 한다.

구두동의

프로젝트의 규모와 성격이 복잡하지 않고, 의뢰인이 제안사의 제안에 대부분 동감하거나 상호간에 두터운 신뢰감이 형성된 경우

동의문건

제안서의 내용 일부를 수정하여 동의하는 경우

명문화된 계약서

구체적인 항목에 기초하여 공식적인 단계에 따라서 계약서를 작성하는 경우로서, 의뢰인이나 제안사가 설정한 소정의 단계에 따른다. 계약서는 계약 당사자 간의 상호평등의 원칙하에 작성되어야 한다. 특히, 위험요인과 이의 발생에 따른 책임조항을 상세하게 기술하여 분쟁이나 오해의 소지가 발생하지 않도록 한다.

다음은 계약서에 포함되어야 할 주요내용을 나열한 것이다.

- 계약주체
- 작업단계와 일정
- 산출물

- 외부전문가의 활용방안
- 프로젝트 비용청구와 처리단계
- 판권
- 분쟁발생 시 중재활동
- 프로젝트의 범위
- 각 단계별 종료의 확인
- 투입인력
- 비용
- 책임관계
- 손해배상 관련내용(의뢰인, 컨설턴트)
- 서명 및 서명일자

(2) 계약 시 점검사항

계약 과정에서 컨설턴트가 점검하여야 할 사항은 다음과 같다.

누구와(Who)

- 의뢰인은 누구인가?
- 토론 과정에 참여시켜야 할 당사자는?
- 성과물의 소유권은 누가 갖는가?
- 프로젝트의 진행사항에 대한 통보 대상자는?

언제(When)

- 프로젝트의 시작과 종료는?

- 프로젝트의 단계별 일정은?
- 컨설팅 프로젝트를 진행하는 과정에서 항목들을 점검해야 하는 시기는?

어디서(Where)

- 프로젝트가 실행되는 장소는?
- 컨설턴트가 작업하게 될 장소는?

무엇을(What)

- 프로젝트 요청의 배경은?
- 프로젝트의 목적은?
- 프로젝트의 범위는?
- 의뢰인이 컨설턴트로부터 얻고자 하는 것은?
- 찾고자 하는 정보는?
- 결과측정에 사용될 평가항목은?
- 프로젝트에 제공할 자원의 범위(인력, 비용, 기자재 등)는?
- 프로젝트를 수행하는 데 필요한 지원형태와 범위는?
- 진행 과정에서 어떤 항목들을 점검할 것인가?

어떻게(How)

- 프로젝트 진행에 소요될 것으로 예상되는 기간은?
- 본 사업을 진행하는 방식은?
- 의사소통될 정보는?

- 유지·관리되어야 할 보안사항은?
- 분쟁과 갈등에 대한 조정방안은?

○ 왜(Why)

- 컨설팅을 수행하고자 하는 목적과 필요성은?

2 진단단계

진단단계는 의뢰인이 직면한 문제와 원인을 파악하고 컨설팅의 목적을 명확히 하는 데 있다.

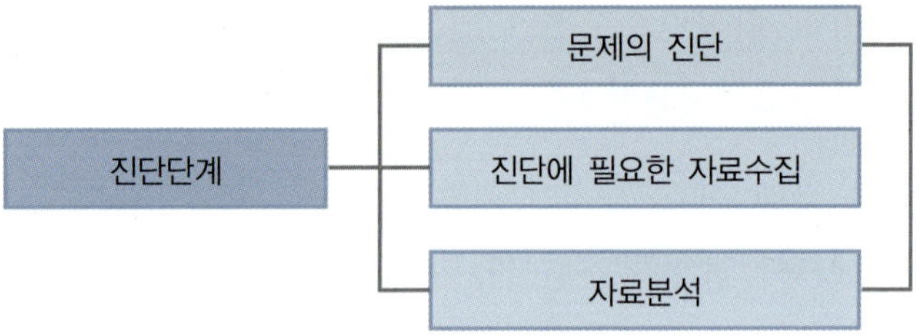

[그림 3-6] **컨설팅 진단단계**

1) 문제의 진단

문제란 바람직한 상태와 현재의 상태의 차이를 의미하며, 컨설팅은 바로 이러한 문제를 다양한 관점에서 파악하는 것으로부터 출발한다. 문제는 유일무이(唯一無二)한 것으로 전체 속에서 상호 관련성을 가지며, 인지하는 형태에 따라 다음과 같이 분류할 수 있다.

- 노출문제: 문제가 외부로 노출되어 있는 것으로 의뢰인은 문제 여부를 이미 인식하고 있으며, 컨설턴트는 의뢰인과 인터뷰를 통해 인지할 수 있다.
- 관찰문제: 외부로 드러나지 않기 때문에 심층적인 분석을 통해 찾아내야 한다. 경쟁상대 또는 최상의 경우와의 비교 또는 벤치마킹을 통해 인지할 수 있다.
- 예측문제: 향후에 예상되는 잠재적인 문제로서 미래에 대한 가상 시나리오의 작성 과정을 통해 도출된다.
- 논리적 문제: 문제에 대한 규정과 인식이 명확하고 해결방식 또한 논리적인 단계를 따른다. 대부분의 경우 보편타당한 해결안을 찾을 수 있다.
- 창조적 문제: 문제에 대한 규정과 인식이 불명확하거나 단정짓기 어렵기 때문에 해결을 위한 접근방법으로 아이디어 발상을 통한 창조적 사고를 필요로 한다. 따라서 객관적인 해결안이 존재하지 않으며 상대적으로 타당한 해결안으로 결론지어진다.

(1) 문제 발견을 위한 접근법

의뢰인이 처한 현상으로부터 문제를 발견해 내기 위한 접근법은 다음과 같이 다섯 가지 관점에서 규정할 수 있다.

- 문제의 본질: 문제의 인지 형태 및 인식 정도에 따라 문제의 본질을 이해한다.
- 부문: 문제가 있는 부문을 파악한다.

• 소유권: 내·외부 모든 측면에서의 문제해결을 위한 의사결정자를 파악한다.
• 비중: 문제의 경중(輕重)을 파악한다.
• 시간: 시간적·계절적 추이와 연관관계를 파악한다.

(2) 해결 과정

컨설턴트는 진단단계를 통해 그릇된 방향으로 진행되거나 주변으로부터 긍정적 또는 부정적 영향을 받을지도 모르는 위험에 노출될 수 있다. 따라서 별로 중요하지 않은 요인에 대해 집중하는 등의 오류에 빠지지 않도록 주의하는 동시에 꼭 필요하고 중요한 문제는 발굴해 내야 한다. 또한, 진단범위와 깊이를 지나치게 확대하여 이에 지나치게 집중함으로써 컨설팅 프로젝트가 지연되는 사태가 발생하지 않도록 주의해야 한다.

또한, 면담대상자의 결정, 면담 시나리오의 작성, 설문지의 설계, 평가척도의 결정 등 계량화된 밑그림을 준비함으로써 직관적으로 진행되는 것을 방지하여야 하며, 피면접자의 성향을 파악하여 적절한 대응방법으로 효과적으로 진행하여야 한다.

TIP 잠재적인 문제의 발견

- 도출된 문제가 미흡하다면, 다음과 같은 과정을 통해 보다 넓은 시각에서 문제를 도출할 수 있도록 유도한다.

■ 의뢰된 문제가 일반적이거나 모호하게 표현된 경우
- 현재 제시된 문제의 틀을 파악하고 현안문제들을 시각화한다.
- 시각화된 요소들 간의 우선순위를 평가한다.

■ 의뢰인이 표현한 문제가 너무 협의적인 경우
- 의뢰인이 제기한 문제에 대해 사실 여부를 파악한다.
- 새로운 각도에서 문제점을 조명한다.
- 문제의 틀을 확대하여 제시한다.

■ 문제가 광범위하게 표현된 경우
- 문제의 지변에 내재되어 있는 업무현안에 대해 질문한다.
- 보다 구체화된 문제의 틀과 업무적 관점을 제시한다.

■ 문제의 재정립이 필요한 경우
- 새로운 문제의 틀을 제시한다.
- 새로운 문제의 틀을 사용하는 것과 기존의 틀을 사용하는 경우에 대한 장단점에 대해 설명한다.
- 핵심목적의 명확화에 실패할 수 있다.

2) 진단에 필요한 자료수집

컨설팅에서 자료수집은 필수적이다. 가능하면 필요한 자료를 다양한 경로를 통해 수집하고, 수집된 자료를 활용할 때는 신뢰성이 있는 자료인지를 점검해야 한다. 정보수집에 사용되는 대표적인 방법으로 탐색조사가 있다. 탐색조사는 일반적으로 다른 조사를 수행하기 위해 사전에 실시하는 선행단계조사이다.

■ 자료수집 계획

적합한 자료의 항목과 범위를 설정한 후 진단에 필요한 자료를 수집한다.

○ 수집할 자료의 항목 결정

동일항목이라고 하더라도 조직별로 서로 다른 기준과 정의하에 자료가 관리된다는 점을 감안하여 우선 수집대상 자료항목을 결정하여야 한다. 또한, 대상자료가 정성적인 자료인지, 계량화된 자료인지, 조직내부에서 확보할 수 있는지 아니면 특정 소수나 추론에 의해서 파악될 수 있는지 등에 대한 판단이 필요하다.

○ 수집할 자료의 범위와 상세 정도 등 결정

일단 수집하고자 하는 자료항목이 결정되면 항목별로 수집범위와 상세 정도, 수집주기 등의 구체적인 계획을 수립한다. 1차 조사를 통해 포괄적인 자료를 수집한 뒤 재확정된 범주에 대해서만 좀 더 상세화하는 방법을 사용하기도 한다.

특히, 컨설팅 프로젝트 과정에서 필요한 자료는 의뢰인과 관련된 모든 것이 될 수 있다. 그러나 이를 완벽하게 수집하는 것은 불가능하며, 수집하였다 하더라도 이를 분석하는 것 또한 결코 쉬운 일이 아니다. 수집주기는 만약 벤치마킹 대상자료가 있다면 그와 동일한 기준으로 설정하는 것이 바람직하다. 즉, 제품군별 수집인지 아니면 개인별, 제품별 수집인지 등을 설정하고, 수집하고자 하는 자료범위를 전기와 당기로 국한시킬 것인지 아니면 최근 3년간의 회계연도를 대상으로 할 것인지 등에 대한 판단도 필요하다. 또한, 일별 데이터를 확보할 것인지, 월별 데이터를 확보할 것인지 아니면 예외적인 경우에만 수집할 것인지 등도 결정해야 할 사항들이다.

물론 경험이 많은 사람이라면 본인이 정한 기준에 따라 그 정도와 범위를 결정하여 적절한 수준의 자료를 수집하겠지만, 그렇지 못한 경우에는 방대한 양의 정보를 수집하게 된다. 따라서 여러가지 제약조건을 고려하여 수집계획을 세우되, 의뢰인의 협조와 동의하에 마련하고 참여를 유도하는 것이 바람직하다.

자료수집 방식의 범위 결정

과거, 현재, 미래에 관심이 높은 항목에 대해서는 대상집단 전체로부터 자료를 확보하는 전수검사(全數檢査) 방식을 택할 수도 있겠지만, 대개의 경우 표본검사 방식을 택한다.

수집자료 분류

수집된 자료를 효과적으로 활용하려면 분류 과정이 필요하다.

3) 자료분석

수집된 자료가 100% 정확할 수는 없다. 따라서 동일한 활동에 대해 부서별로 각기 다른 기록이 나온 경우 수집된 자료에 대한 데이터의 정합성에 주의를 기울여야 한다. 수집된 자료들은 일단 조작·분류 작업을 거친 후 분석작업으로 들어가게 된다. 자료를 분석하는 방법으로는 비율분석, 인과분석, 비교분석 등이 있으며, 컨설턴트의 판단에 따라 적합한 기법을 선택하여 적용한다.

컨설턴트는 일반원리를 바탕으로 특수원리를 이끌어내는 연역적 방법을 채택할 수도 있으며, 개개의 특수한 사실을 종합하여 일반적인 원리를 이끌어내는 귀납적 방법을 사용하여 원인으로 역추론하는 방식을 채택할 수도 있다. 그러나 실제적인 컨설팅 과정에서는 연역적 방법과 귀납적 방법 모두가 사용된다. [그림 3-7]은 자료분석 과정을 나타낸 것이다.

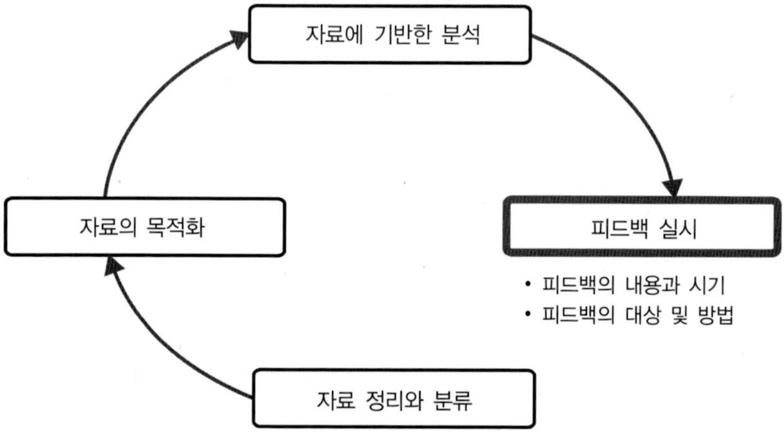

[그림 3-7] **자료분석 과정**

(1) 자료의 정리와 분류

자료를 분석하려면 먼저 확보된 자료에 대해 다음과 같은 사항들을 점검해야 한다.

완전성: 자료의 누락 여부

자료가 빠짐없이 기록·유지되었는지를 점검한다. 즉, 수집 항목별로 빠짐없이 기록되어 있어야 정확한 분석이 가능하다.

유효성: 자료범위의 유효성 여부

자료가 빠짐없이 기록·유지되었다면 해당자료 항목의 값이 의미가 있는지 여부를 살펴보아야 한다. 자료의 값이 적정범위를 벗어나는 것은 아닌지, 의미 없는 숫자가 유지되고 있지는 않은지 등을 섬섬한다.

정확성: 획득된 자료의 신뢰성 여부

기록된 자료가 정확한 사실을 기록하고 있는지, 잘못 기술된 것은 없는지, 데이터의 신뢰성이 보장되는지 등을 점검한다. 만약 데이터가 원하는 만큼 정밀하지 못하거나 정보로서의 가치가 현저히 떨어진다면, 새로운 기준을 정하여 재측정하거나 다시 기록해야 한다.

정합성: 자료 간의 무결성 여부

복수의 위치에 존재하는 동일 자료 간의 일치성 등에 대한 검증을 실시해야 하는데, 흔히 소계(小計)라고 불리는 중간합계검증

(Hash total) 또는 교차검증 같은 작업도 요구된다. 만약 정합성이 보장되지 않은 자료라면 대상자료를 제거할 것인지, 재조사를 실시할 것인지에 대한 판단을 내려야 하며, 분석 시에는 이를 감안해야 한다.

(2) 자료의 조직화

자료의 조직화라는 것은 일정한 도구를 이용하여 자료의 활용성을 증대시키는 것을 의미한다. 자료가 정보로 이용되려면 정리 및 분류작업을 거쳐 조직화 과정을 거쳐야 하며, 그래야만 지식으로 내재화될 수 있다. 기존에는 수집된 자료의 대부분이 일정한 분류기준에 의해 도서관에서 볼 수 있는 도서카드의 형식으로 정리되었지만, 최근에는 정보기술의 발달로 전자적 수단으로 정리·보관된다.

정보기술을 활용하여 자료를 조직화할 때는 조직화에 따른 비용과 효용의 관계를 고려하여 실행해야 한다. 즉, 관계형 데이터베이스 기술을 활용하여 자료를 조직화하게 되면 업무의 효율성과 성과의 극대화를 기대할 수 있지만, 이를 위한 소요비용이나 인력·시간 등 투입자원의 규모가 한도를 벗어난다면 적절한 방법이라고 하기 어렵다. 최근에는 개인용 컴퓨터 수준에서 활용할 수 있는 스프레드시트 패키지가 다수 출시되어 보다 경제적으로 할 수 있게 되었다.

컨설팅회사의 입장에서는 이러한 자료를 바탕으로 지식을 창출할 수 있고 향후 동종업종에서 유사한 프로젝트를 수행할 경우 지적 자산으로서의 역할을 발휘하게 된다. 물론 컨설턴트는 의뢰인의 비밀을 절대 보장한다. 컨설턴트는 수집된 자료나 정보를 의뢰인에게 직접적으로 제공하는 것이 아니라, 경험과 정보를 바탕으로 창출된 지식을 조언하고 지도한다는 점을 명심해야 한다.

(3) 피드백 실시

피드백은 지금까지 진행된 컨설팅 프로젝트의 적정성과 논리성에 대해 검증하고 지금까지 진행된 제반 프로젝트에 관한 동의를 이끌어내는 동시에, 컨설턴트와 의뢰인의 공감대를 형성할 수 있는 좋은 기회가 된다.

의뢰인에게 제공하는 피드백 내용

- 대상조직에서 발견된 유의한 결과
- 컨설팅 추진방향의 타당성 검증
- 이후 프로젝트 단계에서의 추진활동

피드백 시기

- 매 단계 종료 시
- 수시
- 의뢰인과의 협의

피드백의 대상

- 컨설턴트의 도움이나 정보, 문제해결을 기대하는 사람

- 프로젝트 성격에 따라 대상자 조정
- 차별적인 피드백 전략

피드백의 방법

- 의뢰인 스스로 진단결과를 통해 결론에 도달하도록 유도
- 다양한 기법을 통해 의견을 종합적으로 조정하여 공감하는 수렴방식

진단단계의 마무리

진단단계에서 발생할 수 있는 프로젝트 진행상의 주요 쟁점사항에 대해 의뢰인과 함께 검토해야 하는데 이때 고려할 사항은 다음과 같은 것이 있다.

- 진단단계가 장기화되어 비용이 추가적으로 발생하는 경우 진단단계 중간에 진척 상황보고서를 의뢰인에게 제공하여 상호이해와 공감대를 형성
- 착수단계에서 체결한 쌍방계약에 설정된 단계별 산출물을 충실하게 준비

3 실행단계

실행단계는 진단단계에서 분석된 문제점을 대상으로 대안을 도출하고 선택된 대안을 바탕으로 세부적인 실행계획을 수립하는

단계이다.

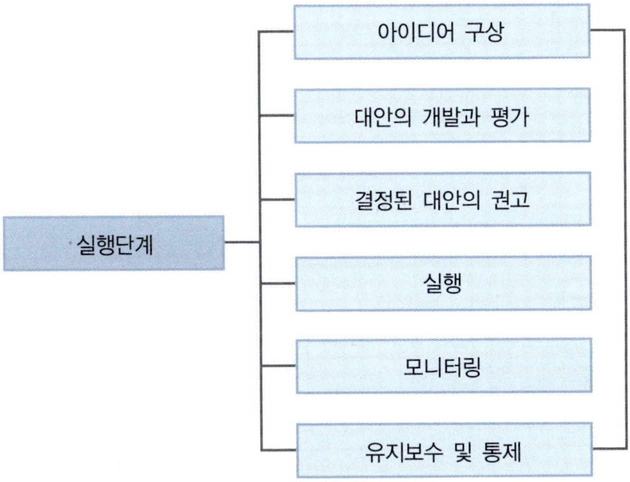

[그림 3-8] **컨설팅 실행단계**

1) 아이디어 구상

의뢰인은 일단 컨설팅을 의뢰하게 되면 자사에 대한 최적의 해결방안이 최단시간 내에 제시될 것으로 기대한다. 그러나 현실적으로 최적의 대안을 즉각적으로 제시받기란 쉽지 않은 일이다. 왜냐하면 대개의 경우 의뢰인이 직면한 문제는 원인과 결과의 연관관계가 복합적인 성격을 띠고 있기 때문에 수많은 해결대안과 이들 대안들 간의 결합이 거론되기 마련이며, 이들 간의 우선순위를 명확히 구분하기가 어렵기 때문이다.

- 준비 → 알려진 모든 요인 획득, 분석적 사고를 통한 문제를 정의한다.
- 노력 → 다각도의 고찰, 복수의 아이디어로 접근, 가능한 대안을 도출한다.
- 숙성 → 잠재의식 속의 문제를 숙고하는 과정을 통한 아이디어와 기회를 도출한다.
- 조명 → 문제에 대한 타당한 제시를 가능하게 하는 통찰력을 적용한다.
- 평가 → 노력과 숙성단계에 대한 분석과 타당안을 탐색한다.

[그림 3-9] 아이디어 구상의 5단계

아이디어를 이끌어내는 3가지 사고영역

아이디어(Idea)에 대한 사전적 의미를 살펴보면 '특정상황에서 해야 할 일에 대한 발상'이나 '무엇에 대해 마음속으로 갖게 되는 감'이라고 해석할 수 있다. 아이디어는 인간의 많은 사고영역 중에서 상상력에 가징 많은 영향을 받는다. 물론 판단력이나 추리력, 분석력 등에도 영향을 받지만 아이디어에서 가장 중요한 영역은 상상력과 창의성이다. 상상력은 판단력이나 추리력, 분석력과는 달리 비논리적인 성향과 비존재성이 강한 면이 있다.

아이디어를 이끌어내는 3가지 사고영역으로는 수직적 사고, 수평적 사고, 입체적 사고를 들 수 있다. 수직적 사고는 사물을 보고 생각하는 데 있어 고정관념을 가지고 판단하려는 사고이다. 예를 들어 '책상'을 말하면, 제일 먼저 떠올리는 것이 '공부하는 곳'이라는 고정된 생각으로 사물을 보고 판단하는 사고이다. 이와 달리 수평적 사고는 전통적 고정관념을 탈피하여 사고의 중심을 수평으로 이동하면서 다각적으로 생각하는 사고이다. 또한, 입체적 사고는 [그림 3-10]과 같이 수직적 사고와 수평적 사고를 결합한 사고이다. 따라서 어떤 문제를 해결하고자 할 때 사고의 중심을 입체적 사고로 확장하여 생각하면 보다 유연하고 창의적인 아이디어를 창출할 수 있다.

[그림 3-10] 입체적 사고

● 아이디어 발상의 기본원칙

좋은 아이디어를 발상하기 위해서는 발상의 목적과 의도를 명확히 정의해야만 비로소 문제에 대한 해결방법과 목표를 달성할 수 있다. 또한, 가능하면 양질의 좋은 정보를 많이 축적해야 하며, 축적된 정보는 목적에 따라 적시에 활용할 수 있어야 한다. 따라서 축적된 정보를 목적에 따라 가공하고 자기만의 자료로써 만들어 두어야만 비로소 활용도를 높일 수 있다.

(1) 해결안의 탐색

문제해결을 위한 아이디어와 정보의 탐색단계로 착수와 진단단계에서 진행된 분석 과정을 통해 도출된 문제를 해결하기 위한 현상 파악과 도출된 문제점을 바탕으로 문제의 본질, 기술적 특징, 문제의 복합성 등을 종합하여 최적의 해결안을 제시한다. [그림

3-11]은 해결안 도출을 위한 접근방법을 나타낸 것이다.

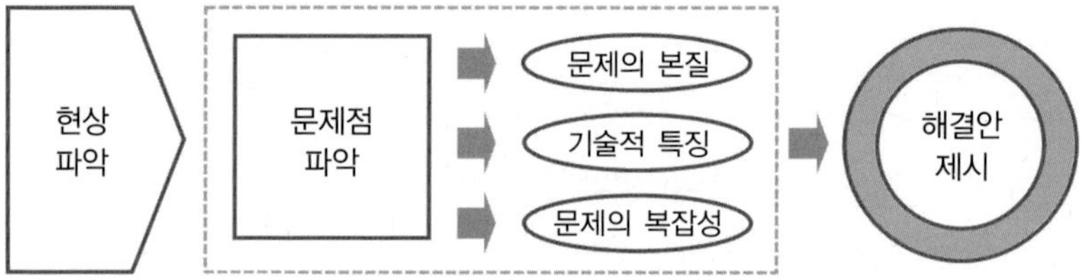

[그림 3-11] **해결안 도출을 위한 접근방법**

(2) 경험지식의 활용

컨설팅 과정에서 경험지식을 활용하는 목적은 경험을 바탕으로 프로젝트에 유용한 해결안을 도출하려는 것이지, 완전히 새로운 해결안을 창조하려는 것은 아니다. 많은 컨설팅회사들이 지식시스템을 보유하고 있는데, 이들 시스템들은 컨설팅회사의 운영과 컨설팅의 성과에 운영을 미치기도 한다.

(3) 아이디어 발상법

아이디어 발상법에 대한 자세한 설명은 다음 장에서 하기로 한다. [그림 3-12]와 같은 아이디어 발상법을 활용하면 보다 쉽게 원하는 결과를 도출할 수 있다.

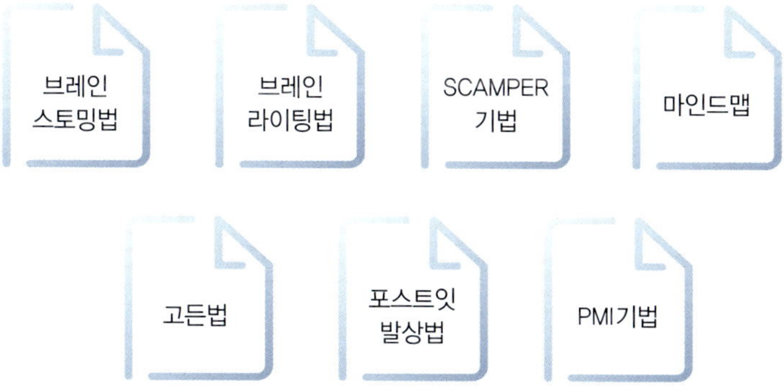

[그림 3-12] **아이디어 발상법의 종류**

① 브레인스토밍법(Brainstorming Method)

브레인스토밍법은 1941년 글로벌 광고회사 비비디오(BBDO)의 알렉스 오스본(Alex F. Osborn)이 창안한 것으로, 현재 가장 많이 활용되고 있는 방법으로 어떤 주제에 대한 확산적 사고를 유도하기 위한 기법이나. 이것은 집단적 사고 촉진을 위해 고안되었지만 개인적으로도 사용될 수 있으며, 특정 주제를 넘어서 여러 종류의 주제와 문제에 대해 일상적으로 적용될 수도 있다.

기본원칙

제안된 어떤 아이디어에 대해서도 비판하거나 평가를 해서는 안 된다.

- 비판엄금: 어떤 의견이든 간에 비판하지 않는다.
- 자유분방: 기상천회, 황당무계, 엉뚱한 생각도 환영한다.
- 대량발상: 의견의 질은 나중에, 우선 양을 추구한다.
- 결합개선: 타인의 의견에 편승해서 결합하고 개선한다.

특징

- 짧은 시간 내에 방대한 아이디어를 얻기에 적합하다.
- 진행자의 역할이 매우 중요하다. (브레인스토밍법은 누가 진행하느냐에 따라 성과가 좌우된다.)
- 기존의 아이디어를 창의적으로 조합할 수 있는 기회를 가질 수 있다.
- 비판활동을 제한하므로 구성원들 간의 갈등을 줄일 수 있다.
- 한 사람이 한 아이디어를 낼 때 거의 자동적으로 다른 아이디어를 상상하게 되는 연쇄반응이 일어난다.
- 경쟁효과가 있어, 다른 사람보다 하나라도 더 많은 아이디어를 내려고 한다.
- 타인에게 의지하여 진지하게 생각하지 않는 참여자가 나올 수 있다.

전개방법

- 주제는 구체적인 것으로 선택한다.
- 참여자 전원의 얼굴이 보이도록 책상과 의자를 배치한다.
- 모조지나 화이트보드 등을 준비한다.
- 분위기를 잘 조성하는 사람을 진행자로 선택한다.
- 발언을 전부 기록하고, 키워드로 요약한다.
- 발상시간은 1시간 정도가 적당하며, 그 이상이 되면 휴식시간을 갖는다.
- 브레인스토밍에 대한 결과 평가는 하루 정도 지나고 나서 실

시한다.

② 브레인라이팅법(Brain Writing Method)

브레인라이팅법은 홀리겔(Holliger)에 의해 고안된 것으로 다양한 아이디어 발굴과 의견 수렴 또는 문제해결을 위한 혁신 워크숍 등에서 구성원의 의견을 민주적·효율적으로 집약·정리할 수 있는 매우 유용한 발상기법이다. 브레인스토밍법과 같이 자유연상에 의한 아이디어 발상법으로 참여자들은 문제에 대한 대화를 나누지 않고 백지에 각자의 아이디어를 기입하는 방법으로 진행되는 것이 유사하지만, 브레인스토밍이 한 사람의 기록자에 의해 아이디어가 기록되었다면 브레인라이팅법은 각자가 정해진 용지에 자신의 아이디어를 차례대로 돌아가며 기록한다는 차이점이 있다.

특징

- 브레인라이팅법은 브레인스토밍의 아이디어 조합을 한 장의 종이에 조합시키는 방법이라고 볼 수 있다.
- 참여한 사람들의 상상력과 창의력을 충분히 활용할 수 있다.
- 여러 사람 앞에서 소극적으로 발언하는 사람의 사고력을 최대한 이끌어낼 수 있다.
- 참가자의 다양한 견해를 가감 없이 신속하게 모두 게시판에 집합·전시할 수 있다.
- 문제해결에 대한 참신한 아이디어를 발굴할 수 있다.
- 작성 내용은 익명성이 보장되므로, 회의에서 말로 표현하기

어려운 사항 및 조직 내의 감추어진 의견 등이 활발하게 논의될 수 있다.

〈표 3-1〉 **브레인라이팅 용지 구성의 예**

해결해야 할 문제

이름	아이디어 1	아이디어 2	아이디어 3

해결책:

③ SCAMPER기법

SCAMPER기법은 미국의 광고회사 BBDO사의 최고경영자였던 알렉스 오스본(Alex F. Osborn)이 1950년대에 개발한 체크리스트법을 보완하여 1971년에 발전시킨 것으로 사고영역을 일정하게 제시함으로써 구체적인 안이 도출될 수 있도록 유도하는 아이디어 발상법이다. SCAMPER기법의 주요내용은 〈표 3-2〉와 같다.

〈표 3-2〉 SCAMPER기법의 주요내용

구분	사고형태	주요내용
S	Substitute(대체하기)	어떤 것을 대신 사용할 수 있을까?
C	Combine(결합하기)	유사한 것끼리 결합하면 어떨까?
A	Adapt(응용하기)	조건이나 목적에 맞게 수정할 수는 없을까?
M	Modify-Magnify-Minify (수정·확대·축소하기)	색, 모양, 형태 등을 크게, 강하게, 작게, 가볍게 바꿀 수는 없을까?
P	Put to other uses (용도 변경하기)	다른 용도로 사용할 수 없을까?
E	Eliminate(제거하기)	제거할 수는 없을까?
R	Rearrange-Reverse (재배치하기·거꾸로 하기)	형식, 순서, 구성을 바꾸거나 거꾸로 할 순 없을까?

④ 마인드맵(Mind Map)

마인드맵은 영국의 토니 부잔(Tony Buzan)이 1960년대에 두뇌의 특성을 고려하여 만들어 낸 것으로 자신의 생각을 지도를 그리듯 이미지화하여 사고력, 창의력, 기억력을 한 단계 높일 수 있는 두뇌개발기법이다. 마인드맵은 핵심단어를 중심으로 거미줄처럼 사고가 파생되고 확장되어 가는 과정을 확인하고, 자신이 알고 있는 것을 동시에 검토하고 고려할 수 있는 일종의 시각화된 브레인스토밍이라고 할 수 있다.

작성 7원칙

- 종이의 중심에서 시작한다.
- 중심 생각을 나타내기 위해 이미지나 사진을 이용한다(적어도 3가지 이상의 색깔을 사용한다).
- 전체적으로 색깔을 사용한다.
- 중심 이미지에서 주가지로 연결한다. 주가지의 끝에서부터 부가지로, 부가지의 끝에서 세부가지를 연결한다.
- 구부리고 흐름 있게 가지를 만든다.
- 각 가지당 하나의 키워드만을 사용한다.
- 전체적으로 이미지를 사용한다.

마인드맵 사례: 창의적 교수법

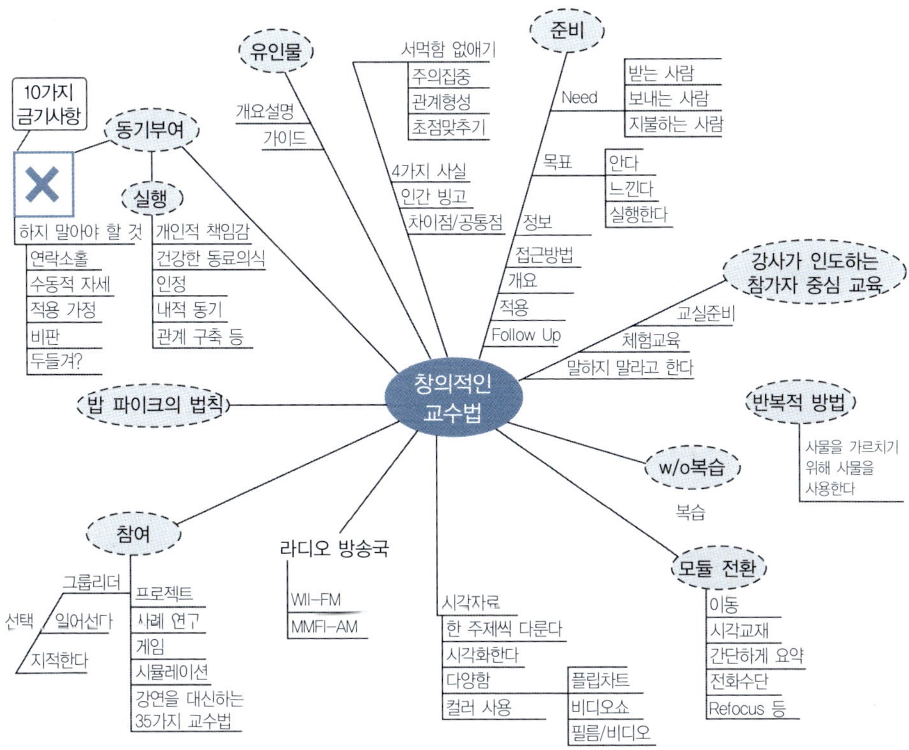

⑤ 고든법(Gordon Method)

고든법은 미국의 고든(William J. J. Gordon)에 의해서 고안된 것으로 주어진 주제를 진행자만 알고 나머지 사람들은 모르는 채로 진행자의 진행에 따라 마음껏 생각하는 방법이다. 보통의 사람들은 아이디어를 발전시킬 때 관념적이고 습관적인 틀을 벗어나기 어려운데, 이 방법으로 진행하면 새롭고 다양한 아이디어가 생성될 수 있다. 고든법은 앞서 설명한 브레인스토밍법과 마찬가지로 집단적으로 발상을 전개하는 대표적인 방법 중의 하나이다.

◘ 특징

- 문제를 구상화시켜서 무엇이 진정한 문제인지 모르는 상태에서 출발하며 참가자들에게 그것에 관련된 정보를 탐색하게 한다.
- 주제와 전혀 관계없는 사실로부터 발상을 시작해서 문제해결로 몰입하게 만든다. 이 과정에서 아주 기발한 아이디어가 떠오르는 경험을 할 수 있다.
- 추상의 폭을 넓혀 주제를 설정한다면 생각하는 사람의 사고는 폭넓게 퍼져 구체적인 문제를 생각할 경우보다 상상하지 못했던 다양한 아이디어가 도출될 수 있다.
- 주어진 주제가 추상적이기 때문에 나오는 아이디어들이 다소 예측과 빗나가는 경우도 있지만 진행자는 그것들을 실제 주제와 결합시켜 회의 중이라도 항상 검토하고 있어야 한다.
- 진행자는 회의를 진행하는 중에 주제를 좁히고, 회의가 끝날 무렵에 주제를 제시하는 방법이다.

⑥ 포스트잇 발상법(Post-it Method)

포스트잇 발상법은 우리가 흔히 사용하는 붙이거나 떼서 쓸 수 있는 메모지인 포스트잇을 활용하는 방법이다. 포스트잇의 색상을 몇 종류로 나누어 사용하면 아이디어를 종류별로 분리할 수 있다.

특징

- 포스트잇과 펜만 있으면 되므로 진행 절차가 매우 간단하다.
- 포스트잇의 색상에 따라 아이디어 종류를 구분, 정리할 수 있다.
- 시간과 장소에 구애받지 않고 활용할 수 있다.
- 아이디어를 빠르게 정리하고 구성할 수 있다.

⑦ PMI기법(Plus-Minus-Interesting Method)

PMI기법은 1973년 에드워드 드 보노(Edward de Bono)에 의해 고안된 것으로 아이디어의 장·단점을 측정할 수 있어 아이디어 평가에 사용된다. Plus(강점)는 아이디어를 실행했을 때 긍정적인 면을 떠올리는 것이고, Minus(약점)는 부정적인 면을 생각하는 것이다. 또한, Interesting(흥미)은 아이디어의 흥미로운 점을 찾아내는 것이다. 궁극적으로 PMI기법은 제안된 아이디어 중 무엇이 최선책인지를 파악하여 결정하는 방법이다. [그림 3-13]은 PMI기법을 나타낸 것이다.

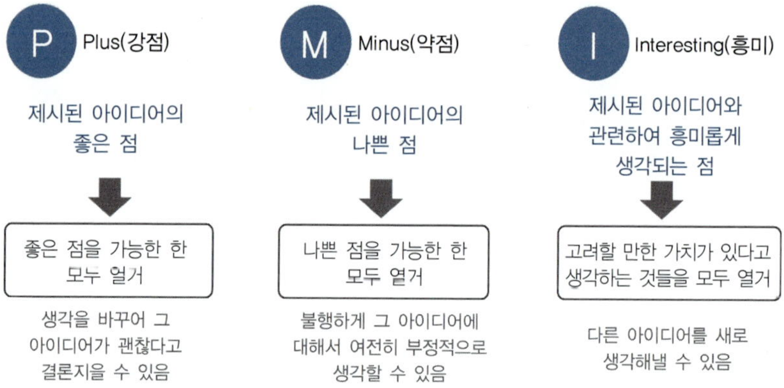

[그림 3-13] PMI기법

2) 대안의 개발과 평가

최적의 대안을 도출하기 위해 창의성을 발휘하고, 대안을 구체화하여 복합적인 측면에서 검토한다. [그림 3-14]는 주어진 문제를 효과적으로 해결하는 방법을 나타낸 것이다.

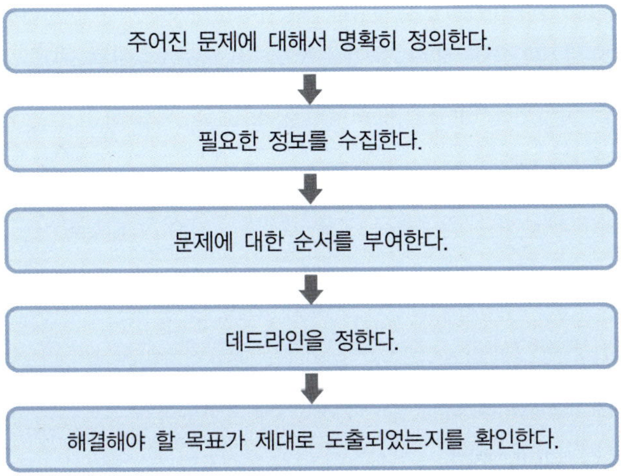

[그림 3-14] 주어진 문제를 효과적으로 해결하는 방법

(1) 대안의 도출

대안을 도출하기 위한 체크리스트는 다음과 같다.

- 다수의 해결안을 도출하였는가?
- 지금은 불가능할지라도 만약 시도한다면 무엇을 변화시킬 수 있는가?
- 도출된 대안들이 문제를 충분히 해결할 수 있는가?
- 제2, 제3의 해답을 찾아보았는가?

(2) 대안의 구체화

대안 선정 후 선정된 대안을 구체화하는 데 포함될 요소는 다음과 같다.

- 조직: 조직도 및 조직별 업무역할 정의, 라인 조직과 스태프 조직을 정의하고, 프로젝트 외부인력에 대한 조직 정의
- 자원: 프로젝트 수행에 필요한 인적자원과 필요시설 정의
- 실행 상세작업: 전체 작업공성을 정의하고 세부작업 내용 정의
- 일정: 주요 작업단계에 따른 이정표를 정의하고, 전체 작업일정을 구체적으로 명시
- 전체공정도: 실행 상세작업, 일정, 자원, 조직을 일목요연하게 도표화

■ 대안의 구체화 방법

◎ 원형화(Prototyping)

여러 가지의 다양한 아이디어를 자극하여 실제 구현 시의 모습을 적은 비용으로 구체화할 수 있다. 또한, 문제의 소지가 있는 부분을 구현함으로써 그에 대한 해답을 제시할 수 있으며, 관련된 인력이 직접 참여하여 시현해 봄으로써 환경변화에 따른 여러 사항을 모니터링할 수 있다. 정보시스템 개발에 유용한 방법이다.

◎ 시범 사업(Pilot project)

실제로 적응하기 이전에 예상되는 문제점이나 해결단계를 확실히 검증하기 위해서 소규모의 프로젝트를 통해 성과를 도출하는

것으로 최종적인 결과를 실제 적용하는 것을 목표로 한다.

(3) 대안의 평가

① 경제성 평가

손익분기점분석(Break Even Analysis)

손익분기점분석은 얼마 이상을 팔아야 고정투자비를 뽑을 수 있는지를 알 수 있다. 손익분기점분석에서 나온 정보를 토대로 시장수요와 경쟁회사의 시장점유율을 살펴본 뒤, 현실적으로 어느 정도의 판매가 가능할지 결정할 수 있다. 또한, 손익분기점분석을 사용해서 가격변화와 조업도 관계의 영향력을 살펴볼 수도 있다. 즉, 손익분기점분석 계산을 통해, 한 제품이나 투자의 세후 총공헌이익이 총고정비를 충당할 수 있는 조업 수준을 결정할 수 있다. 그러나 손익분기점분석을 계산하려면 어떤 요소가 계산에 포함되는지를 알아야 한다.

- 고정비(Fixed Costs): 제품이나 서비스의 판매 수준과 상관없이 일정하게 발생하는 비용을 의미한다. 보험료나 경영진의 월급, 임대료나 리스 비용 등을 들 수 있다. 가령 생산설비에 대한 임대료는 회사가 1,000단위를 판매하든 2만 단위를 판매하든 일정하게 발생한다. 보험료도 마찬가지이다.
- 변동비(Variable Costs): 생산단위나 판매 단위의 수량변화에 따라 같이 변하는 비용을 의미한다. 광열비나 수도비, 노무비, 재료원가 등을 예로 들 수 있다. 생산 단위가 늘수록 이러한 비용도 증가한다.

• 공헌이익(Contribution Margin): 한 단위를 판매할 때마다 고정비 충당에 공헌하는 금액을 의미한다. 단위당 순수익에서 단위당 변동비(또는 직접비)를 차감한 금액이다.

위의 개념을 다음과 같은 방정식에 대입하여 해법을 구할 수 있다.

손익분기점 = 고정비 / 단위당 공헌이익

자세한 방법은 다음과 같다. 첫째, 단위당 순수익에서 단위당 변동비를 차감해서 단위당 공헌이익을 구한다. 둘째, 총고정비 또는 총투자금액을 단위당 공헌이익으로 나눈다. 이 값이 손익분기점, 다시 말해 고정비를 충당하기 위해 판매해야 하는 단위의 수를 의미한다.

• 등식법: 손익분기나 이익을 예측해야 하는 상황에서 가장 일반적으로 쓰는 방법이다.

영업이익 = 매출액 – 변동비 – 고정비

• 공헌이익법 또는 한계이익법: 등식의 변형방법이다.

영업이익 = (단위당 판매비 – 단위당 변동비) × 단위 – 고정비

• 도표법: 간단하면서도 시각적으로 이해가 용이하기 때문에 회계에 대한 기초지식이 없는 의뢰인에게도 설득력을 기대할 수 있는 표현방법이다.

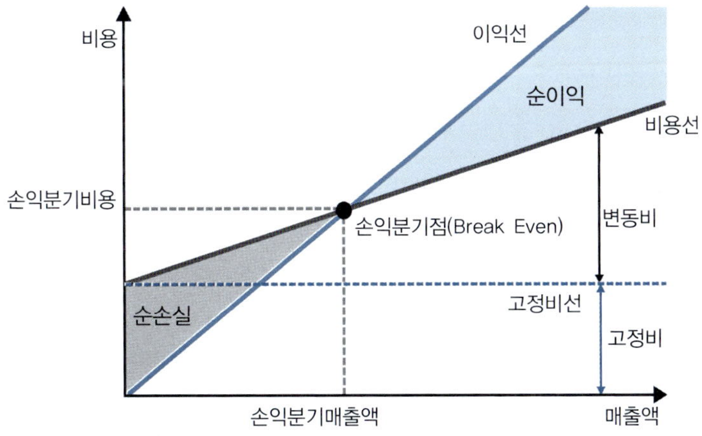

[그림 3-15] **손익분기점분석(Break Even Analysis)**

할인현금흐름분석(DCF: Dis-Counted cash flow analysis)

할인현금흐름분석은 돈의 시간가치 개념을 기본으로 하며, 미래에 받을 1달러가 현재의 1달러보다 낮은 가치를 지닌다고 인식한다. 예를 들어, 1년 뒤에 받는 1.03달러는 현재로 따지면, 1달러의 가치만을 지닌다. 왜일까? 현재 1달러를 받아서 연리 3퍼센트를 지불하는 무위험의 은행통장에 예치시키면, 1년 뒤에 1.03달러를 받을 수 있기 때문이다.

1달러는 현재가치(Present Value, PV)이며, 오늘 받은 금액을 의미한다. 1.03달러는 미래가치(Future Value, FV)이며, 현재의 1달러가 특정 기간 동안 특정 복리로 계산되어 증가한 금액을 의미한다. 이 예에서 기간(n)은 1년을 의미한다. 이자율(i) 또는 할인율(Dicount Rate)은 3퍼센트이다. 혁신자가 이러한 개념을 이해하고 있다면, 그는 최고경영진이 혁신적 아이디어에 대한 자원의 투자 여부를 결정할 때 사용하는 것과 똑같은 방식을 사용하게 될 것임을 의미한다. 재무분석 소프트웨어나 프로그램이 미리 짜여진 전자 스프레드시트를 사용하면, 현재가치와 미래가치를 손쉽게 계산할 수 있다. 사업적인 의사 결정을 내릴 경우, DCF분석이 많이 사용된다. 할인현금흐름분석은 강력한 재무적 수단이지만 신중하게 사용해야 한다.

비용편익분석(Benefit Analysis)

비용편익분석을 하는 목적은 공공목적 또는 사회적 의사결정을 지원하는 데 있다. 이 방법은 대안별로 의사결정이 가져다주는 영향을 편익과 비용으로 범주한 뒤 이를 모두 화폐적 가치로 환산한 다음 각 대안의 편익을 비교하여 대안을 선정하게 된다. 비용편익분석의 적용방법은 다음과 같다.

- 모든 종류의 편익과 비용을 도출한다.
- 여러 대안프로젝트 가운데 의사결정 대상인 포트폴리오를 선택한다.
- 의사결정에 따른 잠재적인 영향도 판단 및 평가지표를 선택한다.
- 프로젝트 전수명주기에 걸친 계량적 영향도(비용편익)를 예측한다.
- 모든 영향도를 화폐가치로 환산한다.
- 화폐가치로 환산된 영향도를 현재가치로 할인한다.
- 영향도의 현재가치를 합산한다.
- 민감도분석을 한다.

• 사회적 효익이 가장 큰 대안을 결론으로 선정한다.

총자본 순이익률(ROI Analysis)

ROI는 순이익과 총자본간의 관계를 나타내는 것으로서 기업의 수익성을 대표하는 비율이다. 1930년대 미국의 듀폰(DuPont)사에서 개발된 것으로 기업의 목표를 투자수익률로 하고 이를 결정하는 재무요인을 체계적으로 관찰하여 문제가 발생되는 재무요인을 중점적으로 통제하는 방법이다.

총자본 수익률 = 매출액 순이익률 × 총자본 회전율

ROI분석은 기업활동의 양측면인 활동성과 수익성을 동시에 분석할 수 있고 기업의 경영자나 종업원의 업적평가와 통제를 하는 데 있어서 여타의 수익률 개념보다 그 타당성이 높다. 또한, 각 부서의 관리자나 종업원들에게 그들 부서의 업무와 기업목표와의 관계를 명확하게 인식시킴으로써 각 부문활동이 기업의 목표와 직결되도록 해준다.

② 사업 타당성 평가

대안이 실제로 적용되었을 때 환경과 관련된 사람들의 사용성을 고려하는 것으로 평가요인은 다음과 같다.

• 관리의 가용성
• 조직의 성숙도와 계획 프로세스
• 비공식 조직을 포함한 정치적 환경

- 해결대안이 조직에 미칠 부정적인 장애요인
- 해결대안이 필요한 신규직원의 고용과 훈련, 설비, 지적인 이해능력

기술적 타당성

해결대안이 요구하는 기술수준과 현재 보유하고 있는 기술수준이 어느 정도가 적합한지를 고려하는 것이다. 기술적 타당성 검토대상은 다음과 같다.

- 요구되는 하드웨어의 가용성
- 요구되는 소프트웨어의 상태
- 구현되는 시스템 또는 프로세스에 관여하는 사람의 조달 가용성과 능력
- 조직의 경험과 적극성

계획 타당성

해결안이 목표로 하는 시간 내에 운영될 수 있는지 등의 실현 가능성을 고려하는 것이다.

법적 타당성

해결대안이 법적요건에 부합하는지를 검토하는 것이다. 즉, 특허나 실용신안 등의 위반 여부를 검토하는 것으로 필요한 경우 변호사나 관련기관에 도움을 요청해야 한다.

(4) 대안의 최종 선택

결론의 도출은 실행계획을 수립하기 위한 최종 과정이며, 해결안의 선택과 적용은 의뢰인의 가장 중요한 의사결정사항으로 이익은 일반적으로 비용 자체를 없애거나 줄이거나, 수익과 제품의 품질을 향상시키는 것을 의미한다. 대안평가 시 고려해야 할 사항은 〈표 3-3〉과 같다.

〈표 3-3〉 **대안평가 시 고려해야 할 사항**

구분	주요내용
경제적 이익	• 총수익과 현금흐름의 증대 • 자금조달 용이 • 세금혜택 • 대금의 지급기간 단축 • 비용 대비 높은 효율 • 노동생산성 향상
자원이익	• 필요인원의 감소 • 훈련시간의 절감 • 내·외부 자원의 효율적 활용 • 경쟁력 강화 • 잠재적인 성장가능성 증대
비용이익	• 프로젝트비용 감소 • 설계 자본 운영비용 감소 • 유지 보수비용 감소 • 재고의 감소
인력이익	• 위임 및 일에 대한 권한 증가 • 변화의 용이성 • 인력에 대한 최소의 변화요구 • 가동률의 증가 • 사용자의 편리성 증대 • 근무활동의 편리성 증대

가치와 원칙에 대한 이점	• 회사의 가치와 원칙에 부합 • 조직문화에 적합 • 조직이나 전략이나 방향을 지원 • 윤리적 법적 타당
고객의 이익	• 고객서비스 증가 • 판매와 수익의 증가 • 고객의 욕구와 요청에 부응

3) 결정된 대안의 권고

(1) 실행계획 수립

실행계획을 완성한다는 것은 실행계획에서 구체적으로 기술한 구현계획을 최종보고서에 포함시키는 것으로, 이때는 계획의 구현대상과 방법에 초점을 둔다. [그림 3-16]은 실행계획 프로세스를 나타낸 것이다.

그리고 프로젝트에 참여하는 인력이 어느 정도의 기술력과 경험을 갖추었느냐에 따라 프로젝트의 성공이 좌우되는 만큼, 프로젝트 요원의 선정과 교육은 매우 중요하다. 프로젝트에 참여하는 인력을 선정할 때는 다음 사항을 고려해야 한다.

- 필요한 인력의 수준
- 프로젝트 작업단계별로 필요한 기술수준과 경험
- 가용예산의 범위
- 가용인력의 과거경력
- 자원과 기술의 가용성
- 의뢰인 조직측 인력의 가용성

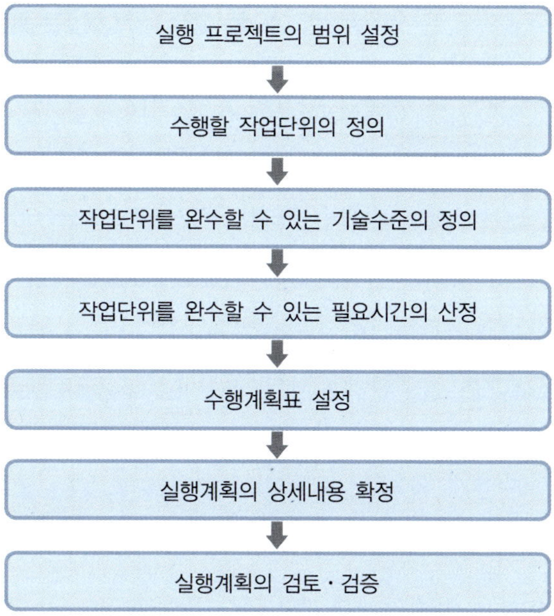

[그림 3-16] 실행계획 프로세스

(2) 실행계획 확정

실행계획의 수립과 대안에 대한 평가가 완료되면 발표형식과 시기에 대해서 고려해야 한다. 발표의 시기와 형식, 대상은 컨설팅계약에 따라 다르지만 컨설팅 프로젝트를 진행하면서 유연하게 조절하는 것이 바람직하다.

프레젠테이션 내용은 컨설턴트가 의뢰인에게 제공할 수 있는 최상의 서비스에 대한 설명보다는 의뢰인이 요구하고 궁금해 하는 사항을 발표해야 원하는 목적을 달성할 수 있다.

4) 실행

컨설팅 결과가 실행되지 않는다면 컨설팅은 완성되었다고 볼 수 없다. 컨설팅 수행 과정의 다른 단계와 마찬가지로 실행단계 또한 프로젝트 성과에 대한 궁극적인 책임은 의뢰인에게 있다. 그러나 실행단계에서의 컨설턴트의 역할은 과소평가될 수 없으며, 컨설팅 프로젝트의 성격이 복잡할수록 진단 및 실행계획을 수립하는 단계보다는 실행단계에서의 업무 난이도가 더 높아지는 경향이 있으며, 이럴 경우에 컨설턴트의 참여는 필수적이다.

○ 실행 과정의 계획

실행계획서는 의뢰인에게 제시되는 활동계획의 한 부분이기 때문에 실행이 시작되기 전에 상세한 작업프로그램을 준비해야 한다. 실행 과정 계획을 수립할 때에는 다음과 같은 과정을 고려해야 한다.

- 수행단계 설정: 주요한 일정을 도표화하는 것이 효과적
- 책임과 통제범위의 규정: 개별적 과제, 작업, 실행 과정 속에서 발생하는 경과 등에 대한 측정과 통제가 가능하도록 정의
- 실행 과정의 납기와 진도: 고객에게 최대의 이익을 가져다 줄 수 있는 실행계획 수립
- 융통성과 우발적 상황의 설정: 컨설팅 프로젝트의 복잡성과 혁신의 정도가 클수록 실행 프로그램이 자주 수정되므로 융통성 있는 일정 구축
- 단계의 구체화: 새로운 방법론이 많이 포함될 경우 후속단계

에 대한 지침을 제공하는 매뉴얼 준비

○ 실행 과정의 지원

실행단계가 시작되면 컨설턴트는 제반사항이 모든 여건을 충족하고 있는지를 검사하고 그 실행 과정을 관찰하여야 한다. 변경 개선된 업무와 조직구조가 구현되는 본 단계에서 컨설턴트는 의뢰인의 문제해결과 질문에 즉각적이고도 명쾌한 응답을 보여야 한다.

○ 실행 과정의 관찰

컨설턴트는 의뢰인과 공동으로 실행 과정에 대해 정기 또는 수시로 평가를 실시하고, 동시에 실행계획의 추진이 의뢰인에 미치는 영향을 주의 깊게 관찰하여야 한다. 이는 실행 과정에서 의뢰인이 간과할지도 모르는 위험을 조기에 인지하여 적절한 시기에 적절한 형태로 의뢰인에게 시의적절한 정보를 제공하기 위함이다.

5) 모니터링

일반적으로 모니터링은 현장점검을 통해 사업 추진상의 문제점과 제도개선사항을 도출하는 것으로, 업무 성격, 팀원의 특성 및 역량, 업무의 중요성, 자신의 업무경험 등 상황과 주기(週期)에 맞춰 적절한 방법으로 진행한다.

현재 많이 쓰는 모니터링 방법에는 보고서, 업무 공유 미팅, 정기적 면담, 수시 면담 등이 있으며, 〈표 3-4〉는 모니터링 방법을 설명한 것이고 [그림 3-17]은 모니터링 결과 조치방법에 대해서 설명한 것이다.

〈표 3-4〉 **모니터링 방법**

구분	보고서	업무 공유 미팅	정기적 면담	수시 면담
장점	일목요연하게 정리되어 파악하기가 용이함	팀원 각자의 역할과 진행상황을 팀 전체가 공유할 수 있음	잠재적 문제에 대해 사전에 알 수 있음	적절하고 신속한 지원 및 동기부여가 가능
단점	간접적 관리로 정보가 임의로 차단될 수 있음	연관성 없는 업무를 담당할 경우 팀원들의 업무시간 낭비 초래	의사결정이나 이후 조치에 너무 많이 개입할 가능성이 있음	팀원이 자신의 의견보다 관리자의 의견에 많이 의존할 수 있음

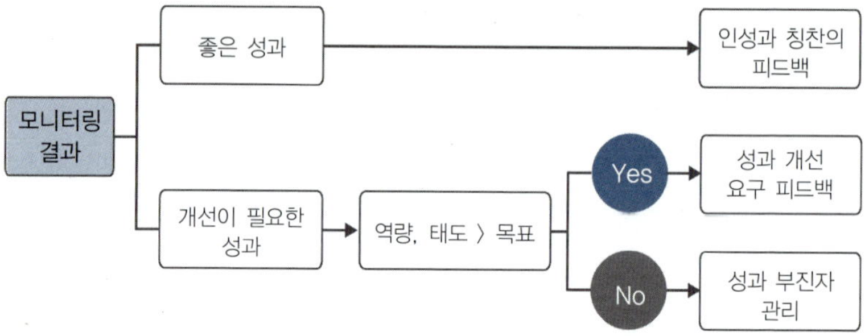

[그림 3-17] **모니터링 결과 조치방법**

6) 유지보수 및 통제

지속적인 성과 유지방안을 살펴보면 다음과 같다.

● 다양한 통제기법 검토 및 적용

발생할 가능성이 있는 모든 오류에 대한 대처방법과 내·외부적인 통제단계를 설정하고 개선을 위한 지속적인 노력을 해야 한다. 또한, 오류가 발생할 가능성에 대비해 모든 분야에 대하여 미리 검토하고, 연차감사·내부감사·외부감사·주기감사 등 다양한 통제기법의 적용 여부를 검토해야 한다.

● 관리수행 조직의 구성

통제위원회를 통해 프로젝트의 수행계획표에 따른 정기모임과 돌발적인 사안에 대한 의사결정 및 상황판단을 위한 임시모임을 계획한다.

● 주기적 보고

프로젝트가 진행되는 기간 동안 의뢰인에게 매 기간별, 단계별 진척·완료보고를 제출한다.

- 정해진 일정과 비용을 잘 준수하고 있는지를 확인한다.
- 프로젝트의 계획수립, 관리, 통제정보를 제공·확인한다.
- 프로젝트 계획을 보완·수정한다.

품질점검

프로젝트에 직접적으로 참여하지 않은 사람으로 전문적인 기술 수준을 보유한 외부전문가를 통해 실시한다. 또한, 수행계획 이전에 실시하고 실시한 내용의 결과는 정기·주기적인 보고시점에 제시하도록 한다.

지속적인 평가 수행

실행안의 적용현황 및 성과를 지속적으로 관찰함으로써 컨설팅 성과를 측정한다.

- 경제성 검토: 계획 대비 비용을 평가
- 운영검토: 예견한 성과의 달성 여부 확인
- 향후 성과검토: 향후 지속적인 경제성과 운영상의 효과를 발생시킬 수 있는지를 평가함

읽을 거리

세상을 변화시킨 6단계 창조전략

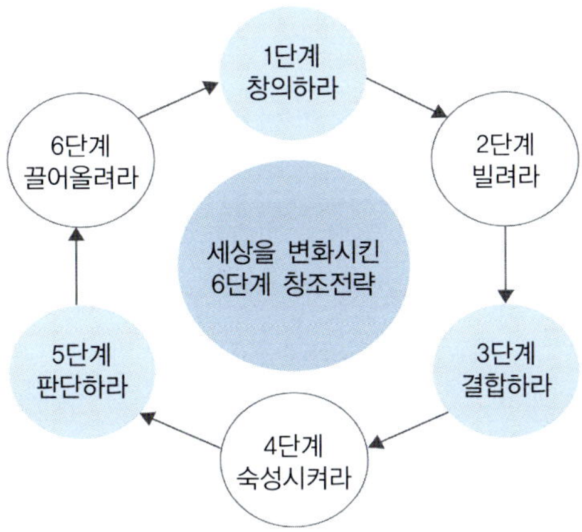

[그림 3-18] **세상을 변화시킨 6단계 창조전략**

데이비드 코드 머레이(David Kord Murray)의 저서 바로잉(원제: Borrowing Brilliance)에서 강조한 세상을 변화시킨 6단계 창조전략, 즉 1단계(정의하라), 2단계(빌려라), 3단계(결합하라), 4단계(숙성시켜라), 5단계(판단하라), 6단계(끌어올려라)를 소개하고자 한다. 바로잉(Borrowing)은 '빌리다'는 의미로, 기존의 것을 빌리거나 모방하여 낯설지만 한층 더 나은 것을 창조한다는 뜻이다. 이 책에서 저자(데이비드 코드 머레이)는 창조와 혁신이 바로 바로잉에서 출발한다고 강조하고 있다.

1단계: 정의하라(해결하고자 하는 문제를 정의한다)

창의적인 아이디어는 주어진 문제에 대한 해결책이다. 이 문제를 어떻게 정의하느냐에 따라 그 문제를 해결하는 방법이 달라진다. 주어진 문제를 지나치게 좁거나 넓게 정의하면 문제를 해결할 때 실수가 발생한다. 관찰을 비롯한 여러 가지 도구를 사용할 수 있는 한 많은 문제를 정의한 다음에, 높은 차원에서 낮은 차원으로 그 문제들을 분류한다.

2단계: 빌려라(비슷한 문제를 안고 있는 곳에서 아이디어를 빌린다)

이렇게 마련한 아이디어들은 찾고자 하는 해결책의 재료다. 문제를 정의한 뒤 비슷한 문제를 안고 있는 영역에서 아이디어를 빌린다. 경쟁자들에게서 출발하여 다른 산업분야로, 더 나아가 기업계를 벗어나 과학계나 예술계 혹은 연예오락계로 확장하여 비슷한 문제를 안고 있는 사람들이 어떻게 문제를 해결하는지를 살핀다.

3단계: 결합하라(빌린 아이디어를 서로 연결하고 결합한다)

결합하는 과정은 창의성의 본질적인 특성이다. 2단계에서 빌린 재료를 사용하여 구축하고자 하는 새로운 아이디어의 구조를 설명할 수 있는 적절한 비유를 찾는다. 비유를 설정함으로써 기존의 아이디어로 새로운 아이디어의 틀을 마련할 수 있다. 설정된 비유가 더는 효과가 없을 때는 미련 없이 버린다.

4단계: 숙성시켜라(3단계에서 마련한 여러 가지 결합이 해결책으로 바뀔 수 있도록 숙성시킨다)

의식보다 잠재의식이 더 결합을 잘한다. 따라서 잠재의식에 충분한 시간을 할애한다. 그리고 의식적으로 하는 생각을 잠재운다. 그래야 잠재의식이 하는 말을 들을 수 있다. 이 단계에서는 그냥 잊어버리기, 잠자기, 생각 정지하기, 무심코 잘못 말하거나 잘못 알아들은 내용에 귀 기울이기 등의 도구를 사용할 수 있다. 흔히 가장 효과적인 방법은 전혀 생각을 하지 않는 것이다.

5단계: 판단하라(마련한 해결책의 강점과 약점을 파악한다)

판단은 어떤 관점의 결과이며, 직관은 판단의 결과이다. 긍정적인 판단과 부정적인 판단을 동시에 사용하여 당신이 찾아낸 해결책을 분석하고, 아이디어가 가진 강점과 약점이 무엇인지를 파악한다. 이 작업은 창의적인 직관, 즉 강점은 강화되고 약점은 제거된 아이디어로 이어진다.

6단계: 끌어올려라(강점은 더욱 강화하고 약점은 제거한다)

아이디어는 시행착오를 통해 조정되고, 진화하며, 알아서 스스로를 조직한다. 아이디어를 조정하기 위해서는 이전의 다섯 단계로 돌아가서 다시 정의하고, 빌리고, 결합하고, 숙성시키고, 판단한다. 이 순서는 아이디어에 따라 얼마든지 달라질 수 있다. 창의적인 과정은 자기조직적이라서 스스로를 창조하기 때문이다.

출처: 저자(한광식)가 기고한 내용임을 밝힘.

4 종료단계

종료단계는 컨설팅 착수단계에서 설정한 목표를 달성하여 더 이상 컨설턴트의 도움이 필요로 하지 않는 단계이다. 종료단계는 일반적으로 최종보고, 최종보고에서 논의된 내용이나 추가로 요청된 사항을 수정・보완, 자체평가, 철수 순으로 진행된다.

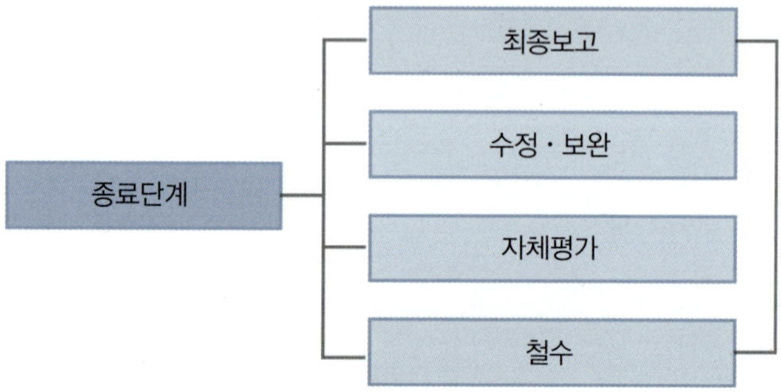

[그림 3-19] 컨설팅 종료단계

1) 최종보고

계약서에 명시된 결과물을 중심으로 최종결과를 보고한다.

2) 수정 · 보완

최종보고에서 논의된 내용이나 추가로 요청된 사항을 중심으로 수정・보완한다.

3) 자체평가

자체평가 결과를 바탕으로 최종보고서에 반영하도록 한다. [그림 3-20]은 자체평가의 핵심사항을 설명한 것이다.

평가자	• 의뢰인, 컨설턴트가 양자 공동으로 수행 가능하다.
평가기준	• 보통은 컨설팅사가 보유한 자체기준이나 우수사례, 개선 이전의 시스템 성과 등을 성과지표로 설정한다.
평가대상	• 주로 변화의 당사자들로 결정된다.
평가시기	• 매 단계 완료시점 또는 최종 완료시점에 평가한다.
평가도구	• 인터뷰, 설문, 토론 및 관찰방법 등을 활용한다.
평가항목	• 프로젝트가 의뢰인에게 미친 영향을 중심으로 결정되며, 컨설턴트의 역량, 변화된 시스템과 기존체계와의 관계, 새로운 시스템이 의뢰인 조직에게 가져다주는 기회 및 성과 등이 될 수 있다. • 컨설팅 방법 자체에 관한 컨설팅 프로젝트의 계약, 투입자원의 질과 양, 적용된 컨설팅 기법, 프로젝트 관리 등을 들 수 있다.

[그림 3-20] 자체평가의 핵심사항

4) 철수

철수는 컨설팅 착수단계에 설정된 목표를 달성하여 더 이상 컨설턴트의 도움을 필요로 하지 않는 단계이다. 프로젝트의 철수시점에 따라 투입된 자원을 철수한다.

Chapter 04

ESG경영 및 행정

Environmental, Social and Governance

1 ESG 개요

1) ESG 개념 및 역사

(1) ESG 개념

ESG는 환경(environmental), 사회(social), 거버넌스(governance)의 이니셜을 합친 용어이다.

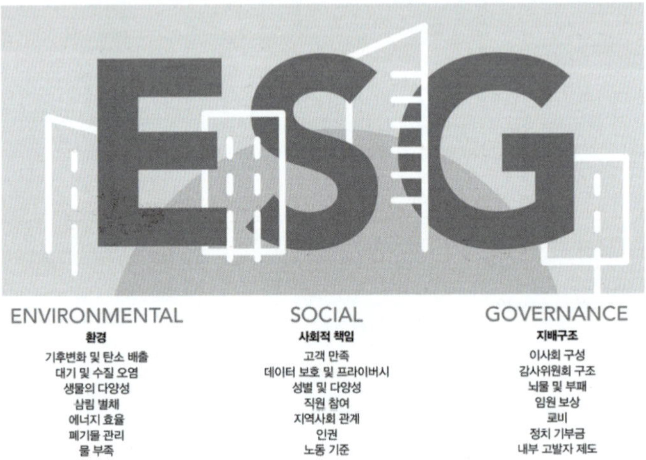

'E'는 환경(environmental)을 의미하며 온실가스와 같은 자연 생태계에 대한 기업의 영향을 측정하는 요소이며, 투자대상을 선정함에 있어 기업의 생산활동에서 오염물질을 배출하거나 제품 생산과정에서 사용되는 물의 양, 에너지의 종류 등을 고려하겠다는 것이다.

'S'는 사회(social)를 의미하며 노동력, 고객, 사회와 관련된 기업활동을 말하며, 노동의 질, 노동자의 건강과 안전, 노동훈련 등 기업활동을 위해서 노동자의 건강과 안전과 관련된 노동인권을 보호하고, 노동훈련과 교육을 통하여 노동의 질을 제고하면서 기업의 생산성을 높이는 것을 의미한다.

'G'는 거버넌스(governance)를 의미하며, 이사회 구성이 다양하고, 독립적인지, 경험이 많은 자들로 이사회가 구성되는지가 중요하다. 사기나 뇌물, 부패와 같은 불법적인 행동을 하지 않고, 경영진의 보수를 합리적인 수준으로 책정하는지 여부도 투자에 중요한 요소가 된다.

〈표 4-1〉 ESG 구성요소

구분	내용
E	에너지 효율성, 탄소 발자국, 온실가스 배출, 삼림 벌채, 생물 다양성, 기후 변화 및 오염 완화, 폐기물 관리 및 물 사용을 검증한다.
S	노동 기준, 임금 및 혜택, 직장 및 이사회 다양성, 인종 정의, 임금 형평성, 인권, 인재 관리, 지역 사회 관계, 개인 정보 보호 및 데이터 보호, 건강 및 안전, 공급망 관리 및 기타 인적 자본 및 사회 정의 문제를 포함한다.
G	"E" 및 "S" 범주의 관리(기업 이사회 구성 및 구조, 전략적 지속 가능성 감독 및 준수, 임원 보상, 정치 기부 및 로비, 뇌물 수수 및 부패)를 다룬다.

출처: Bergman, M. S., Deckelbaum, A. J., & Karp, B. S. (Aug.1, 2020). Introduction to ESG

기업의 발전이 환경과 사회에 미치는 영향이 밀접함에 따라 기업을 둘러싼 다양한 문제에 대한 적극적인 대응을 요구하게 되었다. 과거 투자자는 '실적'과 '재무상황'에 국한하여 경영상황을 평가하고 투자를 결정하였으나 지속적인 성장을 위해서는 ESG를 통한 지속가능성을 확보하는 것이 중요하다는 사고가 기업과 투자자 사이에 확산되었다.

기업은 영리추구를 본질로 하는 개체인 것이 전통적인 기업관이었다고 한다면, ESG 투자는 영리추구가 기업의 유일한 또는 가장 중요한 목적으로 보지 않고, 비재무적인 요소인 환경, 사회공동체, 그리고 지배구조 측면에서 선한 영향력을 끼치는 것을 고려하여 소위 좋은 기업으로 보고 투자하겠다는 것이다.

(2) ESG 역사

UN은 1987년 지속가능성 개념(Brundtland 보고서), 2004년 ESG 개념(Who Cares Wins 보고서), 2006년 UN PRI(책임투자원칙) 등을 만들었고, 2004년 UN 'Who Cares Wins' 보고서를 통해 ESG 투자라는 용어를 공식화하여, 환경, 사회, 지배구조라는 세 가지 기준을 제시하였다.

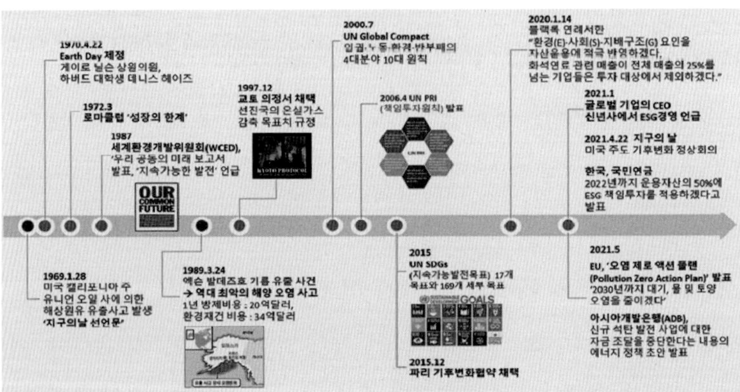

[그림 4-1] ESG 역사

출처: 유훈, The Way to ESG: ESG에 대한 이해와 추진전략, 중견기업이슈리포트 Vol 4(2021.7)

2) 유엔지속가능발전목표(SDGs)

(1) 개요

유엔지속가능발전목표(SDGs)는 UN이 2000년부터 2015년까지 시행된 새천년개발목표(MDGs) 종료 후, 2015년 9월 새로 설정한 목표이며, 2016년부터 2030년까지 시행하는 유엔과 국제사회의 최대 공동목표(SDGs)이다. 2015년 제70차 UN총회 및 UN지속가능발전 정상회의에서 193개국 만장일치로 제정하였으며, SDGs는 매년 3조3,000억~4조5,000억 달러(3,850조~5,880조 원)의 천문학적 예산이 들어가고, 전 세계 산업계에도 큰 영향을 미치고 있다.

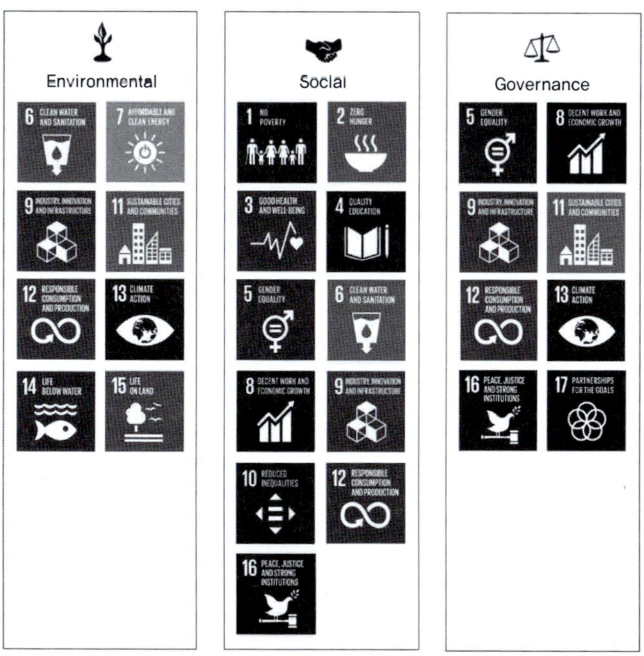

[그림 4-2] 유엔 지속가능발전목표(SDGs) 체계도

SDGs는 인류의 보편적 사회문제(빈곤, 질병, 교육, 여성, 아동, 난민, 분쟁 등), 지구 환경 및 기후변화 문제(기후변화, 에너지, 환경오염, 물, 생물 다양성 등), 경제 문제(기술, 주거, 노사, 고용, 생산 소비, 사회구조, 법, 인프라구축, 대내·외 경제)를 2030년까지 17가지 주요 목표와 169개 세부 목표로 해결하고자 이행하는 국제사회 목표이다. SDGs는 글로벌 주요 기업이 기업경영 핵심가치로 삼는 '지속가능경영', 'ESG경영', '환경경영'의 가상 중심이 되는 글로벌 기준이 되고 있다.

〈표 4-2〉 **SDGs 17개 목표**

목표 1	모든 형태의 빈곤을 모든 지역에서 종식시킨다.
목표 2	기아를 종식하고, 식량안보 및 영양개선과 지속가능한 농업을 증진한다.
목표 3	건강한 삶을 보장하고 모든 세대의 복지를 증진한다.
목표 4	모두를 위한 포용적이고 공평한 양질의 교육 보장 및 평생학습 기회를 증진한다.
목표 5	양성평등 달성 및 모든 여성과 여아의 역량을 강화한다.
목표 6	모두를 위한 식수 및 위생시설의 접근성을 확보하고 지속가능한 관리를 보장한다.
목표 7	모두를 위한 적정 가격의 신뢰성 있고 지속가능한 현대적인 에너지의 접근을 보장한다.
목표 8	지속적 · 포괄적 · 지속가능한 경제성장을 촉진하며, 완전하고 생산적인 고용 및 모두를 위한 양질의 일자리를 증진한다.
목표 9	복원력 있는 인프라시설을 구축하고 포용적이고 지속가능한 산업화를 촉진시키며 혁신을 장려한다.
목표 10	국가 내, 국가 간 불평등을 완화한다.
목표 11	포용적이고 안전하고 복원력이 있으며 지속가능한 도시와 인간 거주지를 조성한다.
목표 12	지속가능한 소비 및 생산 양식을 보장한다.
목표 13	기후변화와 그 영향에 대처하는 긴급 행동을 시행한다.
목표 14	지속가능한 발전을 위한 대양, 바다, 해양 자원을 보호하고 지속가능하게 이용한다.
목표 15	육상 생태계를 보호, 복원 및 지속가능하게 이용하고, 산림을 지속가능하게 관리하며, 사막화와 토지 황폐화를 방지 및 복원하고, 생물 다양성의 손

	실을 방지한다.
목표 16	지속가능 발전을 위해 평화롭고 포용적인 사회를 촉진하고, 모두를 위한 사법 접근성을 확보하며, 모든 차원에서 효과적이고 신뢰할 수 있는 포용적 제도를 구축한다.
목표 17	이행수단 강화 및 지속가능발전을 위한 글로벌 파트너십을 확대한다

출처: UN Global Compact 등, SDG Compass, 지속가능발전목표(SDGs)에 관한 기업 행동 지침, p. 7.

(2) 국내 SDGs 이행상황

글로벌 SDGs 이행은 국가 및 지역(region) 차원의 이행을 통해서 완성국가 및 지역 단위에서는, 각 맥락에 부합하는 목표 및 세부 목표를 수립한다. 한국은 2018년 3월, 환경부 소관의 지속가능발전위원회 주도로 K-SDGs 구축을 선포하고, 약 9개월간의 논의 과정을 거쳐 214개 지표를 선정하였다. 정부는 UN 지속가능발전목표의 국제적 합의를 이행하고 국가 단위에서의 지속가능발전을 촉진하기 위한 목적으로 「저탄소 녹색성장 기본법」에 근거하여 20년 기간의 지속가능발전 기본계획을 5년마다 세워 실행하도록 하고 있다. 2021년 4월 지속가능발전목표 한국 데이터 플랫폼이 구축되었으며 「한국의 SDGs 이행 현황 2021 보고서」도 발간되는 등 국가 차원에서 국제사회의 지속가능발전목표 달성을 위한 노력에 동참하고 있다.

〈표 4-3〉 **유엔글로벌콤팩트 10대 원칙**

범주	원칙	내용
인권	1	국제적으로 공포된 인권의 보호를 지지하고 존중함
		Businesses should support and respect the protection of internationally proclaimed human rights; and
	2	인권유린에 공모되지 않음을 분명히 함
		make sure that they are not complicit in human rights abuses.
노동	3	결사의 자유와 집단적 협상권을 실제적으로 인정함
		Businesses should uphold the freedom of association and the effective recognition of the right to collective bargaining;
	4	모든 형태의 강제노동을 제거함
		the elimination of all forms of forced and compulsory labour;
	5	아동노동을 효과적으로 폐지함
		the effective abolition of child labour; and
	6	고용과 직업 관련 차별을 제거함
		the elimination of discrimination in respect of employment and occupation.
환경	7	환경적 문제에 조심하는 노력을 지지함
		Businesses should support a precautionary approach to environmental challenges;
	8	더욱 큰 환경적 책임을 선도적으로 부담함
		undertake initiatives to promote greater environmental responsibility; and
	9	환경친화적 기술의 발전과 확산을 장려함
		encourage the development and diffusion of environmentally friendly technologies.
반부패	10	강탈이나 뇌물 등 모든 형태의 부패를 반대함
		Businesses should work against corruption in all its forms, including extortion and bribery

자료: UN, "The Ten Principles of the UN Global Compact", 온라인 자료(검색일: 2023.08.11.), 재인용: 한상범 외(2021), pp. 28-29.

3) 글로벌 ESG 동향

EU 중심으로 연성규범(Soft Law)을 경성규범(Hard Law, 법률) 화하는 작업이 지속되고 있다. EU는 빠른 속도로 법률로 제도화 하여 무역장벽으로 무역의존도가 높은 국내 기업들을 압박한다. 탄소국경조정제도(CBAM)와 공급망 실사 지침, 지속가능성 공시 지침을 포함한 EU(유럽연합)발 환경 규제가 올해부터 잇따라 시행에 들어가면서 국내 산업계에 경고등이 켜지고 있다. 현지 업계에 따르면 EU가 2023년 도입을 추진하는 신규 규제만 43개가 예상된다고 한다.

미국의 경우 Occupy Wall Street, Me Too 운동 이후 ESG의 중심이 S로 이동하면서 주주는 회사, 이사회 및 임원에 대한 소송 제기와 회사에 대한 주주제안이 증가하고 있다.

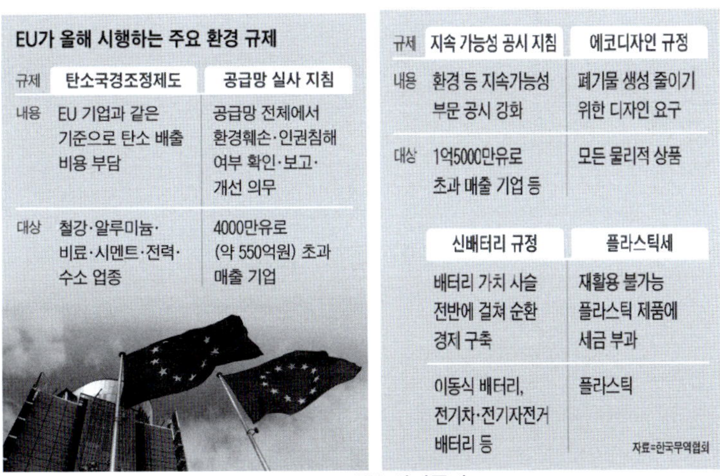

EU가 올해 시행하는 주요 환경 규제

규제	탄소국경조정제도	공급망 실사 지침	지속 가능성 공시 지침	에코디자인 규정	신배터리 규정	플라스틱세
내용	EU 기업과 같은 기준으로 탄소 배출 비용 부담	공급망 전체에서 환경훼손·인권침해 여부 확인·보고·개선 의무	환경 등 지속가능성 부문 공시 강화	폐기물 생성 줄이기 위한 디자인 요구	배터리 가치 사슬 전반에 걸쳐 순환 경제 구축	재활용 불가능 플라스틱 제품에 세금 부과
대상	철강·알루미늄·비료·시멘트·전력·수소 업종	4000만유로(약 550억원) 초과 매출 기업	1억5000만유로 초과 매출 기업 등	모든 물리적 상품	이동식 배터리, 전기차·전기자전거 배터리 등	플라스틱

자료=한국무역협회

[그림 4-3] EU 환경규제

출처: 조재희(2023.03.07.). 올해만 새 규제 43개… EU發 '환경 장벽'이 몰려온다, 조선일보.

4) ESG 영향력

(1) 영향력과 중요성 증대

ESG 영향력이 점점 더 중요해지고 있으며, 비즈니스 활동은 사회에 긍정적인 영향과 부정적인 영향을 모두 미치고 있다. 부정적인 영향에는 기후변화 및 날씨 관련 사건, 대기 및 수질 오염, 생태계 파괴, 동물 학대, 공급망의 인권 남용, 잠재적으로 안전하지 않은 관행 및 제품에 대한 기여 등이 포함된다. 많은 사람들은 기후변화 및 생물 다양성 손실 등 인간 활동과 관련된 대부분의 부정적인 영향이 악화되고 있다고 생각한다.

(2) 투자의 표준으로서의 투명성

ESG 정보공개 추세는 투명성을 높이기 위한 꾸준한 움직임을 나타내고, 여러 증권거래소를 포함한 표준 설정 조직은 향상된 ESG 정보 공개를 요구한다.

ESG가 투자의 표준이 되고 있고, ESG 투자가 널리 퍼지고 열렬히 받아들여지고 있다. 공개된 기준은 기업 내부 프로세스를 명확히 이해하는 데 도움이 되고, 착한 ESG 행동을 유도한다. 기업은 '인간과 환경에 좋은 것'이 가치 있다고 생각하기 때문에 ESG 투자를 수용한다.

장기적 성장으로 목표와 수익을 달성하려면 단기적으로 고생을 감수할 만한 가치가 있다고 결정한 것이며, 공정하고, 사회적 책임을 다하고, 환경을 보호하는 것이 임직원과 비즈니스 파트너는 물론 투자자도 실행해야 할 과제로 여겨진다.

(3) 평판 리스크 위협에 대응

기관에 대한 신뢰와 기존 광고의 힘이 감소함에 따라 조직은 평판이 전략적 자산을 구성하고 ESG 관행에 직·간접적으로 영향을 받을 수 있다는 사실을 깨닫게 되었고, 평판은 선진국의 B2C 기업의 문제로 여겨지지만 모든 시장의 많은 B2B 기업은 공급망 전반에 걸쳐 더 큰 위험과 강화된 투명성 요구 사항의 영향을 받는다.

많은 기업들이 내부적으로 그리고 공급망 사이에서 ESG 요소의 우선순위를 정하고 있고, 기업의 어느 곳에서나 중요한 ESG 요소가 평판을 손상시킬 수 있다.

이사회에서 ESG가 무엇인지 모르는 사람은 없거나 소수에 불과하고, 사실 ESG 전략 계획의 필요성은 날이 갈수록 높아진다. 고객정보보호와 보안 문제를 해결하고, 혁신을 위한 직원의 다양성을 조성하는 것에서도 수익을 극대화할 수 있고, 그 밖에 투자자가 국내 기업을 고려하도록 만드는 추가 인센티브를 창출할 수도 있다.

(4) 임직원의 가치에 부응

임직원들은 본인이 일하는 곳을 자랑스러워하고 그 회사의 목적, 사명 및 문화가 본인의 가치와 일치되기를 원한다. 특히 젊은 전문인력들은 이런 점을 더 중요하게 생각하고, 기업가치 선언문과 경영진의 메시지는 유능한 젊은 전문인력을 유치하는 데 중요하다. 훌륭한 ESG 실적과 부정적 ESG 요소가 없으면 특히 젊은 인력이 부족하고 경쟁이 강한 산업과 기업에게는 인재채용에 있어서 큰 장점으로 작용할 수 있다.

(5) 비즈니스 가치 증대

ESG 문제가 기업에 위험한 이벤트로 나타나는 시기는 오래 걸릴 수 있는데, 기후변화 및 물 부족과 같은 많은 환경 위험은 오랫동안 예상되었지만 다른 위험한 사건이 보다 빠르게 나타난다. 모든 ESG 위험이 장기적인 것은 아니다. 비즈니스 모델, 재료 및 노동 원천, 진화하는 규정 및 이해관계자의 행동에 따라 ESG 문제는 회사의 공급망, 평판 및 주주 가치에 단기적인 위협이 될 수도 있다.

단기 및 장기적인 측면에서 주주 가치에 대한 잠재적인 영향을 고려할 때 경영진은 ESG 위험을 생성하는 모든 요인을 측정하고 이를 해결하는 방법을 개발해야 한다.

ESG 실행은 환경보호에 긍정적인 기능을 한다. 환경 문제를 완화하고 해결책을 제시하여 더 나은 미래를 대비하기 위해 국가와 정부가 중요한 역할을 맡고 있지만, 기업체도 보다 주도적으로 나서야 한다. 기업체는 ESG 변화를 수용하려고 정부 및 공공기관과 협력할 수 있고, 조직적인 변화를 밀어붙여 전 세계에서 이에 상응하는 보상을 받을 수도 있다.

기업체가 ESG 목표를 달성하려면 각 기업의 비즈니스 프로세스가 기후에 미치는 영향과 그것을 해소할 방법을 설명해야 한다. ESG 계획을 실행하려면 단기적으로 기업이 비용을 지불해야 하지만 장기적으로 미래에 주주에게 배당금으로 기여할 수 있다는 점을 인식해야 한다.

읽을 거리

ESG 정착은 우리의 새로운 미래

ESG 바람이 4차 산업혁명을 능가할 만큼 강하게 불고 있다. 코로나19가 장기적인 흐름을 보이면서 기후와 환경, 사회적 불평등에 대한 중요성이 대두되면서 우선적으로 기업이 동참할 것을 강하게 요구하고 있다. ESG는 Environmental, Social, Governance의 첫 글자를 딴 약자로 기존의 지속가능경영이나 기업의 사회적 책임(Corporate Social Responsibility, CSR)이 확장된 개념으로 볼 수 있다.

ESG는 과거 기업에서 재무적 성과만을 판단하던 기준에서 벗어나 이제는 환경문제와 사회문제까지도 관심을 가지고 지속가능성(Sustainability)을 제고해야 한다는 경영철학을 담고 있다. 이미 유럽연합이나 미국 등 선진국에서는 기업의 비(非)재무적 성과를 판단하는 기준으로 자리를 잡아가고 있다. 우리나라에서도 2025년부터 자산총액 2조 원 이상의 유가증권시장 상장사는 ESG 공시가 의무화되며 2030년부터는 모든 코스피 상장사로 확대될 전망이다.

2030년까지 국제사회의 최대 공동목표는 인류의 보편적 문제인 △빈곤 △질병 △교육 △성평등 △난민 △분쟁 등을 해결하고 지구 환경문제인 △기후변화 △에너지 △환경오염 △물 △생물다양성 등과 경제 사회문제인 △기술 △주거 △노사 △고용 △생산 소비 △사회구조 △법 △대내·외 경제 등을 해결하는 데 있다. 미국은 조 바이든 대통령이 취임하면서 파리기후협정 재가입과 2050년까지 온실가스 배출량 제로 달성, 2조 달러 신재생에너지 투자 등을 선언했다. ESG는 이제 기업입장에서 단순한 트렌드가 아닌 생존의 문제로 가속화되고 있는 것이다.

ESG의 주요내용을 살펴보면, 우선 Environmental(환경보호) 측면에서는 기후변화, 탄소중립, 환경오염 완화를 위한 자원과 폐기물 관리 그리고 에너지 효율화가 중요한 이슈로 부각되고 있다. 대학 차원의 환경보호 측면에서는 △캠퍼스 내 나무심기 △생활 속 일회용품 줄이기 운동 △업싸이클링(upcycling) △쓰담 달리기 운동 등을 실천할 수 있다.

Social(사회적 책임) 측면에서는 데이터 보호, 인권보장과 성별 그리고 다양성의 고려, 지역사회와의 협력관계 구축에 힘써야 한다. 사회와 얼마나 적절한 관계를 구축하고 있는지가 핵심 사안이다. 이제는 소비자와 투자자가 사회에 유익을 주는 기업에 관심을 보이기 시작했다. 대학 차원의 사회적 책임 측면에서는 △교육봉사 △대학생 농촌일손 돕기 △대학생 동아리 재능기부 △대학생 사랑의 헌혈 캠페인 전개 △대학생·대학 교직원 등을 위한 인권센터 운영 등을 실천할 수 있다.

Governance(지배구조 개선) 측면에서는 투명하고 신뢰도 높은 이사회 구성과 활동, 투명성이 높은 감사제도 운영을 요구하고 있다. 최대한 부패를 방지하고, 기업윤리를 준수함으로써 높은 지배구조 가치를 확보하기 위함이다. 대학 차원의 지배구조 개선 측면에서는 △청렴한 대학문화 조성 △성희롱·성폭력에 대한 인식개선 및 예방교육 △구성원 소통 네트워크 강화 △교직원 공개채용 및 처우개선 등을 실천할 수 있다.

대학은 사회와 국가발전의 중추적 역할을 담당해야 한다. 그래야 미래사회도 지속 발전해 갈 수 있는 것이다. 물론 ESG가 제대로 정착되기 위해서도 대학의 역할은 매우 중요하다. 우리 모두가 환경을 보호하고 사회적 약자를 배려하며 지속가능한 미래를 위해 좀 더 ESG 활동이 활발하게 전개됐으면 좋겠다.

출처: 저자(한광식)가 기고한 내용임을 밝힘.

2 ESG경영

1) ESG경영

기업이 지속가능성을 확보하기 위해 재무적 가치뿐만 아니라 비재무적 가치를 함께 고려하여 기업경영을 하는 것을 ESG경영이라고 한다.

대기업을 포함하여 대기업과 거래하거나 수출하는 중견·중소기업도 ESG경영을 추구해야 생존 가능하며, 대기업은 협력회사의 ESG 현황을 조사하여 문제가 있는 업체에 대하여 거래 종료 또는 개선을 요구한다. 협력회사의 ESG 수준을 지속가능경영보고서를 통해 공개하며, 협력업체 신규 등록 시 ESG 요소를 포함하여 선정한다. ESG는 선택이 아닌 기업의 생존과 성장의 핵심적인 요소로 부각되고 있다.

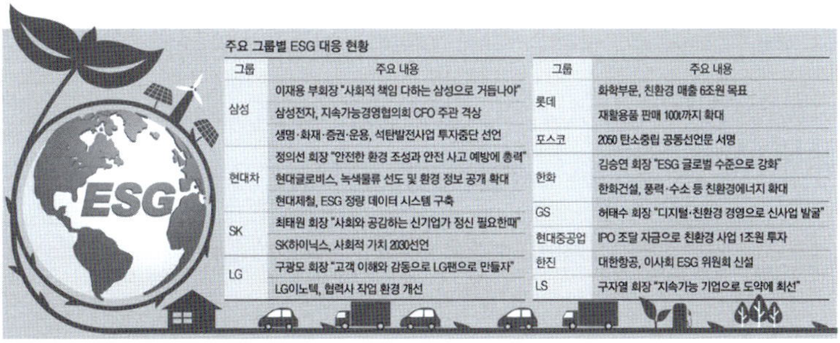

주요 그룹별 ESG 대응 현황

그룹	주요 내용
삼성	이재용 부회장 "사회적 책임 다하는 삼성으로 거듭나야"
	삼성전자, 지속가능경영협의회 CFO 주관 격상
	생명·화재·증권·운용, 석탄발전사업 투자중단 선언
현대차	정의선 회장 "안전한 환경 조성과 안전 사고 예방에 총력"
	현대글로비스, 녹색물류 선도 및 환경 정보 공개 확대
	현대제철, ESG 정량 데이터 시스템 구축
SK	최태원 회장 "사회와 공감하는 신기업가 정신 필요한때"
	SK하이닉스, 사회적 가치 2030선언
LG	구광모 회장 "고객 이해와 감동으로 LG팬으로 만들자"
	LG이노텍, 협력사 작업 환경 개선
롯데	화학부문, 친환경 매출 6조원 목표
	재활용품 판매 100t까지 확대
포스코	2050 탄소중립 공동선언문 서명
한화	김승연 회장 "ESG 글로벌 수준으로 강화"
	한화건설, 풍력·수소 등 친환경에너지 확대
GS	허태수 회장 "디지털·친환경 경영으로 신사업 발굴"
현대중공업	IPO 조달 자금으로 친환경 사업 1조원 투자
한진	대한항공, 이사회 ESG 위원회 신설
LS	구자열 회장 "지속가능 기업으로 도약에 최선"

[그림 4-4] 주요 그룹별 대응 현황

출처: 한우람, 강계만, 최근도, 'ESG경영 선장 CSO 모셔라'… 현대重 · 신한금융 '잰걸음', 매일경제(2021.2.2.)

ESG로의 패러다임 변화로 인하여 기업에게 ESG 문제에 대한 전략 방향성이 필요하다. ESG 비전과 목표를 설정하고, 목표달성을 위한 ESG 전략 방향 수립 및 추진과제 도출이 필요하며, 이를 통하여 전략과제 실행을 위한 운영체계를 구축하고 정보공시 등의 체계를 확립하는 작업을 하여야 한다.

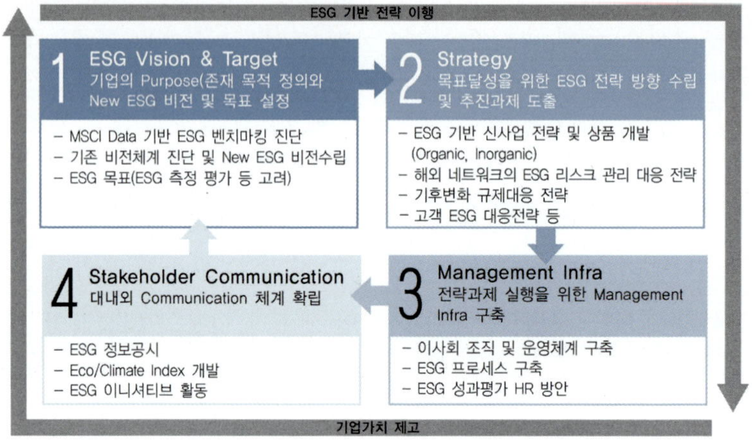

[그림 4-5] **ESG경영체제 구축 프레임워크**

출처: KPMG, ESG 부상 기업은 무엇을 준비해야 하는가(2021.2.29.)

2) 목적, 가치, 사명, 비전

많은 글로벌 기업들이 ESG경영을 실천하면서 기존의 목적, 가치, 사명 및 비전을 재정립하는 작업을 수행하고 있다

목적(purpose)은 조직이 존재하는 이유에 대해 내 · 외부 이해관계자의 마음을 가장 먼저 사로잡는다. 가치는 조직의 행동 방식을 설명하며, 조직의 내부 또는 외부 운영 환경 속에서 구체적인

기대 사항과 상호 작용 원칙을 자세히 설명하는 간결하고 핵심적인 중요한 포인트이다. 사명은 조직이 하는 일을 설명하며, 조직의 매일의 활동을 담아내면서 조직이 속한 비즈니스를 정의한다. 사명 선언문은 이사회가 조직의 모든 주요한 이해관계자들에게 구체적으로 전달하고자 하는 내용을 설정하는 기회를 제공한다. 비전은 조직이 영향을 미치려는 위치이며, 조직이 명시된 목적을 성공적으로 전달하고자 하는 결과를 설명한다.

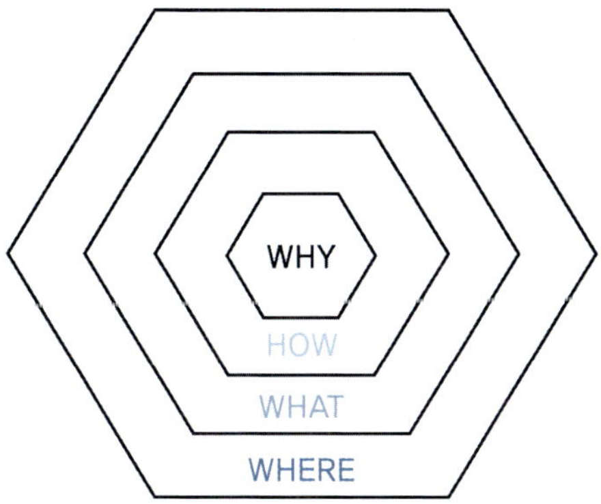

WHY = PURPOSE
Why the organisation exists
HOW = VALUES
How the organisation will operate
WHAT = MISSION
What the organisation will produce
WHERE = VISION
The aim of the organisation

[그림 4-6] **목적, 가치, 사명, 비전**

출처: Enacting Purpose Initiative, Enacting Purpose Within The Modern Corporation: A Framework for Boards of Directors 12-14(2020)

3) ESG 전략 실행계획 수립 방안

조직의 상황에 맞는 현실적인 실행과제 도출을 위해 단계별로 ESG 전략 실행계획을 수립한다. ESG경영 수준 진단, ESG경영 전략 수립 및 ESG경영 관리체계 수립 등의 단계별 추진작업이 필요하다.

〈표 4-4〉 **단계별 ESG 전략수립방안**

구분	내용
ESG경영 수준 진단	1. ESG 동향·타기관 사례 조사 및 주요 평가기준 분석
	2. ESG 외부 경영환경 및 내부 환경·현황 분석
ESG경영 전략 수립	1. 중장기 ESG경영 전략 로드맵 수립 및 전략과제 발굴
	2. ESG 리스크 관리 방안 및 개선방안 마련
ESG경영 관리체계 수립	1. ESG경영 진단 Tool 개발
	2. 내부 성과평가 연계 방안 등 경영 관리 방안 마련

(1) ESG경영 수준 진단

① ESG경영 환경(외부) 분석 및 벤치마킹

- ESG 관련 정부정책 및 관련 법률, 제도 도입현황 및 도입계획 분석
- 글로벌 동향 분석: 글로벌 세계기구의 ESG 관련 정책, 협약 및 선언 등 분석
- 글로벌 ESG 도입 현황 및 고도화 사례 분석: ESG경영 도입 시기, 주요 추진전략 및 관련 제도 등 운영 현황

② ESG 동향, 타 기관 사례 조사 및 주요 평가기준 분석

- ESG 관련 국내·외 동향 조사: 국내·외 ESG 및 유사 개념, 주요 이슈 등 파악
  - CSR, 사회적 가치, 지속가능 경영 등 유사 개념과의 연계성 및 트렌드 변화 비교 분석 등
- 타 기관 사례 조사: ESG경영 적용 현황 조사
- ESG 국내·외 주요지표 및 평가기준 조사 및 분석

- 국제: ESG 관련 국제표준지표(ISO, GRI 등) 분석
- 국내: ESG 공시항목 등

③ ESG 외부 경영환경 및 해당 기업 내부 환경·현황 분석

• ESG 외부 경영환경 분석

- 국내·외 ESG 정책·언론 동향 등 현황 파악: 민간 부문, 공공기관 부문 정책 현황 및 ESG 채권 시장 현황 등
- 기업의 주요 이해관계자 및 관심 사항 파악

• 기업 내부 환경·현황 분석

- ESG경영 추진 관련 한계 요인 등 검토
- ESG 관련 사업·사규 등 현황 파악

• 내·외부 현황 분석에 따른 문제점 도출

(2) ESG경영 전략 수립

① 중장기 ESG경영 전략 로드맵 수립

• 내부 환경·현황 분석

• 중장기 전략과제를 ESG경영 기준으로 포트폴리오 재구성, ESG경영을 위한 맞춤형 전략과제 신규 발굴: ESG 요소별 SWOT 분석을 기초로 ESG 리스크관리 전략 수립 및 세부 실행 계획(Action Plan) 등 로드맵 제시

• 중장기 경영목표 설정방안 모색

• 세부 전략과제별 ESG 요소단위(환경/사회/거버넌스) 추진 효과

② 중장기 ESG경영 전략 로드맵 수립 및 전략과제 발굴

• 중장기 ESG경영 전략 로드맵 수립

– ESG 비전, 핵심가치 및 경영목표 등 제시: 중장기 경영 전략 계획, 사회적 가치 전략, SDGs 등 연계성을 고려한 경영 전략 제시

• ESG경영을 위한 사업포트폴리오 개선 방안 도출

– ESG경영 모델 실현을 위한 사업포트폴리오 소성안 도출

– 사업포트폴리오 이행을 위한 내부 통제·관리체계 개선 방안 도출

• 경영 전략과 연계하여 특화된 ESG 전략(핵심)과제 등 발굴

– 전략과제의 선정 매트릭스(사업영향도, 이해관계자 관심도) 도출

③ ESG 리스크 관리방안 및 개선방안 마련

• ESG 리스크 관리방안 마련

– ESG 요소별 분석을 통한 리스크 관리 전략 수립: 필요시 관리과제 발굴 등 제시

• ESG 리스크 개선방안 마련

– ESG 리스크 관리방안과 연계한 개선방안 마련

(3) ESG경영 관리체계 수립

① ESG경영 관리체계 개발

• ESG경영 강화를 위한 조직체계 마련

– ESG 전담조직 운영효과 및 운영방안 제시

- ESG 위원회 구성 및 운영 세부방안 제시

• ESG 로드맵 기반 목표, 지표설정 및 내부 성과평가 연계

- ESG 관리지표 도출 및 성과측정을 위한 KPI 설정
- 내부 성과평가 연계방안, 효율적 관리방안 제시

• ESG경영 수준 수시 점검을 위한 Tool(평가항목 및 기준) 제시

- 기업 자체 개발지수(사회적 가치 구현 지수, 공정상생지수 등)의 활용, 고도화 등을 통한 점검 Tool 마련

② ESG경영 진단 Tool 개발

• 중장기 ESG경영 전략과 연계한 진단 체크리스트 제시

• ESG 지표별 세부기준, 평가항목 및 평가기준 등 제시

③ ESG 수준진단 및 평가인증

• ESG경영 성과 및 미흡 분야 진단과 개선방안 제시

• ESG 기관등급 평가: 피드백 사항 반영 이후의 ESG 평가 및 인증(평가등급 부여 등)

④ 내부 성과평가 연계방안 등 경영관리 방안 마련

• 중장기 ESG경영 전략 로드맵에 기반한 지표설정 및 내부 성과평가 연계방안 마련: ESG 관리지표 도출 및 KPI 제시 등

• ESG경영 내재화 방안 제시: 사규 등 제도 개선(안) 등 제언

3 ESG 행정

1) 국정과제

윤석열 정부의 120대 국정과제 중 ESG 관련 내용은 체계적으로 준비가 안 되어 있는 상황이지만 미디어의 공정성·공공성 확립 및 국민 신뢰 회복, 성장지향형 산업전략 추진, 역동적 혁신성장 위한 금융 및 세제지원 강화, 안심 먹거리, 건강한 생활환경, 과학적인 탄소중립 이행방안 마련으로 녹색경제 전환, 기후위기에 강한 물 환경과 자연 생태계 조성, 미세먼지 걱정 없는 푸른 하늘 및 재활용을 통한 순환경제 활성화 등 8가지이다.

〈표 4-5〉 ESG 관련 8대 국정과제

항목	국정과제	실천과제	소관부처
6	미디어의 공정성·공공성 확립 및 국민 신뢰 회복	6-1	방통위
17	성장지향형 산업전략 추진	17-2	산업부
18	역동적 혁신성장 위한 금융 및 세제지원 강화	18-3	기재부 금융위
68	안심 먹거리, 건강한 생활환경		식약처 환경부
86	과학적인 탄소중립 이행방안 마련으로 녹색경제 전환		환경부 국토부
87	기후위기에 강한 물 환경과 자연 생태계 조성		환경부
88	미세먼지 걱정 없는 푸른 하늘		환경부
89	재활용을 통한 순환경제 활성화		환경부

2) 우리나라 ESG 행정 평가

(1) 무디스 국가 ESG 평가

무디스는 E(환경), S(사회), G(거버넌스) 및 국가신용등급에 대한 ESG 종합적인 영향을 평가한 국가 ESG 평가보고서를 발표(2021.1.18.)하였다. 전 세계 144개국을 평가했으며, 한국, 독일, 스위스 등 11개국이 ESG 신용영향점수(CIS)에서 최고 등급인 1등급을 부여받았다.

한국은 세부 분야별 평가(IPS)에서 '환경' 2등급(중립적), '사회' 2등급(중립적), '거버넌스' 1등급(긍정적)을 획득하여, 종합적으로 'ESG 신용영향 점수(CIS)'에서 최고 등급인 1등급(긍정적)으로 평가 받았다.

- 환경: '탄소 전환', '기후변화', '수자원 관리', '폐기물 및 공해', '자연 자본' 등 5가지 세부항목에서 모두 2등급을 부여받아 종합적으로 2등급을 획득하였다.
- 사회: 6가지 세부항목 중 '교육', '보건 및 안전', '기본 서비스 접근성'에서 1등급을 받았으나, 빠른 고령화 등으로 '인구' 등 분야에서 낮은 평가를 받아 종합적으로 2등급을 받았다.
- 지배구조: '제도', '정책 신뢰성 및 효과성', '투명성 및 정보공개', '예산 관리' 등 4가지 세부항목에서 모두 1등급을 받아 종합적으로 최고 등급인 1등급을 획득하였다.

〈표 4-6〉 **총 15개 세부 항목**

<table>
<tr><th>분야</th><th>환경(E): 5개</th><th>사회(S) :6개</th><th>거버넌스(G): 4개</th></tr>
<tr><td rowspan="6">세부 항목</td><td>탄소 전환</td><td>인구</td><td>제도적 구조</td></tr>
<tr><td>기후변화</td><td>노동 및 소득</td><td>정책 신뢰성 및 효과성</td></tr>
<tr><td>수자원 관리</td><td>교육</td><td>투명성 및 정보공개</td></tr>
<tr><td>폐기물 및 공해</td><td>주거</td><td>예산 관리</td></tr>
<tr><td rowspan="2">자연 자본(토지, 숲, 생태다양성 등)</td><td>보건 및 안전</td><td></td></tr>
<tr><td>기본 서비스 접근성</td><td></td></tr>
</table>

출처: Sovereigns - Global Explanatory Comment: New scores depict varied and largely credit-negative impact of ESG factors, Moody's(18 January 2021)

(2) 유엔 지속가능발전목표(SDGs) 평가

제프리삭스 美 컬럼비아대 교수[1]는 SDGs 평가에서 한국을 총 165개국 중 28위(2021년 기준)로 평가하였다.

- 우수한 점: 모두를 위한 양질의 교육
- 개선할 점: 성평등·모든 종류의 불평등 해소, 환경의 지속가능성을 높이고 기후 문제 대응, 높은 화석연료 의존 수치(총 전력 발전량 대비 66%)에 대한 탈탄소화 노력, 지구촌 협력 강화 노력
- 위험수준(빨간색): 해양자원의 지속가능성과 토지자원의 환경 지속가능성

1) 세계적 경제학자, 지속가능발전 선구자, 미국 컬럼비아 대학 지구연구소 소장, 지속가능발전 분야 교수, 반기문 UN 사무총장 새천년개발목표 특별자문관역임, 지속가능발전해법네트워크 대표

[그림 4-7] SDGS 성적표

출처: 제프리삭스, 지속가능한 발전, EBS 위대한 수업

3) 국내 ESG 행정 현황 및 전망

(1) ESG 행정 중요성

정부와 지방자치단체 스스로도 ESG 실천을 할 수 있는 방법을 찾아가고, 시민들에게도 ESG 실천 의식을 일깨울 수 있도록 노력해야 기업들도 모든 사회주체들과 함께 한다는 생각으로 더욱 더 실천력을 강화해 나갈 수 있다.

ESG는 기재부와 환경부, 산업부, 중기부 등 일부 부처의 노력만으로 이루어질 수 있는 것은 아니고, 모든 부처, 그리고 중앙과 지방을 망라하여 정부와 지방자치단체가 기업의 ESG 실행을 도와줄 수 있는 여건을 조성하는 노력이 이루어져야 한다.

기업이 ESG 관련 경영 전략과 실행체계를 갖추고, 공급망 실사 대비 체계와 보고서 작성, 공시와 소통체계를 갖출 수 있도록 교육과 안내, 컨설팅 지원 등을 정부와 지자체가 할 수 있는 법적 근거와 조례 제정, 재정세제와 금융 지원 등을 위해 노력해야 한다.

친환경 녹색기술 개발과 신재생에너지 확대에 따른 비용과 부담을 완화할 수 있는 지원체계가 필요하며, 녹색 금융시장을 육성하고, ESG 실천에 따른 규제와 행정절차를 완화함으로써 신속한 기업경영 방식과 민간시장의 체질을 변환시킬 수 있도록 지원해야 한다.

정부와 지방자치단체 스스로도 ESG를 실천해 나가면서 그러한 기업의 애로사항을 가장 잘 알게 되고, 서로 협력할 수 있게 된다.

미래세대를 위한 ESG 실천을 위한 교육과 체험을 통해 더욱 더 단단한 ESG 실천구조를 만들어 가야 한다. 정부와 지방자치단체의 노력을 좀 더 평가지표로 구체화하여 모니터링하고 평가함으로써 빈틈없는 ESG 실천체계가 구축될 수 있다.

일부 외국도시의 경우 지속가능경영보고서를 발간하여 ESG 활동을 공시하고 있다.

(2) ESG 행정 평가 전망

국정과제 중심으로 ① 기업 ESG 지원과 ② 행정부 자체 실천사항에 대하여 평가될 수 있다. ESG 행정 평가를 전망해 본다.

중앙행정기관은 자체평가의 주요정책 부문으로 평가하고, 지방자치단체는 합동평가의 항목으로 평가하며, 평가기준은 120대 국정과제 중 ESG 관련 8대 과제 수행을 위한 총괄추진체계 구축을 목표로 ESG 평가항목을 최소화하여 "ESG 행정 5대 원칙" 중심으로 평가지표를 마련할 전망이다.

〈ESG 행정 5대 원칙〉
• ESG 총괄: 법률/시행령/조례/규칙/가이드라인 등의 제/개정
• ESG 추진체계(Governance) 구축: 위원회·협의회 구성 등
• ESG 전담 조직 구성: 전담 조직, 전담자 선임 등
• ESG 평가 및 모니터링
• ESG 교육 및 전문가 육성

주요 평가 방향성은 ESG 글로벌 이니셔티브의 목표와 가이던스 등을 참조하여 마련될 것이다.

〈글로벌 기준〉
• 유엔지속가능발전목표(SDGs)
• 글로벌 보고 이니셔티브(GRI)
• 국제표준화기구(ISO) 26000

① 중앙행정기관 평가

ESG 8대 국정과제를 수행하는 부처에 대하여 자체평가의 "주요정책" 부문으로 평가 수행할 수 있다. 성과관리 시행계획의 관리과제에 대하여 평가하는데, 8대 국정과제를 포함시켜 계획단계부터 평가하고, ESG 행정 5대 원칙 중 추진계획, 담당자, 점검 및 평가 체계 등에 대하여 몇 개 항목으로 구성하여 평가할 수 있다.

〈표 4-7〉 **자체평가 항목**

부문		평가 대상	총괄기관
주요정책		성과관리 시행계획의 관리과제	국무조정실
재정 사업	일반재정	예산, 기금이 투입되는 모든 성과관리 대상 재정사업	기획재정부
	R&D	전체 정부연구개발 사업 중 3년 평가주기가 도래한 사업	과학기술정보통신부
	재난안전	재난안전사업	행정안전부
	균형발전	균형발전 세부사업	국가균형발전위원회
행정관리 역량		조직·인사·정보화 분야 행정관리 역량	행정안전부, 인사혁신처

② 지방자치단체 평가

현재 일부 지방자치단체 조례가 입법화되어 있지만, ESG 국정과제 수행을 촉진하기 위하여 "종합평가"로 평가 수행하고, ESG 행정 5대 원칙을 중심으로 몇 개 항목으로 구성하여 평가할 수 있다.

〈표 4-8〉 **합동평가 내용**

〈합동평가〉

1) 평가 개요
  가) (평가목적) 국정 주요시책 등의 지방자치단체 추진상황을 평가·환류함으로써 국정의 통합성, 효율성, 책임성 확보 및 지방자치단체 부담 완화
  나) (평가대상) 17개 시·도(시·군·구 실적 포함)
  다) (평가주체) 지방자치단체 합동평가위원회 산하 합동평가단
2) 평가 방향: 정부 국정목표에 부합하는 국가 주요시책 중심으로 평가 항목구성
3) 평가 항목: 2021년도 기준 실적 지표 총 116개 지표 중 108개 지표

③ 평가 절차

데이터 및 정보 수집 → 자료 분석 → 평가지표 매핑 → 평가 및 등급 책정 → 심사위원단 심의 → 평가 확정 → 대외 공시 등

④ 평가 지표(예시)

영역	진단항목	내용
ESG 총괄	• ESG 관련 법률/시행령/조례/규칙/가이드라인 등의 제/개정을 통한 법·제도적 지원 • ESG 기본 계획 수립·시행 • 글로벌 ESG 트렌드에 대한 대응방안 마련 • ESG경영 지원 관련 책무 인식 및 실천 • ESG 실천기업 애로사항 수렴 및 지원	ESG 관련 법률/시행령/조례/규칙/가이드라인 등의 제/개정을 통하여 기업의 효과적인 ESG 추진을 지원하거나 자체 실천 사항에 대하여 평가
ESG 추진체계 (Governance) 구축	• ESG 추진과 관련된 거버넌스 구축을 위한 위원회/협의회 구성 • 거버넌스 관련 지원 체계 및 시스템 마련 • 위원회/협의회 결정사항에 대한 실천방안 마련 • ESG 실천에 따른 규제와 행정절차 완화 • ESG경영 지원 협의체 및 협력체계 구축	ESG 추진과 관련된 거버넌스 구축을 위한 위원회/협의회 구성 등의 내용을 평가
ESG 전담 조직 구성	• ESG 전담 조직 구성 • ESG 업무 전담 인력 선정 • ESG경영 기업에 대한 정부/지자체 조달 지원 • ESG경영 기업 재정지원제도 마련 • ESG경영 기업 세제 지원	ESG 업무를 담당하는 전담조직을 구성하여 거버넌스 체계에서 구성된 위원회/협의회를 지원하는 사항을 평가
ESG 평가 및 모니터링	• ESG 평가 시스템 마련 및 지원 • ESG 모니터링 제도 운영 및 지원 • ESG 관련 소통시스템 마련 • ESG 관련 신고시스템 구축 • ESG 관련 시상제도 운영	ESG 추진 상황에 대한 평가 및 상시적인 모니터링을 통하여 효과적인 ESG 추진하는 사항을 평가

ESG 교육 및 전문가 육성	• 일반 시민의 ESG 실천 의식 확대 • ESG경영 촉진을 위한 기업 대상 경영진단 및 전략 수립 지원 • 환경, 사회, 지배구조 등 분야별 전문가의 컨설팅 및 법률 상담 지원 • ESG 전문가 육성체계 수립 및 지원	ESG 관련 교육 추진 및 전문가 육성하는 체계를 평가

〈참조〉 토론토시 ESG경영

토론토시는 세 가지 영역(E.S.G)에 대한 헌신과 성과를 반영하기 위해 2021년부터 연간 ESG 보고서를 발행하는 캐나다 최초의 정부기관이다. 시는 헌신, 혁신 및 투명성을 통해 주요 ESG 우선순위 전반에 걸쳐 긍정적인 영향을 미치는 리더가 되기 위해 노력하고 있다.

[그림 4-8] 토론토시 ESG 보고서

토론토시의 환경, 사회 및 거버넌스(ESG) 보고서는 토론토시가 전략적 우선순위, 지속 가능한 재정 및 사회경제적 결과 전반에 걸쳐 ESG 관련 기회와 위험에 어떻게 초점을 맞추고 있는지를 설명한다.

토론토시의 ESG성과보고서는 다음 6가지 기준, 방법론 및 프레임워크 등을 이용하여 만들어진다.

• 지속가능성 회계기준 위원회 표준(Sustainability Accounting

Standards Board standards, SASB)

- MSCI ESG 정부 등급 방법론(MSCI ESG Government Ratings Methodology)
- 무디스 ESG 평가 프레임워크(Moody's ESG Scoring Framework)
- 글로벌 보고 이니셔티브(Global Reporting Initiative, GRI)
- 국제통합보고위원회(IIRC) 통합보고 프레임워크 (International Integrated Reporting Council Integrated Reporting Framework)
- 유엔 지속가능발전 목표(UN Sustainable Development Goals, SDGs)

(1) 환경 부문 전략

시는 온실가스 배출을 줄이고 급격한 기후 변화에 대한 회복력을 구축하기 위해 노력하고 있다. 기후 변화, 폐기물 제로와 순환 경제로의 전환, 대기 및 수질 개선, 지속 가능한 에너지 및 운송 시스템을 구축하고 생물 다양성을 지원한다.

넷제로(Net Zero) 이행전략: 2040년까지 넷제로 도달

- 탄소예산으로 탄소 책임 입증제 실시
- 천연가스 사용 감소를 신속히 추진
- 토론토 전역의 모든 기존 건물에 성과 목표 설정
- 저탄소에 대한 접근성 향상(교통 옵션): 걷기, 자전거 타기, 대중 교통 및 전기차량
- 지역의 재생 가능 에너지 증가

주택 및 건물

- 모든 새 주택과 건물은 온실가스배출이 0에 가깝게 설계 및 제작
- 기존 건물의 온실가스 배출량은 절반으로 감축

에너지

- 커뮤니티 전체 에너지의 50%는 재생 가능하거나 저탄소 자원으로 사용
- 상업 및 산업계 사용량의 25%는 저탄소 열에너지원과 연계

교통

- 토론토에 등록된 차량의 30%는 전기차량
- 5km 미만의 학교/직장 이동의 75%가 도보, 자전거 또는 혼용

폐기물

- 시의 폐기물 관리 시스템으로 주거용 폐기물의 70%를 재활용
- 시 운영 및 시의 경제 시스템에서 보다 지속 가능한 소비경로를 모색

넷제로(Net Zero) 전환 전략 – 2030 기업 목표

- 도시 기업의 온실가스 배출량 2008년 기준 연도 대비 65% 감소
- 탄소배출 제로를 달성하기 위해 2022년에 시작한 '토론토 녹색 표준 버전(Toronto Green Standard Version)'에 따라 모든 도시 기관, 기업 등이 설계되고 건설됨

- 시 소유 건물의 온실가스 배출량이 2008년 수준에서 60% 감소하여 넷제로(Net Zero)에 도달함
- 시 소유의 모든 시설이 폐기물 제로를 달성
- 바이오가스에서 150만 기가급 에너지 생성 및 활용
- 재생에너지 및 매립가스를 활용한 유기물 처리를 통해 연간 약 107,700톤의 이산화탄소 감소
- 시 소유 차량의 50%가 배출가스 제로 차량으로 전환
- TTC 버스의 50%는 배출가스 제로
- 시에서 조달하는 식품으로 인한 온실가스 배출량이 25% 감소

장기 폐기물 관리 전략

- 향후 30~50년에 걸친 폐기물관리 로드맵에 따라 도시의 넷제로를 달성하고 온타리오 주 최초의 순환도시를 목표로 함

(2) 사회 부문 전략

토론토의 모토인 "Diversity Our Strength"는 290만 명의 도시 거주민들의 다양성을 대표한다. 도시는 사회적, 경제적 복지와 포용을 포함하는 목표인 모두의 삶의 질에 투자하는 배려심 있고 친절한 도시가 되기 위해 노력한다.

도시의 커뮤니티 및 사회 서비스는 토론토 주민과 지역 주민 모두가 토론토의 사회적, 경제적 삶에 완전히 참여할 수 있도록 필수적이고 사회 경제적으로 힘을 실어주는 다양한 서비스 및 지원을 하는 것을 목표로 한다.

지역사회와 사회서비스는 개인의 결과가 그들의 거주지역, 인종, 수입에 의해 미리 결정되지 않고 개인의 노력에 의해 결정되는 토론토를 보는 것이다. 그리고 모든 사람들을 위한 토론토를 지향하고 지원하면서 취약한 사람들의 필요를 우선시한다. 주요 지역사회와 사회서비스는 다음과 같다.

- 어린이 서비스
- 주택정책, 프로그램 및 서비스(사회적, 지원적, 경제적 주택)
- 노인서비스와 장기요양
- 보호시설 및 지원프로그램
- 고용 및 사회 서비스
- 소방서비스(TFS)
- 구급 서비스(TPS)
- 공중보건

(3) 거버넌스 부문 전략

○ 리스크 관리

시는 주민들을 위해 더 나은 결과를 달성하기 위해 위험을 관리한다. 전사적 위험 관리(Enterprise Risk Management, ERM)로 거버넌스 강화 및 도시의 관리 활동, 문화를 지원하고 조직 전반에 걸쳐 위험에 기반한 의사 결정을 수립한다. ERM은 경영진이 불확실성을 야기하는 잠재적인 미래 사건을 효과적으로 탐색하고 부정적인 결과의 가능성을 줄이고 긍정적인 결과의 가능성을 높이는 방식으로 대응할 수 있도록 함으로써 가치 창출을 지원한다.

시에서는 시 직원을 교육하고 위험 기반 의사 결정 문화를 조성하기 위해 ERM 프레임워크 및 관련 교육을 개발했으며 ERM 프레임워크는 ERM 정책, 지배구조, 리스크 관리 정책 등의 요소로 구성되어 있다.

재정적 지속가능성

재정의 지속가능성은 재정적 탄력성을 강화하고 성과를 개선하며 정보에 입각한 재정적 의사결정을 내리는 것이다. 토론토 공공서비스는 납세자들에게 가치와 경제성을 보장하고, 시의 서비스와 기반시설에 충분한 자금을 지원하며, 토론토에 필요한 투자를 하고, 시의 재정 건전성을 개선하는 데 전념하고 있다.

토론토가 코로나19 팬데믹으로 인해 심각한 재정적 어려움을 겪고 있는 가운데, 시는 재정적 결정을 알리고 재정적 지속 가능성을 우선시하기 위한 모범 사례를 지속적으로 도입하고 있다. 토론토는 이 기간 동안 국제 채권 등급 신용 회사로부터 안정적인 신용 등급을 유지해 왔으며, 이는 시의 응집력 있는 거버넌스 접근 방식과 신중한 정책 및 재정 관리의 증거이다. 시는 필수 서비스를 유지하고 다른 정부 기관과 협력하여 강력한 경제 및 사회 회복에 초점을 맞추고 있다.

● 디지털 전략(디지털 활성화)

〈토론토 시(City of Toronto)의 디지털 비전〉
모두를 위한 공공 서비스로서 저렴하고 접근하기 쉽고 탄력적인 디지털 환경을 갖춘 연결되고 공평한 토론토

코로나19 팬데믹 기간 동안 부각된 디지털 접근의 취약성과 격차는 여전히 지속되고 있으며, 적절하고 저렴한 인터넷 서비스에 대한 필요성은 여전하다. 인터넷 및 필수 디지털 서비스에 대한 불평등한 접근은 일부 커뮤니티를 위험에 빠뜨렸다. 디지털 형평성과 디지털 격차 해소는 도시 빈곤 감소 전략 70의 핵심 원칙이다.

저렴한 초고속 인터넷에 대한 접근은 경제적 기회에 대한 접근성을 개선함으로써 노동력에 참여하는 주민들이 직면하는 장벽을 해결하는 데 도움이 될 것이다. 인터넷 가격이 낮아지면 장벽이 낮아지고, 재정적 안정이 도모되며, 형평성에 맞는 사람들을 위한 도시 서비스에 대한 접근성이 향상될 것이다. 디지털로 연결된 토론토는 사람들이 번영하고 더 나은 삶의 질을 누릴 수 있다는 것을 의미한다.

● 책임 조달

시는 사회, 경제 및 인력 개발 목표를 달성하기 위해 상당한 구매력을 활용하고 있다. 조달은 도시에 필요한 필수적인 재화와 서비스를 공급하기 위한 중요한 기능이며, 효과를 창출하기 위한 강력한 도구이다.

시는 조달 프로세스가 개방적이고 공정하며 공평하고 접근하기 쉬운 비즈니스 프로세스 및 관행이 되도록 보장한다.

시의 사회 조달 프로그램은 ESG 성과의 핵심 요소이다. 시의 사회 조달은 원주민, 흑인 및 평등권을 누릴 자격이 있는 지역 사회의 사람들이 소유한 기업을 위한 시 공급망에 대한 접근성을 개선함으로써 포용적인 경제 성장을 촉진하는 것을 목표로 한다. 2021년에 사회 조달 프로그램은 $1,981,312 상당의 인증된 다양한 공급업체와 308개의 계약을 체결했다.

유엔 지속가능발전목표(SDGs)와의 조화

시의 거버넌스 프로그램 및 이니셔티브는 다음과 같은 UN의 지속 가능한 발전목표에 부합한다.

- 목표 5. 성평등을 달성하고 모든 여성과 소녀에게 권한을 부여한다.
- 목표 10. 국가 내 및 국가 간 불평등을 줄이고,
- 목표 16. 지속 가능한 발전을 위해 평화롭고 포용적인 사회를 촉진하고, 모든 사람에게 정의에 대한 접근을 제공하며, 모든 수준에서 효과적이고 책임 있고 포용적인 제도를 구축한다.

4) 정부 및 유관기관 ESG 방침

(1) 국무조정실

◘ 〈제1차 국가 탄소중립 녹색성장 기본계획〉 중 국무조정실 주관 정책

① 범부처 그린 ODA 확대 추진

- 개발도상국 녹색전환 촉진을 위한 그린 ODA 확대
- 글로벌 그린 ODA 확산을 위한 국제사회와의 협력 강화

② 이행 및 환류체계 운영

- 범정부 협력체계 구축

– (상설협의체) 탄녹위–중앙부처–지자체가 함께하는 상설협의체 운영

▶ 정례회의(분기별)를 통해 중앙–지방간 협조 필요사항에 대한 추진상황 공유 및 협업방안 논의, 지역 애로사항 점검·해소

– (범부처 지원체계) 단일 부처가 해결하기 어려운 과제는 탄녹위를 중심으로 즉시 全부처 지원·협력체계 가동 → 신속히 문제해결 도모

▶ 소관사항 중복 및 온실가스 감축에 영향이 매우 높은 과제는 계획 수립 단계부터 부처별로 역할 분담, 이행상황 정기·수시 협의 추진

- 이행상황 점검·평가 체계 운영

○ 기타 ESG 관련 주요정책

① 지속가능발전포털(https://ncsd.go.kr/)

• 지속가능발전 기본법

[시행 2022. 7. 5.] [법률 제18708호, 2022. 1. 4., 제정] [목적] 경제·사회·환경의 균형과 조화를 통하여 지속가능한 경제성장, 포용적 사회 및 기후·환경 위기 극복을 추구함으로써 현재 세대는 물론 미래 세대가 보다 나은 삶을 누릴 수 있도록 하고 국가와 지방 나아가 인류사회의 지속가능발전을 실현하는 것을 목적으로 함

• 국가지속가능발전보고서

지속가능발전(Sustainable Development)을 위해서는 국가 차원에서의 계획과 정책을 통한 노력이 요구됨

「지속가능발전법」제14조에 의거, 지속가능발전을 평가하는 국가 보고서 작성

• 국가지속가능발전기본계획

지속가능발전기본계획은 「저탄소 녹색성장 기본법」제50조에 따라 지속가능발전 관련 국제적 합의를 이행하고 국가의 지속가능발전을 촉진하는 것을 목적으로 하며, 20년을 계획기간으로 5년마다 수립하여 시행하고 있음

② 2050 탄소중립 녹색성장위원회(https://2050cnc.go.kr/)

정부의 탄소중립 사회로의 이행과 녹색성장의 추진을 위한 주요정책 및 계획과 그 시행에 관한 사항 심의·의결

- 탄소중립 사회로의 이행과 녹색성장의 추진을 위한 기본방향 수립
- 국가비전 및 중장기 감축목표, 국가기본계획 등의 설정 및 이행현황 점검
- 국가 기후위기 적응대책의 수립·변경 및 점검
- 탄소중립 관련 국민 이해 증진 및 홍보·소통, 국제협력 등

③ 미세먼지 특별대책 위원회(https://www.cleanair.go.kr/)

미세먼지 관련 주요정책·계획 및 이행 관련 사항을 심의

• 미세먼지 계절관리제 시행, 관리 감독

- 미세먼지 고농도 시기인 12월부터 이듬해 3월까지 평상시보다 강화된 미세먼지 저감 및 관리 정책을 시행
- 산업, 발전, 수송, 생활 등 부문별로 추가적인 배출 삭감 조치를 시행

• 고농도 미세먼지 비상저감조치 시행, 관리 감독

- 고농도 미세먼지(PM2.5)가 일정기간 지속시 단기간에 대기질을 개선하기 위한 비상조치

국민은 차량 운행 제한에 적극 동참하고, 사업장·공사장은 가동시간 조정 등 미세먼지를 줄이기 위한 조치를 하여야 함(위반시 과태료 부과)

④ 해양분야 탄소중립 및 기후위기 대비를 위한 「블루카본 추진전략」 수립

- 2030년까지 106.6만 톤, 2050년까지 136.2만 톤의 해양 탄소흡수량 확보

*'블루카본'은 해양생물 등 해양생태계의 탄소흡수원으로, 2013년 맹그로브·잘피·염생식물 서식지가 블루카본으로 공식 인정되었고, 이후 기후위기 대응의 주요 수단으로 떠오르면서 전 세계적으로 블루카본의 보호·복원 및 연구가 활발히 진행 중

• 해양의 탄소흡수력 및 기후재해 대응능력 강화

- 염생식물, 해초류, 해조류 등의 서식지를 조성하고 비식생갯벌을 복원함으로써 해양의 국내 탄소흡수량을 증대
- 블루카본을 활용하여 기후재해에 대응하는 '숨쉬는 해안*' 모델을 개발하여 전국 연안에 확장

*연안재해 취약지역, 해안침식지역에 염생식물, 해조류 서식지를 조성하는 등 자연기반해결책(NbS)에 기반하여 문제를 해결하는 연안 모델

• 민간·지역·국제협력 등 블루카본 조성 참여 확대

- 기업의 지속가능경영과 연계하여 민간투자를 유치하고, 해양생태계서비스지불제* 등 신규 제도를 통해 어업인·지자체의 참여를 활성화

*생태계서비스 유지·증진에 대한 공익활동을 지원하는 제도로, 민간-정부(지자체) 간 생태계 유지·증진에 관한 사전 계약을 체결하고 민간의 성과에 따라 계약금 지급

- 외국과의 협력을 강화하여 국제감축사업*을 통한 국외 탄소흡수량을 확보

*국제기구 또는 외국정부와 협력하여 국외에 맹그로브·잘피림 등 탄소흡수원을 조성하고, 이를 통해 확보한 탄소흡수량 일부를 우리나라 통계에 반

영하는 사업

• 신규 블루카본 인증 및 장기 추진 기반 마련

- 연구를 통해 신규 블루카본의 국제 인증을 달성: 우리나라 갯벌은 연간 49만 톤(자동차 20만대의 배출량)을 흡수하는 것으로 연구되어 있으나, 염생식물·해초류 서식지와 달리 아직 국제적 탄소흡수원으로 인정받고 있지 못하고 있음. 이에 우리나라 연구진이 주도하여 비식생갯벌도 탄소흡수원으로 인정받을 수 있도록 국제기준(기후 변화에 관한 정부 간 협의체(IPCC) 지침) 개정도 추진할 예정
- 블루카본 실증연구센터를 설립하고 해역별 연구거점을 확보하여 미래 블루카본의 연구기반을 구축하고, 블루카본 인벤토리 구축을 중심으로 블루카본의 분포 및 탄소흡수량에 관한 데이터를 고도화

(2) 기획재정부

◘ 〈제1차 국가 탄소중립 녹색성장 기본계획〉 중 기획재정부 주관 정책

① 기업 투자 부담 경감을 위한 전폭적 지원

저탄소 전환 부담이 큰 부문 중심으로 실효성 있는 세제지원 추진 및 정부지원 강화

② 산업·기대한 정의로운 전환 지원

• 협동조합 및 사회적 기업을 활용한 탄소중립·녹색성장 지원

- 탄소중립·녹색성장 협동조합 설립·운영 등 지원 확대

▶ 디지털·탄소중립·녹색성장 분야 창업 활성화

*협동조합 창업사업에 디지털 · 탄소중립·녹색성장 분야 창업 20여팀 지원 ('22년 시범)

▶ 녹색분야 혁신형 협동조합(신재생에너지, 리사이클링 등) 모델 발굴·지원

- 탄소중립·녹색성장 사회적기업 발굴·육성 확대

▶ 탄소중립·녹색성장 분야 업종 네트워크를 구축하여 공동사업 활성화 지원

▶ 탄소중립·녹색성장 분야 (예비)사회적기업 모델 발굴 및 확산

기타 ESG 관련 주요정책

① 공급망 실사 대응을 위한 기업 지원방안

EU에서는 공급망 내 인권 · 환경에 대한 실사를 의무화하는 지침을 마련하고 있으며, 유럽의회 의결 등을 거쳐 올해 안에 최종 발표될 것으로 예상됨

EU 역내기업뿐 아니라, 역외기업에도 적용될 예정이며, 협력업체를 포함한 공급망 전반에 대한 실사를 의무화하고 있어 우리 기업에 상당한 영향이 우려됨

- 기업에 대한 지원 효율성을 높이기 위해 원청기업 단위의 패키지* 컨설팅 지원 방안을 마련하여 對EU 수출비중이 높은 업종을 우선으로 추진해 나갈 계획

*원청기업 - 1차 협력사 - 2차 협력사

- 기업들이 스스로 ESG경영 수준을 진단하고 개선할 수 있도

록 자가진단 체크리스트를 고도화

- 하청기업들이 복수의 기업에 납품하는 경우, 중복실사로 인한 부담을 경감하기 위해 원청기업이 협력업체의 경영정보 등을 열람할 수 있는 실사대응 플랫폼을 구축
- 전문인력이 부족한 중소기업을 대상으로 민관합동 전문가를 투입하여 밀착 지원하는 종합지원단을 운영하고, 교육과 실무를 연계한 인턴십 프로그램* 등을 운영하여, 기업들의 인력 여건을 개선할 수 있도록 지원

*채용 설명회 개최, 기업·인력 간 매칭 프로그램 운영, 직무교육 프로그램 등

- 원청기업와 협력업체 간 자가진단 시스템을 활용하여 공동대응 프로세스를 구축할 수 있도록 지원하고, 협력네트워크 포럼을 산업단위로 확대·개편하는 등 원청·하청기업 간 협업체계를 강화하는 방안도 추진

② ESG 평가시장의 투명성 · 신뢰성 제고방안

ESG 투자가 활성화됨에 따라 ESG 평가기관의 역할도 확대되는 추세에 있음

다만, 평가체계의 투명성 부족, 이해상충 우려 등은 국내·외 평가시장의 공통된 문제로 지적되고 있음. 이에 따라, 정부는 ESG 평가의 신뢰성·투명성·공정성을 제고하고 아직 초기단계인 국내 평가시장의 건전한 발전을 위해 'ESG 평가기관 가이던스' 마련

〈ESG 평가기관 가이던스〉

- 내부통제체제 구축, 평가체계 공개, 이해상충의 관리, 평가

대상기업과의 불공정 관계 금지 등 평가기관이 지켜야할 최소한의 원칙을 담고 있음

- 평가시장이 초기단계임을 고려해 3개월간 유예기간을 거쳐 9.1일부터 자율규제의 형태로 시행할 예정이며, 향후 가이던스 활용도·국제 동향 등을 보아가며 법제화하는 것도 검토

(3) 산업통상자원부

〈제1차 국가 탄소중립 녹색성장 기본계획〉 중 산업통상자원부 주관 정책

① 청정에너지 시스템으로의 전환 가속화

- 탈탄소 에너지 공급믹스 달성을 위한 석탄발전 감축
  - 가동연수 설계수명 30년 이상 석탄발전기는 원칙적으로 폐지
- 무탄소 전원으로서 원전 활용 확대
- 합리적이고 실현가능한 재생에너지 확대

  *신재생에너지 발전 비중 ('22) 9.2% → ('30) 21.6%+α

  *태양광:풍력 비율: ('21) 87:13 → ('30) 60:40
- 청정에너지 추가 확대

② 재생에너지 보급 기반 구축

- 재생에너지 관련 전력계통망 확충 및 에너지 저장체계 구축
- 비용효율적 보급 추진
  - 태양광 재생에너지 공급 인증서(REC) 가중치 개선, 태양광 입찰 평가시 규모별 입찰구간 조정 등을 통해 중대형 태양광 중심의 개발 촉진

• 주민 수용성 강화

– 인접주민·농어업인 수익 우대, 투자한도 세대당 기준 강화 등 주민참여사업 개편으로 인접주민·피해농어민 두텁게 지원

• RE100 이행기반 구축

– 국내 RE100 가입기업을 중심으로 얼라이언스(Alliance)를 구축하여 민관 합동 투자프로젝트 추진 등 민간 주도의 공급기반 강화

③ 수요효율화 추진 및 에너지 탄소중립 기반 구축

• 산업, 가정·건물, 수송 등 수요효율화 혁신 추진

• 에너지 정보 공개 및 효율적 관리를 통한 국민수용성 제고

• ICT 활용 수요관리 선진화

④ 전력수급 체계 혁신으로 탄소중립 기여

• 탄소중립 친화적인 전력공급 체계 구축

• 탄소중립을 뒷받침하는 미래형 전력망 구축

• 시장원리에 기반한 에너지시장 및 합리적 에너지요금 체계 구축

⑤ 탄소중립 실현 핵심기술 확보

• 탄소중립 달성을 위한 한계돌파형 기술의 신속한 상용화

• 한계돌파형 기술의 조기 확보를 위한 지원체계 구축

• 해외기술 모니터링·습득체계 기반 유연한 기술확보 추진

⑥ 기업 투자 부담 경감을 위한 전폭적 지원

- 실물경제의 저탄소 전환을 지원하는 탄소중립 보조 확대 및 금융 공급 활성화
- 산업계의 저탄소 전환을 위한 맞춤 제도 구축

⑦ 탄소중립 정부-산업계 거버넌스 및 측정기반 마련

- 산업 친환경 전환을 위한 상생 협의체 확대 운영
- 산업부문 저탄소 전환 측정기반 마련

– 제품 라이프사이클 전반의 온실가스 감축량 산정체계 확립

⑧ 건물의 에너지 사용효율 향상

- 건물 에너지사용설비·관리시스템 효율혁신

  에너지다소비 설비의 효율 최적화 및 건물 에너지수요관리산업 기반 조성을 위한 선도기술 개발 추진

  *(설비) 냉·난방, 조명, 외장재 등 건물 에너지사용설비의 고효율화 및 스마트화 기술

  *(시스템) 에너지사용량 및 쾌적도를 최적화하는 사용자 맞춤형 클라우드형 건물에너지관리시스템(BEMS)

– 공공건물, 캠퍼스(대학), 물류단지 등 커뮤니티 단위 건물군 중심의 대규모 현장 실증을 통한 사업화 추진

- 건물 에너지효율 평가관리기반 강화 및 효율개선

⑨ 전기·수소차 등 친환경차 보급 촉진

전기·수소차 시장 선점을 위한 생산체제 구축 및 평가기반 마련

⑩ 생산·유통·소비 단계 폐기물 원천 감량

혁신소재 개발 및 바이오플라스틱 전환

(4) 중소벤처기업부

◘ 〈제1차 국가 탄소중립 녹색성장 기본계획〉 중 중소벤처기업부 주관 정책

① 산업·기업에 대한 정의로운 전환 지원

- 중소기업 전환 촉진을 위한 사업전환 지원
- 구조혁신지원센터를 통해 탄소중립·녹색성장 분야로의 사업전환 수요를 선제적으로 발굴하고 사업전환과 노동전환을 통합 지원
- 지역별 특성에 맞는 센터별 특화업종을 지정하여 미래차, 신재생 에너지 등 신사업분야로의 전환 활성화를 지원
- 중소기업의 탄소중립·녹색성장 분야로의 사업전환 이행력 강화를 위해 탄소중립 사업전환 자금(융자) 지원

- 소상공인의 정의로운 전환 지원
- 소상공인의 탄소중립·녹색성장 동참 지원
  ▶ 소상공인 계층과의 사회적 대화, 소상공인의 탄소중립·녹색성장 참여 촉진, 소상공인 대상 교육·홍보 등 적극적 동참 지원

② 산업수요기반 맞춤형 인력양성 지원

미래차부품 중소기업 계약학과 운영

- 先취업-後진학 방식으로 산업계 수요를 반영한 학위과정 운

영을 통해 중소기업 전문인력 양성 및 인력유입 촉진

◉ 기타 ESG 관련 주요정책

①「그린스타트업 타운」 조성 사업

스타트업 파크, 지식산업센터, 메이커스페이스 등 기존 창업지원 기반(인프라)들이 하나의 협력지구(클러스터)를 이룰 수 있도록 집적된 복합허브센터를 건립·지원하는 사업

현재까지 중소벤처기업부는 충청남도 천안('20년), 광주광역시('21년), 대구광역시('22년), 강원도 원주('22년)의 총 4개 광역시·도에 그린스타트업타운을 조성중에 있으며, 이번에 지정된 경상남도 진주까지 포함하면 전국 5개 광역시·도에 그린스타트업 타운이 조성됨

- 경남 진주시에 '23년부터 3년간 총 사업비 453억원을 투입하여 '그린스타트업 타운' 조성 예정
  - 도시재생지구와 연계하여 주거·문화·교통시설 등 생활형 기반(인프라)이 이미 구축된 도심 내 젊은 청년층들이 선호하는 입지에 조성하고, 친환경·기후기술(테크) 기업과 지역주력산업인 항공우주, 항노화, 그린에너지 산업 관련 창업기업(스타트업)을 입주시킬 예정
  - 건물 내에 에너지관리·재생에너지 활용 시스템을 필수로 구축하도록 함
  - 경상국립대 칠암캠퍼스를 중심으로 저탄소 그린산업단지, 진주 혁신도시로 이어지는 연결과, 인근 3개 도시재생지구(성

북, 강남, 상대) 및 우주항공 관련 지역기반(인프라)을 기반으로, ① 항공우주산업(부품, 소재), ② 항노화산업, ③ 그린에너지 산업(신재생, 친환경), ④ 정보통신기술(ICT) 디지털산업 분야 창업기업의 지원과 성장 계획의 연계가 우수하다는 평가를 받았음

- 경상남도(진주시)에 소속된 창업지원단을 통한 대기업, 투자기관, 대학 등 일원화된 지원체계 구축 및 협력기관 등과의 구체적인 사업계획을 제시함으로써 지속적이고 효율적인 운영전략을 수립

(5) 환경부

◘ 〈제1차 국가 탄소중립 녹색성장 기본계획〉 중 환경부 주관 정책

① 배출권거래제 고도화

- 배출량 감축 인센티브 확대
- 배출효율기준 할당 확대
- 배출권 유상할당 확대 및 기준 개선
- 배출권 거래시장의 유동성 확대
- 배출권시장 유연성 제고
  - 국가 감축목표 달성과 기업의 배출권거래제 의무이행 유연성을 고려한 최적의 상쇄배출권 한도 설정
- 배출권 평가·인증 체계 개선
  - 정확도·신뢰도 높은 배출량 산정을 위해 기후 변화에 관한 정부간 협의체(IPCC), 세계 최대 탄소 시장인 EU 배출권거래제

(EU ETS) 등과 산정방법 비교('22~'23) 및 산정방법 개선방안
* 검토('23~'24)

*탄소포집·이용설비에 탄소 포집 및 저장(CCS, Carbon Capture and Storage) 포함 여부, 전자산업의 이산화질소(N20) 공정분해율, 열분해유 관련 방법론 등

② 탄소중립 정부-산업계 거버넌스 및 측정기반 마련

민·관 합동 배출권거래제 선진화 협의체 운영

- 기업 현장의 제도개선 의견을 반영한 배출권거래제 개선

③ 건물의 에너지 사용효율 향상

공공부문의 선도적 온실가스 감축 강화

④ 계획수립-공간조성 탄소중립화

계획·개발사업의 탄소중립 내재화를 위한 기후변화영향평가 추진

- 국가의 주요 계획 또는 대규모 개발사업에 대해 기후변화 영향을 사전에 평가하도록 하여 기후위기 적응과 온실가스 감축을 유도

⑤ 전기·수소차 등 친환경차 보급 촉진

- 전기·수소차로의 전환 가속화
- 신속·편리한 전기·수소차 충전기반 마련

⑥ 내연기관차의 저탄소화

- 생애 전주기 평가(Life Cycle Assessment, LCA)를 고려한 온실가스·연비 기준 강화
- 내연차의 무공해 전환 가속화 유도

⑦ 생산·유통·소비 단계 폐기물 원천 감량

- 설계·생산 단계부터 기업의 폐기물 감량 유도
- 현장여건을 고려한 일회용품 감량
- 농산물, 택배포장 등 과대포장 관리 개선
- 다회용 용기·택배포장 등 일회용품 대체 신산업 육성
- 비위생매립지 정비 및 메탄포집 확대

⑧ 재활용 원료인 폐자원의 안정적 공급

- 국민이 편리한 생활폐자원 배출체계 확립
- 재활용 폐기물의 안정적 수거체계 마련
- 선별시설 확충 및 자동화·현대화로 유용폐자원 확보
- 재활용이 쉬운 제품 설계·생산 확대

⑨ 고부가가치 재활용 확대

- 플라스틱 물질·화학적 재활용 촉진
- 건설폐기물 재활용 확대
- 전기차 폐배터리, 태양광 폐패널 재활용 활성화
- 유기성 폐자원 등 바이오가스화 활성화
- 재생원료 사용 제품의 안정적 수요창출

(6) 교육부

〈제1차 국가 탄소중립 녹색성장 기본계획〉 중 교육부 주관 정책

① 대학 지원을 통한 탄소중립·녹색성장 인력양성 추진

• 탄소중립·녹색성장 관련 대학 정원 제도개선

– 첨단분야의 경우 학과 신·증설 개설 관련 제도 유연화

*(기존) 정원 순증 시 교지, 교사, 교원, 수익용기본재산 등 4대 요건을 모두 충족하는 범위 내에서 증원 가능 → (개선) 첨단분야는 교원확보율만 충족해도 증원 가능

• BK21을 통한 탄소중립·녹색성장(신재생 에너지 등) 인재양성 지원

– 4단계 BK21 사업을 통해 탄소중립·녹색성장 관련 분야(신재생에너지, 미래자동차, 스마트시티 등)에 40개 교육연구단(팀) 지원을 통한 석·박사급 고급인재 양성(~'27.8)

② 협력모델을 활용한 인력양성 연계 강화

• 탄소중립·녹색성장 분야 협업형 혁신인재 양성

– 국가혁신성장 및 탄소중립·녹색성장을 선도하는 인재양성 고도화를 위해 대학 특성화를 지원하는 '부처 협업형 인재양성 사업' 신설('22. 420억 원)

• 탄소중립·녹색성장을 위한 지역과 대학의 협력 강화

– 공유대학* 중심으로 탄소중립·녹색성장 인재 양성체계 마련

*스마트제조·미래모빌리티 USG공유대학(University System of Gyeongnam, Ulsan), 에너지신산업 광주전남지역혁신(iU-GJ) 등

• 미래산업분야 선도를 위한 산학연협력 활성화(3단계 산학연협

력 선도 대학 육성)

– '대학 산학연협력'을 보편화한 1·2단계 LINC 사업의 성과를 기반으로 산학연협력 역량 고도화를 위한 모든 산학연협력 요소* 종합 지원

*인재양성, 인프라 구축, 기술이전·사업화, 취·창업, 공유·협업 체계 마련 등

• 협력적 자원활용 및 교육과정 개발·운영(혁신융합대학)

– 대학·관계부처·산업계 등 연계·협력을 통한 신기술 분야 자원 공동 활용

③ 미래 환경시민 양성을 위한 학교교육 대전환

• 교육과정을 통한 탄소중립·녹색생활 교육 강화

• 학교 탄소중립·녹색생활 교육 실행 기반 확충

• 학생 중심형 탄소중립·녹색생활 학습의 장 조성

– 학교 창의적 체험활동과 연계한 주제별 프로그램 운영 등 기후·환경 및 탄소중립·녹색생활 교육 제공을 위한 환경교육체험관 조성*

*환경교육센터('22, 충북), 기후위기대응교육센터('22, 울산), 에코스쿨('25, 서울·부산)

(7) 고용노동부

◘ 제1차 국가 탄소중립 녹색성장 기본계획〉 중 노용노동부 주관 정책

① 정의로운 전환을 위한 사회적 기반 구축

• 산업전환고용안정법 제정 지원

- 탄소중립·녹색성장·디지털 사회로의 전환과정에서 피해를 입는 근로자·기업·지역의 지원 근거 마련을 위해 법률 제정

• 산업전환에 대응한 지역·산업별 고용영향 분석

- 탄소중립·녹색성장 사회로의 전환과정에서 사업전환 및 구조적 실업에 따른 피해를 최소화하기 위하여 실업 발생 위험 등 고용상태의 영향조사 실시

*5년 주기로 조사 실시, 필요한 경우 정기조사 외 추가조사 시행

**'23년부터 매년 4.7억원 규모로 추진 계획

- 고용상태 영향조사 결과를 반영하여 지원대책*을 수립

*취업지원, 직업능력개발훈련 프로그램 개발, 실업자 생계지원 등 포함

- 전환산업 조기포착, 기업DB 분석 등을 통해 고용변화상황을 파악할 수 있는 전환지도 구축

② 탄소중립·녹색성장 이행과정의 고용안정 지원

• 산업·일자리전환에 대응한 맞춤형 훈련프로그램 제공

- 산업구조 변화로 지원이 필요한 지역·산업분야의 재직자·실업자의 노동 이동 및 고용유지 지원을 위해 현장 훈련수요 기반 훈련과정을 수시공급, 훈련비 지원

*(훈련기관) 훈련비 금액 인정 확대(130~300%), 인증평가 면제 등

**(훈련생) 1회에 한하여 훈련비 전액 지원 등

- 산업구조 변화에 대응하여 재직자 및 채용예정자 대상 직무전환훈련 등을 제공하는 공동훈련센터 구축

*훈련 시설 · 장비비 및 프로그램 개발비 등 5년간 최대 45억 지원(훈련비 별도)

• 위기업종 근로자의 고용안정 지원

– 산업구조 전환 등에 따라 위기업종 소속 근로자의 고용안정을 위해 직무전환 교육 훈련 및 전직지원서비스*를 제공하는 경우 지원

– 산업구조 전환에 따른 위기산업의 기업이 고용유지 시 고용환경 개선** 등 사업전환 고용안정 협약지원금 지원

*직무전환 교육·훈련 시설 임차 및 기숙사(월세), 통근버스 임차 등 지원

**임차한 금액의 50%(직무전환 관련 훈련 장비는 80%) 지원(최대 5억원)

③ 대학 지원을 통한 탄소중립·녹색성장 인력양성 추진

폴리텍대학 內저탄소분야 학과 신설·개편

④ 저탄소·미래인력 양성을 위한 훈련과정 운영

탄소중립·녹색성장 분야 훈련시스템 확충

(8) 국토교통부

〈제1차 국가 탄소중립 녹색성장 기본계획〉 중 국토교통부 주관 정책

① 신규 건축물의 에너지 성능 강화

• 제로에너지건축물(ZEB) 확대 및 성능 강화

– 신규 공공건축물 제로에너지건축물 인증 의무화 대상을 확대하고, 인증등급도 단계적 상향하며, 인증건물의 사후관리도 강화

* ZEB 인증 5등급('23, 연면적 5백m2, 공동주택 30세대 이상) → 4등급('25, 검토) → 3등급('30, 검토)

*ZEB 인증 시 냉방 등 5대 에너지를 포함하는 인증체계 구축 및 추가 에너지 지원 확대 검토

• 소형 건축물 에너지성능 강화 방안 마련

– 현재 관리 대상이 아닌 연면적 5백m2 미만 소형 건축물에 대해 에너지 평가방법 도입, 평가인력 확충 등을 통한 점진적 성능 제고 추진

• 제로에너지건축물 확산을 위한 제도 개선

– 건축물에너지효율등급과 제로에너지건축물 인증제도를 통합하여 인증 시간 및 절차 간소화

– 제로에너지건축물 인증 등급별 부여되는 용적률, 높이기준 등 인센티브 확대(용적률 최대 15%→20%)로 조기 확산 도모

② 기존 건축물에 대한 그린리모델링 추진

• 총량제와 연계한 노후건축물 그린리모델링 로드맵 마련

– 건축물 에너지사용량 총량제와 연계한 '행태개선 유도방안' 등을 담은 노후건축물 그린리모델링 전략·실행방안 등 세부 이행 로드맵 마련(~'24)

• 공공건축물 그린리모델링 사업 지원대상 확대 및 의무화 단계적 추진

– 에너지 다소비 시설, 다물량 시설 등으로 지원대상 확대 및 리모델링 활성화 사업모델 발굴

– 노후 공공건축물의 그린리모델링 확산을 위해 노후 공공건축물의 그린리모델링 의무화 단계적 적용('25~, 녹색건축법 개정 추진)

• 민간건축물 그린리모델링 확산

- 그린리모델링 시 건축물대장상 이력관리 및 인정서 발급 등 국가 공인 인정제 도입, 기업의 참여 촉진 위한 ESG경영평가* 연계 추진

*기업이 그린리모델링 통해 에너지·탄소배출량 절감 시 절감정도에 따라 ESG 반영

- 공공기관이 민간 건물로 임차 시* 녹색건축물 임차 의무화, 건축물 에너지사용 총량 규제 검토 등 실행기반 마련

*녹색건축물이 주변에 없거나 임차가 불가한 상황인 경우 심의를 통한 예외 인정

③ 계획수립-공간조성 탄소중립화

• 국토단위 탄소중립을 위해 국토종합계획에 탄소중립가치 반영 검토

• 도시단위 탄소중립을 위해 도시계획에 탄소중립 요소 도입

탄소포집·활용·저장 시설(CCUS), 친환경연료(전기·수소 등) 충전소 등 기반시설을 도시계획시설로 편입 검토(~'25)

• 탄소중립 지원을 위한 탄소배출 공간지도 구축

- 도시 단위구역(예: 3x3km 격자, 읍면동 등) 내 배출·흡수원을 시각화한 탄소배출 공간지도 구축 추진 및 탄소중립도시 조성 전략에 활용

• 정주지 온실가스 배출·흡수량 통계산정 체계 구축

- 국가온실가스 인벤토리(NIR)에 미반영된 정주지의 탄소 배출·산정(~`24), 정주지 지역 배출관리

• 건물 분야 에너지 전환 및 재생에너지 확대

– 도시재생, 지역개발사업 등과 연계하여 신재생에너지 및 화석연료를 단계적으로 전력화 추진

*신재생에너지·건축물전력화 통합 모델 개발 및 EHP 등 설비 고도화 추진, 인센티브 병행 검토 등

– 건물 냉·난방시 수열에너지 활용 활성화 추진

*시범사업('22~'25) 실시, 수열에너지 설치·운영 매뉴얼 마련(~'25)

④ 대중교통 활성화, 자가용 내연기관차 수요관리

• 대중교통 경쟁력 강화를 위한 교통수단 확대·다양화 및 연계강화

• 대중교통 이용을 유도하기 위한 경제적 인센티브 확대

• 자가용 내연차의 탄소배출 저감을 위한 이용수요 관리

• PM·자전거 활성화 및 생활권 보행환경 개선

– 개인형 이동수단(Personal Mobility, PM) 등이 버스정류소, 지하철역 등 대중교통거점과 연계하는 핵심 이동수단이 될 수 있도록 인프라·서비스 제도화

• 교통량 감소를 위한 제도 및 지원 보강

– 교통혼잡을 유발하는 시설물 소유자에게 징수되는 교통유발부담금을 교통량 감축 활동에 따라 경감 확대 등 제도 개선

⑤ 내연기관차의 저탄소화

행태개선을 통한 경제·친환경 운전 문화 확산

⑥ 친환경 철도·항공·해운

- 친환경 철도중심 교통체계 강화
- 항공기·항공연료의 친환경화 및 운항 효율화

⑦ 산업수요기반 맞춤형 인력양성 지원

- 미래차 검사·정비 인프라 확충(검사·정비 인력양성)

(9) 금융위원회

- 〈제1차 국가 탄소중립 녹색성장 기본계획〉 중 금융위원회 주관 정책

① 탄소중립·녹색산업에 대한 금융지원 확대

- 탄소중립·녹색산업에 대한 정책금융 지원 확대
  - 정책금융의 탄소중립·녹색산업에 대한 금융지원·비중을 확대하여 민간의 적극적인 투자를 유도하는 마중물 역할 수행
- 탄소중립·지속가능성 관련 금융상품 개발 활성화
  - 지속가능연계채권(SLB), 지속가능연계대출(SLL) 등 탄소중립 및 지속가능성 목표 달성을 위한 새로운 금융상품 개발 활성화로 민간의 녹색금융 접근성 제고

② 금융안정을 위한 기후리스크 관리 강화

- 금융기관의 기후리스크 대응 강화
  - 「기후경제 시나리오」를 마련('23)하여 다양한 온실가스 배출 시나리오가 미래의 거시경제·금융부문에 미치는 영향을 분석·공유

• 국기관투자자에 대한 스튜어드십 코드 개정

– 기관투자자의 수탁자책임 범위에 환경 등 ESG 요소가 포함되도록 스튜어드십 코드를 개정하는 방향 검토('23~)

③ 탄소중립·녹색성장 금융 활성화를 위한 인프라 구축

• 녹색투자 활성화를 위한 정보 공개·공시제도 구축

– 「지속가능경영보고서」의 단계적 공시 의무화*를 추진하는 가운데, 기업 공시 지원 등을 통해 자율공시를 확산

• 녹색분류체계의 금융부문 적용 확대

(10) 한국산업기술진흥원

① 친환경중소형선박기술역량강화(R&D)

• 대형 조선소와의 상생협력을 기반으로 중·소형 조선소의 기술역량을 강화

• 국내 중·소형 조선산업의 지속성장 및 기반 강화

– 대형조선소와 상생협력을 기반으로 중소형 조선사의 미래 친환경 선박 핵심기술 개발지원 및 활용·보급을 통한 산업 경쟁력 강화

– 조선업 퇴직인력 및 청년 고용을 통해 중·소형 조선산업의 고급 설계·엔지니어링 인적자원 기반 마련 및 일자리 창출

② 청정제조기반구축(R&D)

• 중소·중견기업 대상 청정공정과 친환경 제품 생산을 위한 기

술 보급·확산을 통해 탄소중립 및 환경친화적 산업구조로의 전환 촉진

- 중소·중견사업장 공정진단 및 산업환경 적정기술 개발을 통해 청정공정기술 보급 및 확산 추진
- 글로벌 시장 변화에 선제대응을 위한 친환경 제품 개발 지원 및 친환경 제품 생산을 위한 설계·평가 도구 개발

* 친환경 제품의 시작품 제작 지원 및 EU 에코디자인 지침 대응을 위한 중소기업 보급형 평가도구 개발

③ 섬유소재 공정저탄소화 기반조성

섬유제조 공정의 저탄소화 설비 구축 지원을 통하여 산업부문 온실가스 배출 저감에 기여하고 섬유산업 전반에 저탄소화 공정 확산 지원

- 저탄소화 설비 설치 이후 전문가를 매칭하여 기업 규모, 환경, 설비 등을 고려한 컨설팅 수행
- 개선된 설비의 생산량, 가동시간, 에너지 절감량 등을 고려하여 온실가스 감축량 산출하고 목표 미달기업을 대상으로 원인 분석 및 개선(안)을 도출

④ 사업재편 탄소중립 기술개발 사업

「기업 활력 제고를 위한 특별법」에 따라 사업재편 승인기업의 자발적 탄소중립 관련 분야 신산업진출 및 低탄소 공정으로의 사업구조 개편을 촉진하기 위한 기술개발 지원

- 탄소중립 분야 사업재편 기업의 사업혁신을 지원하여 개별기

업의 부가가치 향상, 고수익 매출구조로의 전환, 수익성 개선 등 산업 전반 탄소중립 분야 사업재편 활성화

⑤ 정의로운전환 지원센터 구축·운영 사업

탄소중립 과정에서 일자리 감소, 지역경제 침체 등 사회·경제적 불평등이 심화되는 지역을 지원하기 위해 "정의로운전환 지원센터" 구축·운영

- 특구 지정 기준 마련 및 특구 지정, 지정된 특구의 지원계획 수립 및 추진 등

⑥ 탄소포집활용(CCU)실증지원센터 구축

화학산업단지 온실가스의 배출량 저감을 위한 탄소중립형 소재/반응장비·친환경 공정 적용 설비 도입, 기술실증 플랫폼 구축 및 기업 육성 기반 마련

- CCU 실증 지원센터 구축을 통해 기업의 CCU 기술개발 및 시제품 제작 지원, 스타트업 기업 육성 등 지원 기반 마련

⑦ 탄소중립융복합자원화단지조성

온실가스 다배출 기업이 분포된 지역에 CO2 포집을 위한 실증 사이트 및 설비를 구축하여 중소·중견기업 중심의 CO2 포집 및 폐열 회수 기술 실증 지원

- CO2 포집/액화 설비를 포함한 탄소중립 융복합 자원화 단지를 조성하고 CO2 및 폐열을 공급 받아 CO2 포집과 폐열 활

용 실증 수행

⑧ 친환경차 보급촉진을 위한 이차보전사업

부품업계의 친환경차 설비투자·M&A 등 친환경차 전환투자 관련 대출시 취급은행이 저금리 금융을 제공하고, 금리 일정부분을 정부 재정에서 보전

* 국내외 미래차 중심으로의 산업구조 재편 등에 따라 자동차 업계의 생산 혁신을 위한 인센티브 필요

- 부품기업의 친환경차 전환 투자 촉진을 통해 친환경차 확산 가속화 및 국가 온실가스 감축 목표 달성에 기여

⑨ 친환경선박 전환대응 미세먼지저감 성능평가기반구축

탄소 ZERO化 및 미세먼저 저감 친환경 선박의 국내외 시장 확대를 위한 국가 차원의 배기가스 시험평가 및 인증 지원체계를 구축하여 연근해 소형선박의 친환경 선박 전환 지원

- 소형 연근해 선박 친환경선박 전환지원을 위한 전용시험평가 인프라 구축

⑩ 조선해양 친환경특화기술 공유플랫폼 구축

친환경·스마트 패러다임 전환에 대응하기 위해 조선해양 친환경 특화기술 공유플랫폼을 구축하여 친환경 스마트 생산시스템(기계장비, 설비 등) 공동 활용 추진

- 친환경 스마트 생산시스템 공동 활용을 통한 조선업 생산기술혁신 지원

(11) 한국산업기술기획평가원

① 2023년도 탄소혁신 스타즈 프로젝트 신규지원

탄소중립 관련 핵심기술을 보유한 중견기업 또는 중견예비기업*을 발굴하여 기술개발 및 사업화 연계 지원을 통해 탄소중립 혁신기업(탄소혁신 스타즈)로 육성

*중견예비기업: 회계결산 기준 직전년도 매출 300억 원 이상의 중소기업

- 산업부문 탄소 다배출 업종(철강, 석유화학, 시멘트, 반도체·디스플레이) 및 산업공통분야(공통설비, 장비 등)의 탄소중립과 관련된 공정 · 설비 · 제품 등의 핵심기술개발

(12) 한국연구재단

① 기후변화대응기술개발사업

기후변화 위기에 대응하여 온실가스 감축효과가 큰 기술 분야에 대하여 세계 선도적 원천 기술 확보 및 미래 성장 동력 창출 지원

② 기후기술인재양성 시범사업

탄소중립 기술수요(EU 탄소국경세, 2050 탄소중립 선언 등)를 이해하여 기후난제를 해결할 과학기술적 대안을 제시하는 전략가형 과학인재 양성

③ 해양-육상-대기 탄소순환시스템 연구사업

국가 기후변화대응 능력 향상을 위한 해양-육상-대기 상호공

간에서의 이산화탄소 거동 및 이로 인한 현상파악을 위한 기초연구 수행

- 지구온난화로 인한 해양 수온 상승에 따른 온실가스 저장능력 변화 관찰 및 한반도 기후변화 예측을 위한 이해 기반 마련

④ 수소에너지혁신기술개발사업

친환경·고효율 수소 생산 및 안정적 수소 저장을 위한 원천기술 개발을 통해 수소경제 사회 진입을 위한 기반 구축

⑤ 에너지클라우드기술개발사업

모든 발전원과 저장시스템 및 부하관리가 초연결화된 에너지 클라우드 사회에 대비하여,

- 수요관리 대상 에너지(전기, 열 등)의 통합관리 및 양방향 흐름 제어를 통한 에너지 이용효율 극대화 기술을 확보
- 에너지 클라우드의 안정적이고 수월한 운영을 위한 스마트그리드 보안 기술 및 정보제공 시각화 기술 확보를 통해 에너지 신산업 창출 지원

⑥ 에너지환경 통합형 학교 미세먼지 관리 기술개발사업

WHO 권고기준 수준의 상시 미세먼지 관리를 위한 학교 맞춤형 열·공기환경 통합관리 시스템 개발·실증

⑦ 탄소자원화 플랫폼 화합물 제조기술개발

부생가스와 유기성 폐자원 내 탄소자원을 고부가 전환하여 플

랫폼 화합물(올레핀, 메탄올 등)을 생산하기 위한 실증기술 개발

(13) 국토연구원

① 국토환경 · 자원연구본부

안전하고 깨끗한 국토의 조성·관리를 위한 정책연구 수행

- 국가·지역 차원의 탄소중립형 국토환경 조성방안
- 미세먼지 저감 및 산림의 보전·관리를 통한 자연환경 개선방안
- 생활폐기물 처리 등 생활환경 개선을 통한 깨끗한 국토 관리 방안

② 국토인프라연구본부

기후변화와 글로벌 경쟁시대에 부응하는 교통인프라 정책방향 수립을 위해 전국도로망·철도망계획, 광역종합교통정책, 국가물류정책 및 계획, 대중교통 활성화를 위한 녹색교통정책 개발 등 국가 및 권역, 도시 차원에서의 주요 교통정책 및 계획을 선도적으로 수립

(14) 산업연구원

2030 국가온실가스감축목표(NDC)와 2050 장기저탄소발전전략(LEDS) 등 탄소중립 달성을 지원하기위해 '탄소중립연구그룹'을 별도로 조직 운영

- 탄소중립 이행을 위한 수소산업 육성 전략 연구
- 기업 ESG경영 확대 속 산업정책 과제와 시사점 연구

- 스마트그린 산업단지 발전방안 연구
- 지역의 탄소중립 수용력 진단과 중장기 대응 전략 연구

(15) 창업진흥원

① 지역기반 로컬크리에이터 활성화 지원

지역의 자연환경·문화적 자산을 소재로 창의성과 혁신을 통해 사업적 가치를 창출하는 로컬크리에이터를 발굴·육성

- 로컬크리에이터의 비즈니스 모델(BM) 구체화, 멘토링, 브랜딩, 마케팅 등 성장단계별 맞춤형 프로그램 제공

② 혁신분야 창업패키지(소재·부품·장비 스타트업 100)

소재·부품·장비 산업의 기술자립도 제고와 대·중견기업의 수요 소재·부품에 대응할 수 있는 혁신적인 스타트업 발굴·육성

- 복합소재, 산업용IoT, 스마트엔지니어링, 융합바이오, 친환경, 반도체 등 신산업 분야 업력 10년 이내 소재·부품·장비 분야 창업기업

③ 혁신분야 창업패키지(신산업 스타트업 육성)

글로벌 트렌드와 기술, 시장수요에 부합하며 국가경제의 미래를 이끌어갈 신산업 분야 딥테크 스타트업 육성

- 신산업 5개 분야(시스템반도체, 바이오헬스, 미래 모빌리티, 친환경·에너지, 로봇) 업력 10년 이내 기업

5) ESG 기본법 제정 전망

(1) 목적

민간과 공공, 행정 분야 등 국가 전반의 ESG 추진체계 구축과 실행력을 강화할 수 있도록 하고, EU 등의 ESG 규제에 대응하고 선도적 ESG 추진 활성화를 통한 국제협력 강화 및 글로벌 확산을 위한 목적으로 ESG 기본법 제정이 필요하다.

(2) ESG 기본법

통합적 ESG 추진체계와 전략, 평가와 모니터링 체계 구축하고, ESG 책임관제, 인력양성체계 등 도입으로 안정적 ESG 실행력 강화하며, ESG 공시, 평가 등 법적 규율이 필요한 사항 수용하고, ESG를 조달·개도국대상 ODA(공적원조)·국고보조·융자사업 등 심사에 반영하며, ESG의 글로벌 확산을 위한 ESG 선도적 구현하는 내용 등이 포함될 것으로 전망한다.

- 지속가능발전기본법(환경부소관, 법률 제17326호) 등과의 관계 정립
  - 지속가능발전기본법, 기후위기대응을 위한 탄소중립·녹색성장 기본법 등
- ESG 활성화 기본전략 등
  - 국가·지역단위 ESG 이행계획 협의·조정
  - 각급 기관의 ESG 추진 상황의 점검
  - 기업의 ESG경영 지원체계(재정금융지원 근거 포함)
  - ODA, 조달, 공공기관 경영, 공공 개발행위에 적용 및 지원
  - 행정 및 공공기관의 ESG 책임관제 도입
- ESG 평가, 모니터링, 공시와 소통
- ESG 실행을 위한 거버넌스 기구 구성 및 역할과 기능

- ESG 추진체계와 컨트롤타워 구축
- ESG 교육, 전문인력 양성체계 구축, 홍보 등
- 국내외 협력, 우리나라의 ESG 글로벌 확산 노력
- ESG 민간분야 전문기관 규율체계 확립
  - ESG 평가기관 요건 및 윤리기준
  - ESG 전문가 양성기관, ESG 인증 및 검증기관 요건 설정 등

(3) 지속가능발전기본법과 ESG 기본법 비교

근본적으로 두 개 법률의 관계는 "지속가능발전을 위한 핵심수단으로서 ESG"이기 때문에 유사성이 있는 것으로 보는 경향이 있다. 과거 "지속가능발전을 위한 핵심정책으로서 녹색성장/탄소중립"과 같은 논의가 있었음에도 별개로 추진되었다.

① 지속가능발전기본법

국가와 지방의 지속가능발전을 추진하기 위하여 지속가능발전기본전략과 추진계획 수립, 추진계획의 이행점검, 평가 등을 규정한다.

지속가능발전을 달성하기 위한 기본법에 충실한 법률로서, 주요 법률대상이 지속가능발전을 위하여 국가와 지방정부가 주체이며, 동시에 적용 대상이다.

지속가능발전기본법은 기업 등에 대한 규정을 포함하고 있지 않으며, 선언적으로 ESG의 핵심이 되는 사업자의 책무에서 단 한 조항만 있음. 이를 근거로 ESG를 세부적으로, 체계적으로 추진할 수 있는 내용이 없다.

지속가능발전기본전략은 유엔이 정한 17개의 지속가능발전목

표(SDGs)를 중심으로 추진하며, 경제, 사회, 환경, 평화, 파트너십의 5가지 축으로 구성하고 있음. ESG를 포함하여 정부정책의 핵심영역도 포괄하고 있는 것이다. 17개 목표중에서 SDGs 8번과 9번에서 ESG를 핵심과제로 설정하는 것은 가능하다.

② ESG 기본법(안)

ESG에 특화하여 공공기관, 민간기업 등(이하 기업 등)이 ESG경영(지속가능경영)을 실천하고, 세계경제의 변화속에 경쟁력을 높이기 위한 것이다.

지속가능발전을 위하여 ESG경영을 실천하는 것으로 국가와 지방정부가 기본계획수립의 주체이지만, 기업 등이 핵심 대상이 되고 있다.

국가와 지방정부가 기업 등의 ESG를 활성화하기 위하여 기본계획과 추진계획을 수립하도록 하고 있으며, ESG 공시 및 평가, 기업 등의 ESG 지원, 해외공급망 실사 대비 등 현장에서 필요한 수단을 지원하도록 규정한다.

따라서 ESG기본법(안)은 기업 등의 ESG를 활성화하고 지원하는 속성을 가지고, ESG기본법(안)으로는 17개 지속가능발전목표를 추진하는 것은 한계이다. 지속가능발전기본법과 별개로 기업 등의 지속가능경영을 중심으로 하는 ESG기본법(안)은 독립적으로 제정하는 것이 양쪽 법률의 안정성과 집행의 효율성 측면에서 바람직하다.

〈표 4-9〉 **지속가능발전기본법과 ESG기본법(안) 비교**

구 분	지속가능발전기본법	ESG기본법안
지속가능발전관계	지속가능발전을 총체적으로 규정	지속가능발전을 위한 핵심 수단
집행주체	국가와 지방정부	국가, 지방정부, 기업 등
적용대상	국가와 지방정부	국가, 지방정부 + 기업 등
산업계 규정	사업자의 책무에서 지속가능경영을 선언적으로 언급	법률의 주요내용 전체의 적용대상이 기업 등 산업계임
핵심주제	지속가능발전목표 17개(SDGs) 경제, 사회, 환경, 평화, 파트너십	환경, 사회, 거버넌스
핵심내용	사회전반의 지속가능성을 확산하기 위한 선언적 규정	사회전반에 ESG의 실현을 위한 구체적,세부적 내용의 규정

〈참조〉 ESG 법률 발의(안)

ESG 법률로 발의된 입법(안)들은 다음과 같다.

◘ 기업의 지속가능경영을 위한 인권환경보호에 관한 법률안(정태호 의원 등 15인)

① 제안이유

최근 국제적으로 환경·사회·지배구조(Environmental, Social and Governance, ESG) 정책을 기업의 전략과 운영에 반영하는 것이 기업의 지속가능성 제고와 장기적 가치 실현을 위하여 중요하다는 인식이 증가하고 있는바, EU를 비롯한 국제 사회에서는 기업 공급망 인권환경실사에 대한 의무화법이 통과되거나 통과를 앞두고 있는 등 기업의 사회 기여와 지속가능성 달성을 위한 비(非)재무적 성과지표를 경영에 도입하려는 국제적 움직임이 대폭 늘어나고 있음.

이러한 국제적 추세에 적극적으로 대응하기 위하여 기업의 인권환경실사에 대한 사항을 규정함으로써 인권과 환경을 존중하는 기업활동을 장려·지원하고 기업에 의한 인권 또는 환경침해를 예방하여 인간으로서의 존엄과 가치를 실현하고 환경보호에 기여할 수 있는 기반을 마련하려는 것임.

② 주요내용

가. 기업은 인권존중책임을 실천하기 위하여 인권환경실사 이행체계를 구축하여 운영하고, 경영책임자 등은 매년 기업의 인권환경실사 이행 관한 계획을 수립하여 이사회에 보고하고 승인을 받아야 하는 등 인권환경실사 이행체계의 구축 및 운영에 관한 내용 마련(안 제6조부터 제9조까지).

나. 인권환경위험의 식별과 그 위험을 식별한 경우 인권환경위험 대책의 수립·실행 및 인권환경실사보고서 작성에 대한 규정(안 제10조부터 제13조까지).

다. 정부로 하여금 기업이 인권환경실사를 원활하게 이행할 수 있도록 관련 지침과 정보공개 표준을 마련하도록 하고, 컨설팅/교육/훈련 관련 정보 시스템 구축 지원 등을 할 수 있도록 하고, 중소기업에 대해서는 별도의 지원을 제공하는 등 중소기업의 의무와 필요에 맞춘 지원 등을 하도록 함(안 제16조).

라. 인권 및 환경을 존중하는 기업활동에 대한 주요 사항의 조정 및 인권환경실사와 관련된 분쟁의 해결을 위하여 인권환경기

업위원회(이하 "위원회")설치 규정을 둠(안 제17조).

마. 위원회가 기업에게 기업이 이 법에 위반되는 행위를 하거나 이 법에 따른 의무를 이행하지 아니하는 경우 시정명령을 하기 전에 시정권고 및 시정명령을 할 수 있는 근거 규정을 마련(안 제28조 및 제29조).

바. 위원회가 외국 또는 외국의 일부 지역을 분쟁·고위험지역으로 지정하거나 지정된 분쟁·고위험지역의 지정해제를 할 수 있는 절차규정을 마련함(안 제33조 및 제34조).

사. 인권 또는 환경 침해가 발생한 경우 손해를 입은 피해자 지원과 분쟁해결의 실효성을 높이기 위해 인권환경침해피해자지원기금 설치 규정을 둠(안 제35조).

아. 확정된 시정명령을 이행하지 아니한 자 등에 대하여 벌칙규정을 둠(안 제42조).

자. 이사회에 기업의 인권환경실사 이행에 관한 계획을 보고하지 아니한 자 등에 대하여 과태료 처분 근거 규정을 마련함(안 제44조).

◘ 환경·사회·지배구조 경영 촉진법안(이원욱 의원 등 25인)

① 제안이유

최근 지속가능한 기업 운영과 가치 실현을 위해 기업의 사회 환경적 활동까지 고려하여 기업 성과를 측정하는 환경 · 사회 · 지배구조(Environmental, Social and Governance, ESG)가 확산되고 있음. 이는 세계적 추세이며, 기업 성장의 가장 중요한 요소로 자리 잡고 있음. 이에 정부는 관련 정책을 세워 기업이 중장기적 전략과 운영에 반영할 수 있도록 적극 지원할 책무를 지니고 있음.

예를 들어 EU는 탄소국경제도와 기업 공급망실사법 등을 마련, 구체적 교역과정에서 시행할 예정이며, 애플과 구글 등 글로벌기업은 공급망에서 우리 기업에 재생에너지 사용 등을 요구하는 등 비재무적 성과지표인 ESG적 요소는 교역에서 가장 중요하게 부각되고 있음.

이에 세계 최초의 환경 사회 지배구조 경영촉진법을 제정, 기업의 지속가능한 기반을 구축하여 국민의 삶의 질 향상과 국민경제에 기여할 수 있도록 하고자 함. 규제가 아닌 기업의 순조로운 ESG체제로 전환할 수 있도록 기본계획을 세우고, 금융기관 등의 업무를 정하는 등 실효적 기반을 마련하고자 함.

② 주요내용

가. 이 법은 기업의 환경·사회·지배구조 경영을 촉진하여 기업의 지속가능한 기반을 구축하고 국민의 삶의 질 향상과 국민경제에 이바지함을 목적으로 함(안 제1조).

나. 환경·사회·지배구조 경영 및 투자 촉진을 위한 국가 및 지방자치단체, 기업, 금융기관의 책무를 규정함(안 제3조).

다. 정부는 환경·사회·지배구조 경영촉진 기본계획을 5년마다 수립·추진하여야 함(안 제4조).

라. 국무총리 소속으로 환경·사회·지배구조 경영촉진위원회를 두어 주요정책 및 계획을 심의하도록 함(안 제6조).

마. 정부는 기본계획 및 시행계획을 수립·시행하기 위해 환경·사회·지배구조 경영에 대한 실태조사를 실시하고, 결과를 공표하여야 함(안 제7조).

바. 정부는 환경·사회·지배구조 경영과 관련된 금융위험을 최소화할 수 있는 감독시책을 마련하여 시행해야 함(안 제9조).

사. 국민연금기금, 사립학교교직원 연금기금, 군인연금기금, 공무원연금기금 등이 환경·사회·지배구조 경영에 적극적인 기업에 우선투자를 할 수 있음(안 제13조).

아. 일정 매출액 이상인 기업은 검증기관의 검증을 받아 환경·사회·지배구조 경영 내용을 공시하여야 함(안 제14조).

자. 정부는 환경·사회·지배구조 경영공시기준을 정하여 고시함(안 제16조).

차. 기업의 환경·사회·지배구조 경영공시를 검증하려는 검증기관은 기획재정부장관에게 등록하여야 함(안 제19조).

카. 평가기관은 공시기업이 수행한 환경·사회·지배구조 경영공시를 평가하고 이를 공개할 수 있음(안 제28조).

타. 정부는 환경·사회·지배구조 경영 촉진을 효율적으로 추진하기 위하여 자발적 공시선언기업 등에 대한 지원을 할 수 있음(안 제31조).

파. 정부는 환경·사회·지배구조 경영을 중소기업에 확산하고, 대응력을 높이기 위하여 대기업과 중소기업 간의 필요한 기술·정보 등의 교류 및 협력 촉진 방안을 수립하여 시행할 수 있음(안 제36조).

하. 정부는 자발적 공시선언을 통하여 환경·사회·지배구조 경영을 수행하는 중소기업, 벤처기업, 중견기업의 성장을 지원할 수 있음(안 제38조).

거. 정부는 공급망체계에서 발생할 수 있는 환경·사회·지배구조 관련 위험요소를 미리 파악하고 선제적으로 대응하기 위한 조기 경보시스템을 운영 및 관리할 수 있음(안 제40조).

너. 정부는 기업경영에 환경·사회·지배구조 요소를 소비문화에 반영될 수 있도록 시책을 수립 및 시행하여야 함(안 제42조).

더. 정부는 환경·사회·지배구조 경영촉진을 위하여 필요한 기술, 인력, 확산동향 등 필요한 정보를 제공하고 관리하는 종합정보관리시스템을 구축·운영할 수 있음(안 제47조).

러. 정부는 환경·사회·지배구조 경영촉진에 필요한 사업을 효율적, 체계적으로 추진하기 위하여 관련 기관 등을 환경 · 사회 · 지배구조 경영촉진센터로 지정할 수 있음(안 제48조).

머. 정부는 감독을 위하여 필요한 경우에는 센터, 검증기관 및 평가기관에 대하여 업무보고 또는 자료제출을 명할 수 있음(안 제49조).

버. 정부는 환경·사회·지배구조 경영 관련 위장방지를 위하여 필요한 조사를 실시 할 수 있음(안 제50조).

〈표 4-10〉 ESG 관련 주요 법안 목록(기준: 2021.8)

ESG	세부 항목	주요 내용	주요 법안
환경(E)	기후변화(Climate Change)	탄소발자국(Carbon footprint)	기후위기 대응 녹색금융촉진 특별법안(1개) 중소기업 탈탄소경영 혁신촉진 특별법안(1개) 탄소세 법안(1개) 한국수출입은행법 일부개정법률안(1개) 한국산업은행법 일부개정법률안(1개) 무역보험법 일부개정법률안(1개)
	천연자원(Natural Resources)	에너지 효율(Energy Efficiency) 토지 사용(Usage of land)	대기관리권역의 대기환경개선 특별법안(1개) 토양환경보전법 일부개정법률안(1개)
	환경오염·폐기물(Pollution and Waste)	폐기물 관리(Hazardous materials management)	자원순환기본법 전부개정법률안(1개) 전기전자제품 자원순환법 일부개정안(1개) 해양폐기물관리법 일부개정법률안(1개)
	기회와 정책(Opportunities & Policy)	재생에너지(Renewable energy) 청정에너지(Clean energy)	저탄소 청정에너지 이용촉진지원법안(1개) 분산에너지 활성화 특별법안(1개) 신재생에너지 이용보급촉진법 일부개정안(1개)
사회(S)	인적자본(Human Capital)	노동관행(Labor practices) 근무환경·안전(Workplace safety)	산업안전보건법 일부개정 법률안(21개) 남녀고용평등법 일부개정 법률안(10개) 근로기준법 일부개정 법률안(7개)
	생산책임(Product Responsibility)	생산품 안전(Product safety) 고객 정보보호(Customer privacy)	생활화학제품 안전관리법 일부개정법률안(2개) 개인정보보호법 일부개정법률안(3개) 전자상거래법 일부개정법률안(2개) 중대재해처벌법 일부개정법률안(1개)

<table>
<tr><td></td><td>관계
(Relations)</td><td>사회적 투자
(Social investment)</td><td>조세특례제한법 일부개정법률안(11개)
국가재정법 일부개정법률안(2개)
공공기관 운영법, 지방회계법, 국민연금법
조달사업법 일부개정법률안 각 1개(4개)
예금자보호법, 우체국 예금보호법, 농림수산
업자 신용보증법 일부개정법률안 각 1개(3개)
신용보증기금법, 공적자금상환기금법,
한국주택금융공사법, 농어가목돈마련저축법
보훈기금법 일부개정법률안 각 1개(5개)</td></tr>
<tr><td rowspan="3">지배
구조
(G)</td><td rowspan="2">기업 지배구조
(Corporate Governance)</td><td>이사회 구성
(Board structure)</td><td rowspan="2">상법 일부개정법률안(3개)
자본시장법 일부개정법률안(1개)</td></tr>
<tr><td>정보공시
(Disclosure)</td></tr>
<tr><td>기업행위
(Corporate behavior)</td><td>경쟁행위
(Competitive behavior)</td><td>공정거래법 일부개정법률안(8개)</td></tr>
</table>

출처: 기후변화경제, https://thecce.kr/1704(검색일: 2023.8.11.) 재인용: 최나영환 외 (2022), pp. 15-16.

4 ESG 평가와 공시

1) ESG 평가

ESG 평가는 ESG 요소에 관하여 기업이 어떻게 반영하고 실현하고 있는지를 객관적으로 판단하는 것을 의미한다. ESG 평가의 핵심은 결국 평가 대상 기업이 ESG 요소를 잘 반영하고 있는지를 어떠한 정보를 어떠한 기준에 따라 평가하느냐 하는 것이다.

많은 투자자들은 ESG 투자를 할 때 투자대상 기업이 ESG 이슈에 어떻게 대처하고 있는지 파악하기 위한 정보로 ESG 평가(직접 평가할 수도 있고, 평가기관의 결과를 활용할 수도 있다)의 결과(점수 혹은 등급)를 참고한다. ESG 평가결과를 보고 투자기업의 ESG 대책과 효과를 쉽게 파악할 수 있기 때문이다.

ESG에 대한 평가는 국내·외 많은 기관들에 의해서 수행되고 있는데, 가장 대표적인 기관으로는 국제적으로 널리 알려진 모건스탠리의 MSCI, 과거 톰슨로이터의 자회사였던 Refinitiv, S&P 글로벌 등이며, 국내 기관으로는 한국ESG기준원, 대신경제연구소, 서스틴베스트가 대표적이며, 각 평가기관마다 정도의 차이는 있지만 대체로 평가하는 방법은 유사하다.

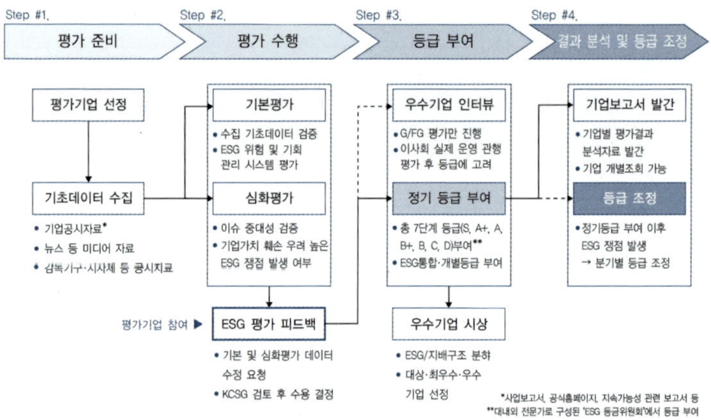

[그림 4-9] ESG 평가절차

출처: KCGS

평가절차는 평가 준비, 평가 수행, 등급 부여, 결과 분석 및 등급 조정 이렇게 총 4가지 단계로 진행된다. 먼저 지속가능성 보고서의 내용을 기반으로 기본정보를 평가하고 기업 측에 자료나 설문지 등을 요청하고 경우에 따라서는 직접 만나서 심층면접 등을 수행하며, 이러한 평가 방식은 평가기관의 요청에 기업이 대응하는 식이기 때문에 기업이 얼마나 대응을 잘하느냐에 따라 평가결과가 달라지기도 한다.

ESG 평가사의 요약보고서는 [그림 4-10]과 같다.

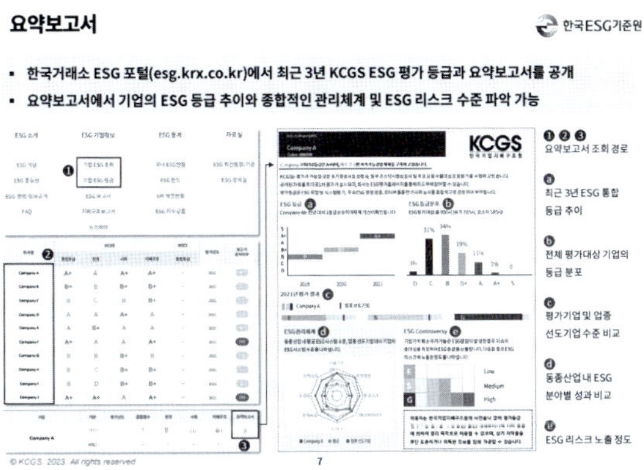

[그림 4-10] ESG 요약보고서

출처: KCGS

2) ESG 평가기준

(1) 산업분류

지속가능성회계기준위원회(SASB)와 모건스탠리캐피털인터내셔널(MSCI), 서스틴베스트 및 한국ESG기준원 등의 산업분류는 다음과 같다.

○ 지속가능성회계기준위원회(SASB) Standards(2018년)

• 11개 산업군, 총 77개 세부 산업별 ESG 정보공개 지표 제시한다.

〈표 4-11〉 **산업분류**

구분	산업	내용
1	소비재 (Consumer Goods)	가정 및 개인용품, 대형 및 전문유통 및 배급, 전자상거래, 의류 · 액서서리 및 신발류, 건축품 및 가구, 가전제품 제도, 완구류 및 스포츠용품 등
2	채광 및 광물가공 (Extractives & Minerals Processing)	석유 및 가스 탐사 및 생산, 석유 및 가스 중류, 석유 및 가스 정제 및 판매, 석유 및 가스서비스, 석탄사업, 철강제조, 금속 및 채광, 건축자재 등
3	금융(Financials)	상업은행, 투자은행 및 중개, 자산관리 및 보관활동, 소비자 금융, 모기지 금융, 증권 및 상품거래, 보험 등
4	식음료 (Food & Beverage)	농산물, 육류 · 가금류 및 유제품, 가공식품, 비알콜음료, 알콜음료, 담배, 식품유동 및 배급, 식당 등
5	기반시설 (Infrastructure)	전력 및 발전, 가스 유틸리티 및 유통, 수장원 유틸리티 및 서비스, 폐기물관리, 엔지니어링 및 건축 서비스, 주택건설, 부동산, 부동산 서비스 등
6	자원변환(Resource Transformation)	화학, 우주항공 및 국방, 전기 및 전자장비, 산업기계 및 제품, 용기 및 포장 등
7	서비스 (Services)	교육, 전문 및 상업 서비스, 호텔 및 숙박, 카지노 및 게임, 레저시설, 광고 및 엔터테인먼트, 미디어 제직 및 배급 등
8	기술 및 커뮤니케이션 (Technology & Communications)	제조 전문서비스업(EMS), 소프트웨어 및 IT 서비스, 하드웨어, 반도체, 통신서비스, 인터넷 미디어 및 서비스 등
9	운송 (Transportation)	자동차, 자동차 부품, 차량 렌트 및 리스, 항공, 항공 운송 및 물류, 해상 운송, 철도 운송, 도로 운송, 크루즈선 등
10	헬스케어 (Healthcare)	바이오기술 및 제약, 의료장비 및 의약품, 헬스케어 제공, 헬스케어 유통, 관리형 의료, 약품 유통 등
11	재생가능자원 및 대체에너지	바이오연료, 태양에너지 및 프로젝트 개발자, 풍력 에너지 및 프로젝트 개발자, 연료전지 및 공업용 전지, 임업경영, 펄프 및 종이제품 등

출처: SASB(지속가능회계기준위원회) Standards(2018년)

• 지속가능성 이슈

ESG 정보공개 주제는 지배구조 분야 7개, 사업모델 4개, 환경 자본 7개, 사회 자본 6개, 인적 자원 6개 주제로 구성된다.

〈표 4-12〉 **지속가능성 이슈**

구분	SASB Universe of Sustainability Issues	SASB 지속 가능성 이슈 유니버스
Environment	GHG emissions	온실가스 배출
	Air quality	공기 질
	Energy management	에너지 관리
	Fuel management	연료 관리
	Water and wastewater management	물, 수 처리
	Waste and hazardous materials Management	폐기물 및 유해물질 관리
	Biodiversity impacts	생물 다양성 영향
Social capital	Human rights and community relations	인권 및 지역사회 관계
	Access and affordability	접근성 및 적정가격
	Customer welfare	고객 편익
	Data security and customer privacy	데이터 보안 및 고객 프라이버시
	Fair disclosure and labeling	공정한 공개 및 라벨링
	Fair marketing and advertising	공정한 마케팅 및 광고
Human capital	Labor relations	노사관계
	Fair labor practices	공정한 노사관행
	Diversity and inclusion	다양성 및 포용성
	Employee health, safety, and wellbeing	직원 건강, 안전, 복지
	Compensation and benefits	보상 및 복리후생
	Recruitment, development, and retention	채용, 인력 개발, 유지
Business model and innovation	Lifecycle impacts of products and services	재화와 용역 수명주기 영향
	Environmental and social impacts on	자산, 영업에 미치는 환경, 사회 영향

	assets and operations	
	Product packaging	제품 포장
	Product quality and safety	제품 품질 및 안정성
Leadership and governance	Systemic risk management	체계적 위험 관리
	Accident and safety management	사고 및 안전성 관리
	Business ethics and transparency of payments	사업 윤리 및 지급 투명성
	Competitive behavior	경쟁적 행위
	Regulatory capture and political influence	규제포획 및 정치적 영향력
	Materials sourcing	자제 조달
	Supply chain management	공급 망 관리

출처: SASB(지속가능회계기준위원회) Standards(2018년)

• SASB 산업별 중대성 지도(Materiality map)

각 이슈들이 해당 산업군 내 산업의 50% 이상에 중요한 이슈가 될 가능성이 있는지, 50% 이하에 중요한 이슈가 될 가능성이 있는지, 또는 산업군 내 어느 산업에도 중요한 이슈가 될 가능성이 없는지를 검토하여, 사업 내 다른 기업과 비교 가능한 방식으로 데이터를 공개하도록 하고 있다.

모건스탠리캐피털인터내셔널(Morgan Stanley Capital International: MSCI)

〈표 4-13〉 산업분류

구분	업종	E	S	G
1	IT			
2	금융			
3	산업재			
4	경기관련 소비재			
5	커뮤니케이션 서비스			
6	필수 소비재			
7	소재			
8	건강관리(헬스케어)			
9	유틸리티			
10	에너지			

출처: MSCI ESG Rating(우리금융경영연구소, Industry Watch 2021-1,2021-2)

서스틴베스트

〈표 4-14〉 산업분류

(단위: %)

구분	섹터	E	S	G
1	유틸리티	25	35	40
2	통신서비스	15	35	50
3	반도체 및 반도체장비	25	35	40
4	하드웨어 및 IT장비	25	35	40
5	소프트웨어 및 IT.서비스	5	40	55
6	보험	5	40	55
7	다각화된 금융	5	40	55
8	은행	5	40	55
9	제약, 생명공학 및 생명과학	15	35	50

10	건강관리 서비스 및 장비	15	35	50
11	가정 및 개인용품	25	35	45
12	음식료 담배	25	35	45
13	음식료 소매	25	35	45
14	소매	15	35	50
15	미디어와 엔터테인먼트	5	40	55
16	소비자 서비스	5	40	55
17	내구소비재 및 의류	5	40	55
18	자동차 및 부품	25	35	45
19	자본재	25	35	45
20	소재	25	35	45
21	에너지	25	35	45

출처: 서스틴베스트

한국ESG기준원

- ESG 평가 가중치 설정(환경: 15~30%, 사회: 25%, 지배구조: 45~60%)
- 분류체계: 환경산업 분류체계(21개), 사회산업 분류체계(28개), 지배구조 분류체계(9개), 금융사지배구조 분류체계(7개)

(2) 평가지표

K-ESG 가이드라인

정보공시(Public), 환경(Environmental), 사회(Social), 지배구조(Governance) 등 4개 영역, 61개 항목을 통해 기업들이 ESG경영 수준을 자체적으로 점검하며, 중견·중소기업의 경우 4개 영역, 27개 항목을 선별해서 활용한다.

- 정보공시 영역: 5개 항목, 정보공시의 형식, 내용 그리고 검증과 관련한 내용
- 환경 영역: 17개 항목, 환경경영 목표 및 추진체계, 온실가스 배출, 용수 및 에너지 사용, 폐기물 및 오염물질 배출, 환경관련 법규 위반 등
- 사회 영역: 22개 항목, 노동, 다양성 및 양성평등, 산업안전, 인권, 동반성장, 지역사회 등
- 지배구조 영역: 17개 항목, 이사회 구성과 활동, 주주권리, 윤리경영, 감사기구 등

〈표 4-15〉 **평가지표**

대분류	분류	내용
정보공시 (5개 문항)	정보공시	ESG경영 정보공개 방식, 사업장 범위, 목표
환경(E) (14개 문항)	환경경영 정책	환경정책 및 조직, 기후변화 대응 등
	환경경영 성과	친환경 비즈니스, 폐기물 배출량·재활용률 등 환경경영 성과, 이해관계자 소통 등
	환경경영 검증	협력업체 환경경영 지원 등
	법규준수	환경 법규 위반
사회(S) (22개 문항)	사회책임경영 정책	사회책임경영 전략 및 목표 등
	임직원	임직원 다양성, 채용 등
	인적자원관리	임직원 교육, 역량 개발 등
	근로환경	사업장 안전관련 사항 등
	인권	인권정책, 교육 등
	협력사	공급망, 동반성장 관련 성과 등
	지역사회	지역사회 사회공헌 참여 및 활동 등

	정보보호	개인정보보호 현황 등
	법규준수	사회 부문 법규 위반
지배구조(G) (20개 문항)	이사회	이사회 다양성, 활동 등
	주주	주주권리, 배당 등
	소유구조	소유구조 등
	윤리경영 및 반부패	윤리경영 및 반부패, 준법 현황 등
	감사	감사기구 관련 등
	법규준수	지배구조 법규 위반

출처: K-ESG 가이드라인

○ 한국ESG기준원

〈표 4-16〉 **평가지표**

구분	대분류	중분류
환경(E)	리더십과 거버넌스	거버넌스, 전략 및 목표, 환경경영내재화
	위험관리	위험관리
	운영 및 성과	기후변화, 자원순환, 물/토양/생물다양성, 요염물질/화학물질, 친환경 공급망, 친환경 제품 및 서비스
	이해관계자 소통	이해관계자 대응, 환경정보 공개
사회(S)	리더십과 거버넌스	선략과 방침
	노동관행	공정하고 차별없는 고용, 일과 생활의 균형 지원, 건전한 노사관계 형성, 근로자 역량 개발 및 지원
	직장내 안전보건	안전보건 거버넌스, 안전보건 위험 관리
	인권	인권경영 거버넌스, 인권 위험 관리
	공정운영 관행	공정운영 거버넌스, 공정운영 위험 관리, 동반성장 기반 확립, 공급망 위험 관리
	지속가능한 소비	소비자 권익 보호 거버넌스, 소비자 권익 침해 위험관리, 소비자와의 소통, 적극적이고 효과적인 피해보상, 지속가능한 소비 진작
	정보보호 및	정보보호 및 개인정보보호 거버넌스, 정보보호 및 개

	개인정보보호	인정보보호 위험관리, 정보보호 투자, 정보 주체 권리 보장
	지역사회 참여 및 개발	지역사회 참여 거버넌스, 지역사회 위험관리, 지역사회 참여 성과 관리
	이해관계자 소통	사회책임경영 정보 공개
지배구조(G)	이사회 리더십	이사회 독립성, 이사회 다양성 및 전문성, 이사회 운영, 이사회 내 위원회 · 보상위원회, 이사회 내 위원회 · 사외이사후보추천위원회
	주주권 보호	주주의 권리, 주주환원, 소유구조
	감사	감사기구 구성, 감사기구 운영, 회계투명성, 내부통제 및 리스크관리
	이해관계자 소통	정보공개
금융사 지배 구조 (FG)	이사회	이사회의 역할과 책임, 이사의 역할과 책임, 이사회의 구성, 이사회의 운영, 임원(최고경영자 제외)의 선임
	주주권 보호	주주의 권리, 주주총회, 소유구조, 계열회사와의 거래
	최고경영자	
	보수	보수위원회, 보수체계
	위험관리	위험관리위원회, 위험관리
	감사기구 및 내부통제	감사기구 구성, 감사기구 운영, 내부통제
	이해관계자 소통	공시일반, 연차보고서 공시, 홈페이지 정보공개

출처: KCGS

MSCI 지표

MSCI는 세계 3대 투자은행(IB) 중 하나인 모건스탠리가 만든 글로벌 평가기관이며, 2009년부터 2021년 6월 기준 2,800여 개 기업에 대한 ESG 지수를 공개하고 있다.

점검 기준은 환경(13개), 사회(16개), 지배구조(6개) 등 분야별로 총 35개 기준으로 구성되며, 탄소배출량 · 친환경 기술 활용 여부

(환경), 화학물질 안전성 · 지역사회 관계 ·공급망에서의 근로 기준 준수 여부(사회), 이사회 구성 · 투명한 납세·소유권 분리(지배구조) 등이다.

평가 대상 기업의 핵심 비즈니스 모델이나 소속 산업의 특성을 고려해 중요 평가 기준 6~10개를 선정한 후 해당 기준을 중심으로 평가한다.

〈표 4-17〉 **MSCI 평가항목**

구분	항목	세부항목	내용
환경(E)	기후변화	탄소배출	운영 중 발생하는 탄소집약도와 기후 관련 위험 리스크관리
		제품 탄소 발자국	제품의 탄소집약도와 밸류체인 전 과정에서 발생하는 탄소 저장
		친환경 금융	대출자산의 탄소배출 리스크 관리, 친환경 녹색산업 성장에 필요한 금융지원
		기후변화 취약성	보허모히사의 경우 기후변화가 피보험 자산 보험자에게 미치는 물리적 위험을 평가
	천연자원	물 부족	작업 중 물 집약도, 물 부족 등 물 관련 위험 기회 관리
		원자재 채굴	제품 원자재의 환경 오염 수준, 공급망 추적 가능성, 환경인증 확보
		생물 다양성 토지 이용	작업장소 내 생물의 다양성을 유지하고 환경에 미치는 영향을 관리
	오염 폐기물	독성물질 배출	발생 가능한 독성 발암물질 매출 수준과 환경 관리시스템 구축 여부를 평가
		전자 폐기물	잠재적 전자 폐기물 생산 가능성, 폐제품 수거 및 재활용 노력
		포장재 폐기물	폐기물 관리 및 포장 규정 준수, 포장재 환경오염 피해 감축 노력

	환경적 기회	청정기술 개발	청정기술 개발 역량 계획, 청정기술 기반 발생 수익 규모
		신재생에너지 활용	재생에너지 발전용량, 관련 네트워크 확장
사회(S)	인적자원	인적자원개발	고도로 숙련된 인력 유치 및 개발 능력
		보건 · 안전	작업장 안전 관리 및 작업장 안전 표준 준수 여부
		공급망 노동력 관리 규정	공급망 관리 투명성, 공급업체 작업 표준 준수 평가
	제품 책임	제품안전 품질	리콜, 제품 불량가능성, 공급망 관리 능력, 조달 시스템, 품질관리 노력을 평가
		개인정보 데이터 보안	개인정보보보 규정 준수, 잠재적 침해여부, 개인정보보호시스템 구축
		화학적 안전성	제품 내 유해물질 존재 가능성, 관련규정 반영, 대체물질 개발 노력
		책임투자	기업의 자산관리 시 환경, 사회 및 거버넌스 요소 고려 여부를 평가
		금융소비자 보호	비윤리적 대출 관행, 불공정영업행위 방지를 위한 스튜어트십, 투명성 평가
	이해관계자 상충	분쟁지역 조달	분쟁지역에서 조달되는 원자재 의존도, 구매량, 추적 가능성, 인증 확보 노력
		지역사회 관계 관리	지역사회 갈등과 인권에 대한 정책 수립, 지역사회 대상 이익배분 노력
	기회균등	통신접근성	개발도상국, 서비스 소외지역 대상 통신서비스 확장 노력
		금융접근성	소기업 대출, 혁신금융 등 기존 금융서비스가 미진한 영역을 대상으로 서비스를 확대
		헬스케어 접근성	의료 제품 서비스 공정가격 책정, 개도국 서비스 소외 지역 서비스 확장 노력
		영향 및 건강 측면 기회	식품의 표준영양성분 함유량 준수, 영양 성분 개선 제품 개발 노력
지배구조	기업지배구조		기업소유권, 이사회 독립성 투명성, 보상 회계

(G)		관행, 투자자에 미치는 영향
	기업 행동	부패관행, 자금 세탁 또는 반독점 위반과 같은 기업윤리 문제의 감독 관리 역량과 과세 투명성

출처: 한경ESG, MSCI, 공개 정보 바탕 위기 대응 평가…업종·핵심사업 따라 중점 항목 달라(2021.7.12.), 우리금융경영연구소(2022)

국제적인 UN PRI에서 활용하고 있는 평가 지표는 다음과 같으며, 많은 글로벌 금융기관들이 채택하여 사용하고 있다.

〈표 4-18〉 **국제평가지표**

〈환경(E)〉
3. 환경 301 원재료 302 에너지 303 물과 폐수 304 생물 다양성 305 대기로의 배출 306 폐수 및 폐기물 307 환경 준수 308 공급업체의 환경적 평가
〈사회(S)〉
2. 경제 202 시장의 존재 204 조달 관행 205 반부패 206 반경쟁 행위 4. 사회 401 고용 402 노사관계 403 산업안전 · 보건 404 연수와 교육 405 다양성과 기회 균등 406 차별금지 407 결사의 자유와 단체교섭

408 아동노동 409 강제노동 410 보안 관행 411 원주민의 권리 412 인권 평가 413 지역 커뮤니티 414 공급업체에 대한 사회적 평가 415 공공정책 416 고객의 안전·보건 417 마케팅 및 라벨링 418 고객 개인정보 보호
〈G(지배구조)〉
102. 일반 공개사항 4. 지배구조 102-18 지배구조 102-19 권한 위임 102-20 경제, 환경 및 사회 항목에 대한 임원 수준의 책임 102-21 경제, 환경 및 사회 항목에 관한 이해관계자와의 협의 102-22 최고 지배기관 및 위원회 구성 102-23 최고 지배기관의 의장 102-24 최고 지배기관의 지명 및 선출 102-25 이해상충 102-26 목적, 가치, 전략 설정의 최고 지배기관의 역할 102-27 최고 지배기관의 집단적 지식 102-28 최고 지배기관의 능력 평가 102-29 경제, 환경 및 사회에 미치는 영향의 특정과 관리 102-30 위험 관리 과정의 효과 102-31 경제, 환경 및 사회 항목의 검토 102-32 지속가능성 보고 관련 최고 지배기관의 역할 102-33 중요한 관심사에 대한 소통 102-34 중요한 관심사의 성격과 총수(総数) 102-35 보상 정책 102-36 보상 결정 과정 102-37 보수에 관한 이해관계자 참여 102-38 연간 보수 총액의 비율 102-39 연간 보수 총액 비율의 증가율

출처: UN PRI

3) ESG 자가진단 테스트

○ 대신경제연구소

대신경제연구소는 기업의 ESG 수준을 진단할 수 있는 자가진단 서비스를 제공한다. 귀사의 ESG에 대한 현재 수준을 진단하여 ESG 역량을 제고하고 개선할 수 있도록 개발되었다. 자가진단을 통해 ESG경영을 위한 기본적인 요건들을 확인할 수 있다.

① 자가진단 방법 및 진행절차

본 진단항목을 통한 자가진단 결과는 귀사의 현재 ESG수준을 객관적으로 평가하고 항목에 대해 점검하는 것이 목적이다. 따라서 응답 시 사실에 근거해 답변해 주시고, 진단 점수의 상승을 위한 주관적 답변은 지양하기를 권고한다.

② 기본정보 입력

기본정보를 입력하여야 한다.

③ 자가진단

기업의 자가진단은 ESG 대응, ESG 인식 및 ESG 공시의 단계로 진단하고 있다.

〈표 4-19〉 **대신경제연구소 자가진단표**

범주	질문	그렇지 않다	보통이다	그렇다
ESG 대응	우리 회사의 CEO 및 경영진은 ESG경영의 실천 의지를 대내외에 표명하고 있다.			
	우리 회사는 ESG 비전과 목표를 설정하고, 핵심성과지표를 관리하고 있다.			
	우리 회사는 ESG경영을 실현하기 위한 전담조직을 운영하고 있다.			
	우리 회사는 직·간접적으로 발생되는 부정적인 환경 및 사회 영향을 관리하고 최소화하기 위해 리스크를 관리하고 있다.			
	우리 회사는 ESG 관련 법규 및 규제를 알고 이를 준수하고 있다.			
	우리 회사는 기업 내외부의 현황을 반영한 ESG 실행 이슈의 우선순위를 가지고 있다.			
	우리 회사는 시기(단기, 중기, 장기)를 고려한 단계별 ESG 로드맵을 가지고 있다.			
ESG 인식	우리 회사는 임직원을 대상으로 ESG 개념 및 필요성, 자사 ESG체계 등에 대한 교육을 실시하고 있다.			
	우리 회사는 ESG의 중요성 및 필요성에 대해 전년과 대비하여 향상된 인식 수준을 보이고 있다.			
ESG 공시	우리 회사는 ESG관련 원칙, 이니셔티브, 체계 및 가이드라인, 평가 기준* 등을 준수하여 ESG 체계 및 성과를 공시하고 있다.			

*글로벌 스탠다드 (GRI, TCFD, SASB 등), 산업통상자원부의 K-ESG 가이드라인 등

출처: 대신경제연구소

④ 결과

> 귀사의 ESG체계는 우수한 수준에 도달해 있습니다.
> 향후 ESG 체계를 고도화하고 체계적인 프로세스 및 시스템을 통해 리스크를 줄여 나가며 지속적으로 성과를 모니터링하여야 합니다.
> 비즈니스가 경제 및 사회에 대한 가치와 신뢰를 구축하는 방법에 대한 고민을 하십시오.

4) ESG 공시

공시규제는 정보 비대칭이 존재하는 자본시장에서 증권의 가치를 결정하는 데 필요한 정보를 투자자들에게 제공하여 자신의 판단과 책임하에 적정한 투자의사 결정을 할 수 있게 하는 데 목적을 두고 있다.

우리나라의 ESG 정보공시는 1단계인 2025년까지 ESG 정보공개를 위한 지침을 마련하고 ESG 자율공시를 활성화하며, 2단계에서는 2025년부터 일정 규모 이상의 코스피 상장사들은 ESG 정보를 의무적으로 공시하여야 하며, 3단계인 2030년부터는 코스피 상장사 전체를 대상으로 공시가 의무화될 예정이다.

구분	'19	'20	'21	'22	'23	'24	'25	'26	'27	'28	'29	'30
지배구조보고서 (거래소)	2조 이상			1조 이상		5천억 이상		전체				
환경정보 공개 (환경부)			2조 이상				5천억 이상					전체
지속가능보고서 (거래소)							2조 이상					전체

*코스피 상장회사 기준

[그림 4-11] **자산규모별 ESG정보 공개 의무 일정**

출처: 고진경, 상장협 "선제적 ESG 공시 의무화 도입 반대" 매일경제TV(2021.08.23.)

2021년 1월 18일 공개된 한국거래소의 ESG 가이던스에서는 ESG 개념, 정보공개 원칙, 보고서 작성 및 공개 절차에 대한 해설과 함께 주요 정보공개 표준과 정보공개를 위한 권고 지표를 제공하고 있으며, 이 지표에는 12개의 항목과 21개의 세부 지표가 포함되어 있다.

(1) 보고서 명칭

ESG 보고서의 명칭은 대동소이하나 '지속가능성 보고서'라는 명칭을 사용하며, 재무보고의 경우 사업보고서(연차, 반기, 분기 보고서)라는 커다란 틀 안에 재무제표 등 여러 가지 정형화된 정보들이 보고된다.

사업보고서라고 하는 의무보고와 비교하면 ESG 보고는 아직까지 자율보고사항이며 그 양식과 명칭 또한 보고 주체별로 다소 상이한 부분이 있지만, 최근 국내 대기업의 ESG 보고서를 보면 그 양식이 점차 정형화된 틀을 갖추고 있는 것으로 보이며 기업별로 매우 유사하게 형태를 보이고 있고 이는 2025년 시행 예정인 지속가능성 보고서의 공시의무화에 앞서 기업들이 선제적으로 맞추어가고 있다.

[그림 4-12] **ESG 보고서**

출처: 대한항공

(2) 보고 기준

지속가능성 보고서의 보고기준은 국제기준인 GRI 표준이 대표적이라고 볼 수 있으며, 국내외 거의 모든 기업들이 GRI 표준을 지속가능성 보고서 작성기준으로 적용하고 있으므로 유일한 기준이라고도 볼 수 있다.

(3) 인증 여부

인증 또는 검증은 지속가능성 보고서의 내용이 그 작성기준인 GRI에 부합하는지를 외부전문가가 평가하고 검증에 대한 의견을 제시하는 것이며, 이는 재무보고의 외부회계감사의 기능과 유사하다.

(4) 외부평가

지속가능성에 대한 외부평가는 사실 지속가능성보고서 자체에 대한 평가는 아니고 기업의 지속가능성에 대한 여러 가지의 평가항목에 대해서 전문적인 외부기관이 평가를 하는 것이다.

5) 글로벌 공시규제

2023년 6월 26일 ISSB가 ESG 공시기준을 최종 발표했으며, 도입 여부는 각국 자율 선택 사항이며, 우리나라는 금융위원회 주도로 설립된 한국지속가능성기준위원회(KSSB)를 중심으로 연내 한국형 ESG 공시기준안을 마련할 예정이다.

사업보고서 내 ESG 통합공시는 '27년 자산 2조원 이상 코스피 상장사부터 단계적으로 의무화할 것으로 예상된다. 사업보고서는 자본시장법에 근거하여 공시하므로, 통합공시를 하는 경우 법정 공시가 되면서 공시 내용에 따른 손해배상 등 기업이 법적 책임을 져야 한다. 금융위원회는 ESG 공시와 관련하여 가급적 기업에 부담을 주지 않는 방향으로 시행하겠다는 입장을 견지하고 있다.

'25년부터 KSSB의 간소화 기준을 따른 거래소 시장공시를 하되, '27년부터는 KSSB의 일반 기준에 따른 법정공시로 전환할 예정이다.

자산 2조 원 이상 코스피 상장사는 '27년부터 사업보고서 통합 ESG 공시가 예상되나, 국내 수출 대기업은 이미 글로벌 투자자들로부터 ISSB나 다른 글로벌 기준에 준하는 ESG 공시를 하라는 압박을 받고 있고, 향후 더 심해질 수 있다.

국내 도입 시기와 별개로 보다 빠르게 사업보고서 통합 ESG 공시 순비를 시작해야 할 것으로 판단된다.

			(1단계) 거래소 공시			(2단계) 법정 공시				
적용대상	상장시장	자산 규모	'25	'26	'27	'28	'29	'30	'31	'32
	유가증권	2조원 이상	거래소		법정					
		1조원 이상			거래소		법정			
		5천억원 이상					거래소		법정	
		5천억원 미만						거래소		법정
	코스닥	5천억원 이상					거래소		법정	
		5천억원 미만				자율				

	(1단계) 거래소 공시	(2단계) 법정 공시
공시기준	▪ KSSB 간소화 기준	▪ KSSB 일반 기준
공시시기	▪ 사업보고서 제출일 기준 5개월 이내 (8/15)	▪ 사업보고서 제출일 기준 5가울 이내 (8/15)
제3자 인증	▪ 처한적 인증 의무화	▪ 제한적 인증 으무화

[그림 4-13] 국내 ESG개선방안

출처: 국내 ESG 공시제도 개선방안(자본시장연구원, 이상호 연구위원, 23.5.12)

Chapter

05

ESG 금융 및 투자

Environmental, Social and Governance

1 ESG 금융

세계 최대 자산 운용사인 블랙 록(Black Rock)의 래리 핑크(Larry Fink) 최고경영자(CEO)가 2020년 기업 CEO들에게 보낸 서신에서 ESG가 오늘날 투자 지표가 되는 이유를 요약해서 설명하였다. 핑크는 "이미 보았듯이 기후 위기가 발생하는데 비즈니스 리스크와 기후 위기를 떼어놓고 생각할 수 없다"라고 말했고, 그는 한편으로 실제 기준이나 ESG 매트릭스 정보공시 없이 투자액을 바탕으로 주가를 매기는 것은 어렵다고 덧붙였다. 운용자산이 7조 달러에 이르는 블랙 록 같은 기업의 행보를 통해, 기업들은 투자 결정 시 ESG에 투자하는 비용과 투자하지 않았을 때의 비용을 책정하는 방법을 알아내려고 애쓰고 있다.

코로나19 및 경기침체에도 불구하고 ESG에 대한 사회적 관심은 최근 5년 사이에 급격하게 증가하여 금융권은 ESG 펀드 자금으로 ESG를 잘하는 기업에 투자하고 기업은 ESG 채권을 발행하여 사업자금을 조달하여, 2021년 기준 신흥시장 ESG 채권 발행은 2020년 대비 3배 증가하였다.

기업들의 돈줄을 쥐고 있는 ESG 금융을 통하여 모든 투자 및 대출 프로세스에 ESG 평가가 반영이 되는 간접적인 규제형태로 인하여 실질적으로 기업들의 ESG경영이 활성화되고 있다. 현재 모든 금융 및 투자 심사 절차에는 투자대상에 대한 ESG 평가가 이루어지고 있다고 보면 된다.

2 ESG 투자

1) 정의

ESG 투자는 기업의 기업활동에 ESG 가치를 반영하고 평가함으로써 비재무적인 부분에 성과를 달성하거나 달성할 목적으로 ESG경영을 하여 장기투자자들을 모집하고, 기업에 대한 투자자들은 이러한 부분을 반영한 투자를 통하여 기업의 본질적 가치를 추구하여 투자위험을 줄이고, 비재무적 성과뿐만 아니라 전반적인 성과를 장기적으로 낼 수 있도록 하는 것이다.

ESG에 투자가 더해진 'ESG 투자'는 ESG 이슈를 투자 의사결정에 반영하는 것을 의미하며, ESG 요소의 기업 경영에의 반영을 통하여 어떻게 투자금 및 금융자본 활용에 이용할 것인지를 포함한다.

ESG 투자는 책임투자를 행함에 있어서 ESG에 맞는 구체적인 판단기준을 구체화하여 행해지는 투자이며, '책임투자'란 투자대상 기업의 재무적 가치뿐만 아니라, 환경보호 및 사회적 책임의 이행 정도 등을 고려하여 투자 대상을 선정하는 것을 의미한다.

[그림 5-1] **금융기관 ESG 투자**

출처: 김채연, 이상은(2021.5.2.). "기업 몸값 좌우" 스틱, 투자 全과정서 ESG 따진다, 한국경제

2) UN PRI

코피아난 前 유엔 사무총장이 2004년 세계 각국 금융회사에 지구 환경과 사회의 지속가능성을 위한 행동에 나서줄 것을 호소하면서 투자 결정 과정에서 ESG 가치를 비중 있게 다루어 달라고 요청하여, 2006년에 ESG 가치가 적용된 '유엔 책임투자 원칙(Principles for Responsible Investment, PRI)'이 정립되었다.

많은 기관 투자자가 여기에 동의하고 서명한 것이 책임투자의 확대 계기이며, 국제적으로 책임투자 흐름이 빨라지고 있다.

2021년 기준 3,826개 글로벌 투자기관이 PRI에 서명하였고, 그 운용자산은 121조 3천억 달러에 달하고 있다.

PRI 6가지 원칙은 이 원칙에 서명한 투자기관이 ESG 투자를 행하는 과정에서 수행해야 하는 절차적인 원칙을 보여주고 있다. 우선, ESG 요소를 투자에 대한 의사결정 과정에 포함하여 ESG 요소 즉 투자 대상 기업의 비재무적인 사항에 대한 판단을 의무적으로 하도록 하고 있다(제1원칙). 또한, 스튜어드십과 같은 수탁자 책임 원칙으로 대변되는 의결권을 행사하거나 투자 대상 기업에 대하여 ESG 요소가 투자 대상 기업에 반영되고 있는지 확인하거나, ESG 요소에 기반한 기업활동을 하도록 요구하는 의결권의 행사에 관한 정책과 활동에 포함하도록 하고 있다(제2원칙). 그리고 투자 대상 기업이 ESG 이슈에 대한 정보를 적절히 공개하도록 투자기관이 투자 대상 기업에 요구함으로써 기업의 비재무적 요소에 대한 투명성 확보를 추구하고 있다(제3원칙). 이러한 원칙들을 단순히 따르겠다고 서명하는 데 그치는 것이 아니라, 전체적인 투자산업에 수용과 실천을 하도록 요구하고 있다(제4원칙). ESG 요소의 투자산업에의 적절한 반영, 즉 ESG 투자가 효율적으로 이루어질 수 있도록 노력해야 하고(제5원칙), 이러한 진행 상황을 투자기관이 적절히 보고함으로써 투자 대상 기업에 ESG 이슈에 대한 정보공개를 요청하는 것에 더하여 ESG 투자에 관한 전반적인 진행 상황을 실천하고 있는지 검토할 수 있도록 하고 있다(제6원칙).

〈표 5-1〉 **유엔 책임투자원칙**

제1원칙: 우리는 ESG 이슈를 투자분석과 의사결정 과정에 통합한다.
제2원칙: 우리는 적극적인 소유주가 되어 ESG 이슈를 소유권 정책과 관행에 통합한다.
제3원칙: 우리는 투자하는 기업이 ESG 이슈에 대해 적절하게 공개하도록 추구한다.
제4원칙: 우리는 투자산업 내에서 원칙의 수용과 실천을 추진한다.
제5원칙: 우리는 원칙을 실행함에 있어 우리의 효율성을 높이기 위해 함께 노력한다.
제6원칙: 우리는 원칙을 실천함에 있어 우리의 활동과 진행 상황에 대하여 보고한다.

출처: PRI홈페이지(www.unpri.org)

3) ESG 채권

ESG 채권은 발행자가 채권 발행을 통해 조달한 자금을 환경, 사회 및 지속가능성 관련 사업에 중점적으로 사용하겠다고 투자자에게 확약하는 특수목적의 채권이다. 이것은 사회책임투자채권, Thematic채권, 사회공헌채권 등으로 부르기도 한다. 채권 발행기관은 발행대금을 환경, 사회 및 지속가능성에 기여하는 프로젝트에 확약하고 그 범위와 사업 선정 등을 미리 정할 수 있다.

국제자본시장협회(ICMA)는 지속가능금융(sustainable finance)에서 녹색채권(green bond), 사회적 채권(social bond), 지속가능채권(sustainability bond), 지속가능연계채권(Sustainability-Linked Bond) 등 4가지로 정의한다.

녹색채권은 신재생에너지 등 친환경 프로젝트나 사회기반시설에 투자할 자금을 마련하기 위해 발행하는 채권이다. 사회적 채권은 사회가치 창출 사업에 투자할 자금을 마련하기 위해 발행하는 채권이다. 지속가능채권은 환경 친화적이고 사회가치를 창출하는 사업에 투자할 자금을 마련하기 위해 발행하는 채권이며, 녹색채권과 사회적 채권의 목적사업을 동시에 갖는 채권이다. 지속가능연계채권은 발행기관이 발행 전에 제시한 ESG 목표 달성 여부에 따라 재무적 특성 혹은 구조적 특성이 바뀔 수 있는 채권으로 미래의 ESG 성과와 연동되는 채권이다.

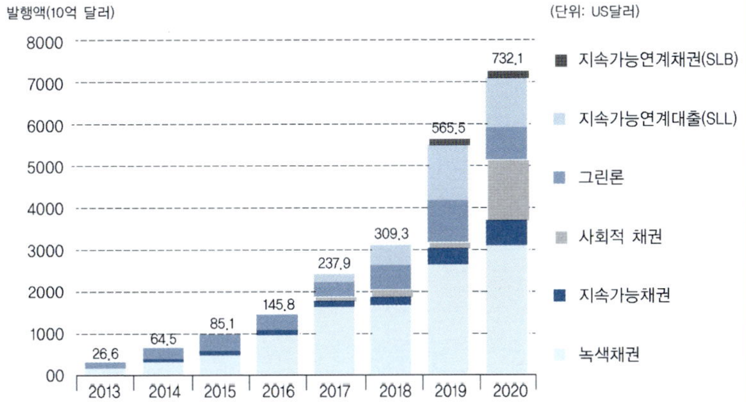

주: 지속가능연계채권(SLB: Sustainability Linked Bond), 지속가능연계대출(SLL: Sustainability Linked Loan), 그린론(Green Loan), 사회적 채권(Social Bonds), 지속가능채권(Sustainability Bonds), 녹색채권(Green Bonds)

[그림 5-2] 글로벌 ESG 채권 및 부채시장 규모 추이

출처: 한혜원(2021.5.19.). [ESG가 온다] ②세계 ESG 자금시장 규모 829조…2년새 2배로, 연합뉴스

Chapter

06

K-ESG 가이드라인 활용

Environmental, Social and Governance

1 배경과 목적

1) 개발 배경과 목적

기업의 지속가능성이 기업의 외형적 성장이나 수익과 같은 재무적 성과 외에도 ESG와 같은 비재무적 성과를 통해서도 영향을 받는다는 인식의 확산은 투자자들에게 기업의 비재무적 정보를 공시해야한다는 논의를 촉발했다. 이런 가운데 평가 기관들은 주요 고객사 및 이해에 따라서 상이한 ESG의 정의와 평가 프로세스, 평가지표를 가지고 있어 평가기관별 평가등급 및 점수 간 비일관성(Low Correlation)이 시장 혼란을 가중시킬 수 있다는 우려가 제기되어 왔다. 특히 ESG 평가에 대응하는 개별기업의 업무부담이 커진다는 지적이다. 기업들은 구체적으로 어떻게 ESG경영을 추진해 나가야 하는지 어려워하고 있으며 다양한 국내외 평가기관들의 ESG경영 평가 기준에 대한 충분한 정보가 없는 데서도 어려움을 겪고 있다. 이에 2021년 12월 1일 산업통상자원부는 'ESG 인프라 확충 방안(2021. 8. 관계부처 합동)'의 중점 추진과제인 'K-ESG 가이드라인 v1.0'을 발표했다.

정보공시(Public), 환경, 사회, 거버넌스 4개의 영역, 17개 범주, 27개 기본 진단항목으로 구성된 K-ESG 가이드라인은 ESG 경영을 위해 필요한 핵심 요소를 제공하여 기업의 자율적 ESG경영 확산을 지원한다. 특히 기존 ESG 개념을 세분화한 진단항목에 앞서 정보공시 영역에 대한 진단항목을 가장 먼저 제시하여 기업의 비재무적 성과에 대한 공시 요구를 강화하고 있다는 점이 주목

된다. 우리나라는 2030년 코스피 상장사 전체에 ESG 정보공시 의무를 부여할 방침이다. 2025년부터 일정 규모 이상의 코스피 상장사들은 ESG 정보를 의무적으로 공시해야 한다.

이밖에 K-ESG 가이드라인은 기업의 ESG경영 추진과 평가 대응을 위한 방향과 국내 상황을 고려한 ESG 요소를 제시함으로써 시장혼란을 해소하고 시장 신뢰도 제고 및 기업부담을 축소에 목적을 두고 있다.

〈표 6-1〉 **자산규모별 ESG 정보 공개 의무 일정(코스피 상장회사 기준)**

구분	'19	'20	'21	'22	'23	'24	'25	'26	'27	'28	'29	'30
지배구조 보고서 (거래소)	2조 이상			1조 이상		5천억 이상		전체				
환경정보 공개(환경부)			2조 이상				5천억 이상					전체
지속가능보고서(거래소)							2조 이상					전체

2) 근거

국내외 주요 평가기관들의 핵심지표를 반영하고 있어 현재 국내 기업들이 ESG경영 추진 과정에서 가이드라인을 참고하고 있다. K-ESG 가이드라인은 글로벌 금융정보기관인 S&P글로벌이 기업의 지속가능경영과 재무 부문 성과를 종합적으로 평가해 발표하는 지표인 다우존스지속가능경영지수(DJSI), 모건스탠리캐피탈인터내셔널(MSCI), 글로벌펀드의 투자기준이 되는 지표인 글로벌주가지수를 발표하는 모건스탠리캐피탈인터내셔널(MSCI), 지속가능경영보고서의 국제가이드라인인 글로벌보고이니셔티브(GRI), 기업의 지속가능성을 평가하는 대표적 글로벌 조사기관인 에코바디스(EcoVadis), 글로벌 ESG 리스크 평가 기관 서스테이널리틱스(Sustainalytics), 세계경제포럼(WEF) 등 국내외 주요 13개 ESG 평가기관 및 공시기준에서 제시하고 있는 3,000개 이상의 ESG 평가 및 공시 관련 기관의 지표와 측정 항목을 분석하여 핵심·공통 사항을 도출했다. 글로벌 기준에 부합하면서 국내기업 환경에 적합하도록 만들어진 것이다. 이와 더불어 K-ESG 가이드라인은 산업발전법 등에 의해 법적 근거도 갖추고 있다.

〈표 6-2〉 **K-ESG 가이드라인 법적 근거**

– 산업발전법 제 18조
(지속가능한 산업발전의 평가기준 및 지표)··· ···
1) 지속가능성을 측정/평가하기 위한 평가기준 및 지표를 설정하여 운영할 수 있다.
2) 평가기준과 지표를 활용하여 산업의 지속가능성을 측정/평가하고 그 결과를 산업발전시책에 반영하도록 노력하여야 한다.

– 제 19조
(지속가능경영 종합시책)··· ···
2) 지속가능경영의 국제 표준화 및 규범화에 대한 대응

- 2003년 윤리경영 실태조사
2009년 지속가능경영 (KoBex SM)
2013년 KoBEX SM 확대 개편
2019년 지속가능경영 기초연구
2020년 K–ESG 가이드라인

3) 특징

한국 기업들이 ESG경영을 통해 추구해 나갈 필요가 있다고 판단되는 27가지 기본 진단 항목을 제시하고 있다. 그리고 기업이 비재무적 가치를 얼마나 잘 달성하고 해당 정보를 투명하게 공개하고 있는지를 스스로 점검해 볼 수 있도록 구체화한 61개의 세부 진단 항목을 제시한다. 기본 진단 항목과 세부 진단 항목은 '진단 항목 정의서'를 구성한다. 가이드라인은 기업뿐 아니라 국내 ESG 평가기관에서도 자율적으로 활용할 수 있도록 설계되었고, 기존 평가기관 뿐 아니라 신생 평가기관에서도 널리 활용되어 투명하고 성숙한 평가시장이 형성되기를 기대하고 있다.

(1) K-ESG 가이드라인의 항목 구성

가이드라인은 정보공시(Public), 환경(Environmental), 사회(Social), 지배구조(Governance) 등 4개 영역, 61개 항목을 통해 기업들이 ESG경영 수준을 자체적으로 점검할 수 있도록 하고 있다. 중견·중소기업에 대해서는 4개 영역, 27개 항목을 선별해서 우선적으로 활용하도록 하고 있다.

정보공시 영역에서는 5개 항목을 제안하고 있다. 정보공시의 형식, 내용 그리고 검증과 관련한 내용이다. 기업들은 ESG 활동과 성과를 충분히 나타낼 수 있는 정보를 적당한 채널을 통해 적시에 제공하고 있는지 점검해야 한다. 외부기관의 검증 등 공개하는 정보의 신뢰도를 높이기 위한 노력도 필요하다.

환경 영역의 경우 환경경영 목표 및 추진체계, 온실가스 배출,

용수 및 에너지 사용, 폐기물 및 오염물질 배출, 환경관련 법규 위반 등 17개 항목을 제안하고 있다. 기업활동 과정에서 발생하는 오염물질 배출량과 감축을 위한 노력이 포함되어야 하고, 자원의 효율적 사용과 재활용에 관한 내용도 점검 대상이다.

사회 영역에서는 노동, 다양성 및 양성평등, 산업안전, 인권, 동반성장, 지역사회 등을 범주로 하는 22개 항목이 포함되어 있다. 신규 채용과 고용 유지, 정규직 비율 등을 노동관련 진단항목으로 제시하고 있고, 여성 구성원 비율과 장애인 고용률은 다양성 및 양성평등 수준을 가늠할 수 있는 항목이다. 협력사 및 지역사회에 대한 기여도 포함되어야 한다.

지배구조 영역의 경우 이사회 구성과 활동, 주주권리, 윤리경영, 감사기구 등과 관련한 17개 항목을 점검하도록 하고 있다. 이사회 구성과 관련해서 사외이사 비율 및 이사회의 성별 다양성 등의 내용을 포함하고, 주주권리 보장을 위한 의결권 행사 시스템, 배당정책 등을 점검할 것을 제안하고 있다.

〈표 6-3〉 **K-ESG 가이드라인 구성**

구분	주요 항목
정보공시(5)	ESG 정보공시 방식·주기·범위 등
환경(17)	환경경영 목쵸 및 추진 체계, 친환경 인증, 환경 법규위반 등 온실가스 배출량, 폐기물·오염물질 배출량, 재활용률 등
사회(22)	사회책임경영 목표, 채용, 산업재해, 법규 위반 등 채용·정규직, 산업안전 다양성, 인권, 동반성장, 사회공헌 등
지배구조(17)	이사회 전문성, 이사회 구성, 주주권리 등 윤리경영, 감사기구, 지배구조 법규위반 들

출처: 산업통상자원부, '우리 기업의 ESG경영을 지원하는 관계부처 합동', K-ESG 가이드라인 발표(2021. 12. 1) 보도자료 중 갈무리

(2) '정보 공시' 영역의 설정: 정보 투명성 강조

우리 정부가 2030년 국내 코스피 등록 업체 전체에 ESG경영 공시 의무를 부여할 방침인 데 따라, K-ESG 가이드라인은 기존 ESG 개념을 기반으로 ESG 관련 정보 공개 여부 측정 항목을 추가했다. 이에 K-ESG 가이드라인의 대분류는 환경(E) 사회(S) 지배구조(G)에 정보공시(P)까지 총 4개 영역으로 구성된다.

특히 정보공시 영역은 동 가이드라인에서 가장 먼저 다뤄지고 있다. 기업들이 사업보고서, 실적발표 등을 통해 재무적 가치를 공시해온 바와 같이 최근 ESG경영이 강조되며 기업의 비재무적 가치에 대한 공시 중요성에 입각하여 동 가이드라인이 마련된 배경에 따른 결과로 보인다. 동시에 정부는 ESG경영에서 필수 요소로 '정보 공시'를 통한 투명성 확보에 주목하고 있다고 해석된다.

ESG 정보의 공시 여부, 정보의 발행 알림 여부, 정보 공시 주기 및 범위 등 각 항목별로 0에서 100점까지 점수를 부여하도록 하고 있다.

(3) '진단 항목 정의서' 제시: ESG경영 진단 지표 마련

'ESG경영 평가 지표를 제시한다'는 취지에 따라 K-ESG 가이드라인은 '진단 항목 정의서'를 제시하고 있다. ESG경영 평가가 난해한 이유는 기존 재무 평가와 달리 수치화하기 쉽지 않기 때문이다. 이에 따라 진단해야 할 항목은 무엇인지, 점검하는 기준은 무엇인지가 우선 정해져야하는데 기업 입장에서 이를 직접 마련하는 데는 어려움이 크다.

K-ESG 가이드라인 속 '진단 항목 정의서'는 진단 항목의 목적·내용·방법 등을 함축적으로 제시하고 있는 ① '항목설명', 항목을 진단하기 위해 필요한 데이터 원천, 데이터 기간, 데이터 범위, 데이터 산식을 제시하며 해당 자료를 통해 성과를 확인하는 방법을 설명하는 ② '성과점검', 성과점검에서 확인한 자료를 기반으로 해당 기업의 ESG경영 수준을 진단할 수 있도록 단계별 기준을 제시(1~5단계)하고 있는 ③ '점검기준' 등으로 구성되어 있다.

그리고 점검기준으로 확인한 기업의 ESG 성과를 기업 간, 항목 간 비교할 수 있도록 진단항목별로 5단계로 구성된 배점 기준(100점 기준)을 제시하고 있다. 또한 기업이 해당 항목에 대한 '자가진단'을 손쉽게 할 수 있도록 '진단 항목 정의서' 말미에 '추가설명'란을 만들어 자세한 부연 설명을 제시해 주고 있다.

〈표 6-4〉 **진단 항목 정의서의 특징**

1. 진단항목의 목적, 방향성, 단계별 상세 기준의 명확성 K-ESG 가이드라인은 항목별 진단 방향성 및 상세 진단기준을 제시하고 글로벌 지표 외 국내 산업특성과 법/제도 정합성을 충분히 검토하고 기업은 스스로 ESG 성과를 진단함과 동시에, ESG 성과개선 목표 수립이 가능해진다
2. 기업 자가진단을 위해 항목별 추가 설명의 상세화 ESG경영체계 구축을 위해 기본적으로 갖춰야 할 요소를 안내하고 자가진단의 어려움이 없도록 단계별 기준, 적용방안, 추가 설명을 구체화하고 항목과 관련하여 참고할 수 있는 다양한 외부자료를 소개했다.
3. 기본 진단 항목 외 추가 진단항목을 통한 범용성 기본 진단 항목을 활용할 수 없거나, 다른 진단 항목을 원할 경우 대비 조직이 다양한 관점에서 ESG 수준진단할 수 있는 추가 진단항목 제시하고 다양한 조직이 K-ESG 가이드라인을 사용할 수 있도록 범용성을 제고한다.

<table>
<tr><td rowspan="2">구분</td><td>분류번호</td><td>영역</td><td colspan="2">범주</td></tr>
<tr><td>P-1-1</td><td>정보공시</td><td colspan="2">정보공시 형식</td></tr>
<tr><td>항목</td><td colspan="4">ESG 정보공시 방식</td></tr>
<tr><td>항목 설명</td><td colspan="4">• 조직이 ESG 정보공시 동향에 맞추어 정보 수요자의 접근성을 고려한 ESG 정보공시 방식을 정립하고 있는지 점검
• ESG 정보를 종합한 온/오프라인 채널 운영 및 ESG 정보공시 외부 확산/전파 등 정보 접근성 향상 측면의 노력을 확인</td></tr>
<tr><td>성과 점검</td><td colspan="4">조직의 홈페이지, 지속가능경영보고서, 사업보고서, 기타 간행물 등에 ESG 정보가 종합적으로 수록되어 있는지, ESG 정보공시 여부를 대외에 알리는지 측정

[데이터 원천] 홈페이지, 지속가능경영보고서, 사업보고서, 기타간행물, 전자공시시스템 上 '자율공시'
[데이터 기간] 직전 회계연도
[데이터 범위] N/A
[데이터 산식] N/A</td></tr>
<tr><td rowspan="8">점검 기준</td><td>1단계</td><td colspan="3">조직이 어떠한 방식으로든 ESG 정보를 공시하지 않는 경우</td></tr>
<tr><td>2단계</td><td colspan="3">조직의 홈페이지, 지속가능경영보고서, 사업보고서, 기타 간행물 등에 ESG 정보를 분산하여 공시하고 있는 경우</td></tr>
<tr><td>3단계</td><td colspan="3">조직의 홈페이지, 지속가능경영보고서, 사업보고서, 기타 간행물 등에 ESG 정보를 통합하여 공시하고 있는 경우</td></tr>
<tr><td>4단계</td><td colspan="3">ESG 정보를 통합한 조직의 홈페이지, 지속가능경영보고서, 사업보고서, 기타 간행물 등을 지정된 장소에 비치하거나, 특정 URL에 담고 있는 경우</td></tr>
<tr><td>5단계</td><td colspan="3">ESG 정보를 통합한 조직의 홈페이지, 지속가능경영보고서, 사업보고서, 기타 간행물 등의 발행여부를 '전자공시시스템-자율공시' 사항으로 알리는 경우</td></tr>
<tr><td colspan="4">점검 기준 적용방안(단계형)</td></tr>
<tr><td>1단계 / 0점</td><td>2단계 / 25점</td><td>3단계 / 50점</td><td>4단계 / 75점 · 5단계 / 100점</td></tr>
</table>

[그림 6-1] K-ESG 가이드라인 기본 진단항목 정의서 갈무리

2 활용방안

1) 활용현황

산업통상자원부는 2022년 12월 'ESG 인프라 확충 방안'의 중점 추진과제로서 K-ESG 가이드라인을 발표하며 '우리 기업이 활용 가능한 가이드라인을 제시함'이라고 설명했다. 아울러 국내

ESG 평가기관에서도 활용할 수 있도록 설계했음을 밝혔다. 다만 산업부는 본 가이드라인의 활용을 의무화한 것이 아니라 '자율적 활용'을 전제로 하고 있다. 기업의 평가대응 효율성 향상, 목표수립 및 벤치마킹, ESG 업무가이드로 활용할 수 있는 가능성을 제시한 가운데, 현재 국내에서는 아직 그 활용 사례가 널리 퍼져있지는 않다.

(1) 지속가능경영보고서 측면

2023년 8월 기준, 국내 1위 시가총액 기업 삼성전자는 K-ESG 가이드라인이 발표되기 이전인 2008년부터 매년 지속가능경영보고서를 발간하고 있다. K-ESG 가이드라인 공개 이전부터 지속가능경영보고서를 발간한 만큼, 삼성전자의 경우 기존에 준용해온 GRI, UN SDGs, TCFD, SASB와 같은 글로벌 ESG 작성 및 평가 지표를 기준으로 하고 있음을 명시한 반면, K-ESG 가이드라인을 작성 기준에 포함하지 않았다. 시가총액 2위인 LG에너지솔루션 역시 지속가능보고서 내 '작성원칙'에서 GRI, ISSB, TCFD, SASB 기준을 따르고 있음을 밝혔으나 K-ESG 가이드라인에 대해 언급하지 않았다. 이밖에 SK, 현대차, 포스코, 신세계 등 국내 재계 서열 상위 기업들도 각사 지속가능경영보고서에서 K-ESG 가이드라인이 아닌 글로벌 기준에 따라 작성됐다. 이처럼 국내 대기업 대다수는 지속가능경영보고서 작성 시 K-ESG 가이드라인보다 글로벌 지표를 활용하고 있으며, 비교적 최근 지속가능경영보고서 작성에 참여한 에코프로비엠과 같은 중소기업도 글로벌 지표를 따르고 있었다.

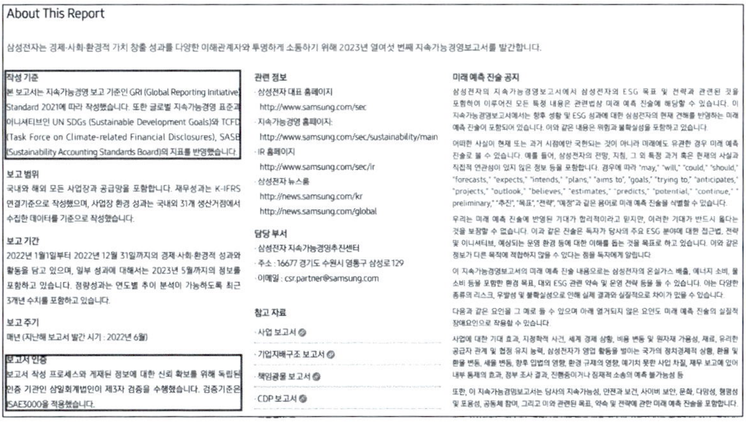

About This Report

삼성전자는 경제·사회·환경적 가치 창출 성과를 다양한 이해관계자와 투명하게 소통하기 위해 2023년 열여섯 번째 지속가능경영보고서를 발간합니다.

작성 기준
본 보고서는 지속가능경영 보고 기준인 GRI (Global Reporting Initiative) Standard 2021에 따라 작성했습니다. 또한 글로벌 지속가능경영 표준과 이니셔티브인 UN SDGs (Sustainable Development Goals)와 TCFD (Task Force on Climate-related Financial Disclosures), SASB (Sustainability Accounting Standards Board)의 지표를 반영했습니다.

보고 범위
국내와 해외 모든 사업장과 공급망을 포함합니다. 재무성과는 K-IFRS 연결기준으로 작성했으며, 사업장 환경 성과는 국내외 31개 생산거점에서 수집한 데이터를 기준으로 작성했습니다.

보고 기간
2022년 1월1일부터 2022년 12월 31일까지의 경제·사회·환경적 성과와 활동을 담고 있으며, 일부 성과에 대해서는 2023년 5월까지의 정보를 포함하고 있습니다. 정량성과는 연도별 추이 분석이 가능하도록 최근 3개년 수치를 포함하고 있습니다.

보고 주기
매년 (지난해 보고서 발간 시기 : 2022년 6월)

보고서 인증
보고서 작성 프로세스와 게재된 정보에 대한 신뢰 확보를 위해 독립된 인증 기관인 삼일회계법인이 제3자 검증을 수행했습니다. 검증기준은 ISAE3000을 적용했습니다.

관련 정보
· 삼성전자 대표 홈페이지
http://www.samsung.com/sec
· 지속가능경영 홈페이지:
http://www.samsung.com/sec/sustainability/main
· IR 홈페이지
http://www.samsung.com/sec/ir
· 삼성전자 뉴스룸
http://news.samsung.com/kr
http://news.samsung.com/global

담당 부서
· 삼성전자 지속가능경영추진센터
· 주소 : 16677 경기도 수원시 영통구 삼성로 129
· 이메일 : csr.partner@samsung.com

참고 자료
· 사업 보고서
· 기업지배구조 보고서
· 책임광물 보고서
· CDP 보고서

미래 예측 진술 공지
삼성전자의 지속가능경영보고서에서 삼성전자의 ESG 목표 및 전략과 관련된 것을 포함하여 이루어진 모든 특정 내용은 관련법상 미래 예측 진술에 해당할 수 있습니다. 이 지속가능경영보고서에서는 향후 상황 및 ESG 성과에 대한 삼성전자의 현재 견해를 반영하는 미래 예측 진술이 포함되어 있습니다. 이와 같은 내용은 위험과 불확실성을 포함하고 있습니다.

어떠한 사실이 현재 또는 과거 시점에만 국한되는 것이 아니라 미래에도 유관한 경우 미래 예측 진술로 볼 수 있습니다. 예를 들어, 삼성전자의 전망, 지침, 그 외 특정 과거 혹은 현재의 사실과 직접적 연관성이 있지 않은 정보 등을 포함합니다. 경우에 따라 "may," "will," "could," "should," "forecasts," "expects," "intends," "plans," "aims to", "goals," "trying to," "anticipates," "projects," "outlook," "believes," "estimates," "predicts," "potential," "continue," " preliminary," "추진", "목표", "전략", "예정"과 같은 용어로 미래 예측 진술을 식별할 수 있습니다.

우리는 미래 예측 진술에 반영된 기대가 합리적이라고 믿지만, 이러한 기대가 반드시 옳다는 것을 보장할 수 없습니다. 이와 같은 진술은 독자가 당사의 주요 ESG 분야에 대한 접근법, 전략 및 이니셔티브, 예상되는 운영 환경 등에 대한 이해를 돕는 것을 목표로 하고 있습니다. 이와 같은 정보가 다른 목적에 적합하지 않을 수 있다는 점을 독자에게 알립니다.

이 지속가능경영보고서의 미래 예측 진술 내용으로는 삼성전자의 온실가스 배출, 에너지 소비, 물 소비 등을 포함한 환경 목표, 대외 ESG 관련 약속 및 운영 전략 등을 들 수 있습니다. 이는 다양한 종류의 리스크, 우발성 및 불확실성으로 인해 실제 결과와 실질적으로 차이가 있을 수 있습니다.

다음과 같은 요인을 그 예로 들 수 있으며 아래 열거되지 않은 요인도 미래 예측 진술의 실질적 장애요인으로 작용할 수 있습니다.

사업에 대한 기대 효과, 지정학적 사건, 세계 경제 상황, 비용 변동 및 원자재 가용성, 재료, 유리한 공급자 관계 및 협정 유지 능력, 삼성전자가 영업 활동을 벌이는 국가의 정치경제적 상황, 환율 및 환율 변동, 세율 변동, 향후 입법의 영향, 환경 규제의 영향, 예기치 못한 사업 차질, 재무 보고에 있어 내부 통제의 효과, 정부 조사 결과, 진행중이거나 잠재적 소송의 예측 불가능성 등

또한, 이 지속가능경영보고서는 당사의 지속가능성, 안전과 보건, 사이버 보안, 문화, 다양성, 형평성 및 포용성, 공동체 참여, 그리고 이와 관련된 목표, 약속 및 전략에 관한 미래 예측 진술을 포함합니다.

[그림 6-2] 2023년 삼성전자 지속가능경영보고서

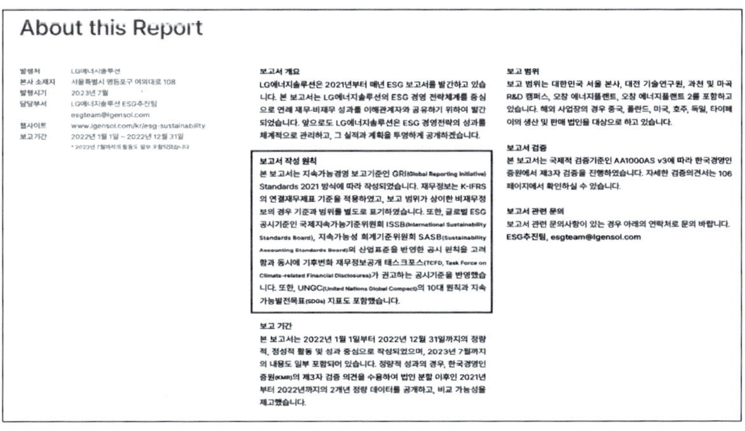

About this Report

발행처 LG에너지솔루션
본사 소재지 서울특별시 영등포구 여의대로 108
발행시기 2023년 7월
담당부서 LG에너지솔루션 ESG추진팀
esgteam@lgensol.com
웹사이트 www.lgensol.com/kr/esg-sustainability
보고기간 2022년 1월 1일 ~ 2022년 12월 31일
* 2023년 7월까지의 활동도 일부 포함되었습니다

보고서 개요
LG에너지솔루션은 2021년부터 매년 ESG 보고서를 발간하고 있습니다. 본 보고서는 LG에너지솔루션의 ESG 경영 전략체계를 중심으로 연례 재무-비재무 성과를 이해관계자와 공유하기 위하여 발간되었습니다. 앞으로도 LG에너지솔루션은 ESG 경영전략의 성과를 체계적으로 관리하고, 그 실적과 계획을 투명하게 공개하겠습니다.

보고서 작성 원칙
본 보고서는 지속가능경영 보고기준인 GRI(Global Reporting Initiative) Standards 2021 방식에 따라 작성되었습니다. 재무정보는 K-IFRS의 연결재무제표 기준을 적용하였고, 보고 범위가 상이한 비재무정보의 경우 기준과 범위를 별도로 표기하였습니다. 또한, 글로벌 ESG 공시기준인 국제지속가능기준위원회 ISSB(International Sustainability Standards Board), 지속가능성 회계기준위원회 SASB(Sustainability Accounting Standards Board)의 산업표준을 반영한 공시 원칙을 고려함과 동시에 기후변화 재무정보공개 태스크포스(TCFD, Task Force on Climate-related Financial Disclosures)가 권고하는 공시기준을 반영했습니다. 또한, UNGC(United Nations Global Compact)의 10대 원칙과 지속가능발전목표(SDGs) 지표도 포함했습니다.

보고 기간
본 보고서는 2022년 1월 1일부터 2022년 12월 31일까지의 정량적, 정성적 활동 및 성과 중심으로 작성되었으며, 2023년 7월까지의 내용도 일부 포함되어 있습니다. 정량적 성과의 경우, 한국경영인증원(KMR)의 제3자 검증 의견을 수용하여 법인 분할 이후인 2021년부터 2022년까지의 2개년 정량 데이터를 공개하고, 비교 가능성을 제고했습니다.

보고 범위
보고 범위는 대한민국 서울 본사, 대전 기술연구원, 과천 및 마곡 R&D 캠퍼스, 오창 에너지플랜트, 오창 에너지플랜트 2를 포함하고 있습니다. 해외 사업장의 경우 중국, 폴란드, 미국, 호주, 독일, 타이페이의 생산 및 판매 법인을 대상으로 하고 있습니다.

보고서 검증
본 보고서는 국제적 검증기준인 AA1000AS v3에 따라 한국경영인증원에서 제3자 검증을 진행하였습니다. 자세한 검증의견서는 106 페이지에서 확인하실 수 있습니다.

보고서 관련 문의
보고서 관련 문의사항이 있는 경우 아래의 연락처로 문의 바랍니다.
ESG추진팀, esgteam@lgensol.com

[그림 6-3] 2022년 LG에너지솔루션 지속가능경영보고서

(2) 경영 지침에 활용된 사례

롯데백화점은 지난해 인권경영 기본 원칙을 마련하며, 평가 항목에 K-ESG 가이드라인을 포함했다. 이 외에도 OECD 가이드라인, EU 및 독일 공급망 실사법, ILO 책임협약, 세계인권선언, 국가인권위원회 가이드라인 등이 반영돼 총 9개 분야 46개 항목 231개 지표를 구성했다. 또 경기도는 도에 맞는 ESG 운영 방법론과 지침서를 마련하는 데 K-ESG 가이드라인을 활용했다. K-ESG 가이드라인 외에도 선행 기본계획 수립 사례, ESG 모범기준, 해외사례 등을 분석해 반영, 이를 바탕으로 △ESG 추진 기본방향의 정립 △ESG 인식 제고 교육과 내부 공감대 확산 △단체장의 ESG 리더십 정립과 ESG 중요성 메시지 전파 △ESG 정책 추진방안 수립 △기본계획 수립 등을 적극적 이행해야 한다고 제시했다.

SK C&C는 2022년 3월 종합 ESG경영 진단 플랫폼 'Click ESG'을 출시한 뒤 올해 동 플랫폼을 활용한 ESG경영 컨설팅 사업에서 ESG 진단 지표를 마련하며 책임감 있는 산업연합(Responsible Business Alliance) 등 글로벌 평가기관의 ESG 진단 지표를 비롯해 K-ESG 가이드라인을 준용했다. 이를 통해 지역 수출기업의 △환경경영 관리, 온실가스 소비, 폐기물·유해물질 관리, 원부자재, 친환경 제품 등 환경 분야 10개 항목 △정보보호, 인권, 보건안전, 사회공헌 등 사회 분야 8개 항목 △정보 공시, 감사, 윤리경영 등 거버넌스 4개 항목 등 중점 관리가 필요한 총 22개 분류 항목의 66개 세부 지표를 진단한다.

[그림 6-4] SK C&C의 종합 ESG경영 진단 플랫폼 'Click ESG' 메인 화면

2) K-ESG 가이드라인 활용방안

(1) 기업의 활용방안

① 국내외 ESG 평가대응 부담 경감

국내외 ESG 평가기관 평가지표 및 기준에 대한 이해도 제고를 통해, ESG 평가대응에 대한 부담 경감하고 ESG 평가기관의 공통 지표를 중심으로 성과를 관리하여 다수의 평가요청 발생시에 효율적인 평가 대응이 가능할 수 있다.

② ESG 목표 수립 및 벤치마크 시 활용

ESG 수준 자가진단을 통해 ESG 성과 향상을 위한 개선 과제 도출 및 목표에 의한 성과관리가 가능하고 ESG 수준 자가진단 결과와 산업 평균을 비교하여 상대적 수준차이를 확인할 수 있는 벤치마크로 활용할 수 있다.

③ ESG경영 추진 업무 가이드로 활용

K-ESG 가이드라인을 통해 ESG경영 추진을 위해 갖추어야할 조직구조, 운영시스템, 활동, 성과 KPIs 확인 가능하고 조직은 ESG 실행체계구축 및 성과 개선을 위해 필요한 설비투자, 인력운영, 업무 개편 등의 의사결정 지원 도구로 활용할 수 있다.

(2) 평가기관의 활용방안

① ESG 평가지표 및 평가기준 개발시 활용

ESG 평가 서비스를 도입하고자 하는 기관은 '신규지표 개발' 및 '기준지표 보완' 시 K-ESG 가이드라인 자율적 참고를 할 수 있다.

② ESG 평가지표에 대한 수용성 제고 가능

ESG 평가 서비스 제공 시 평가대상 가입의 혼란을 방지하고, 평가대상 기업이 평가결과에 대한 수용성 제고가 가능하다.

(3) 투자기관의 활용방안

① 투자기관 자체 ESG 평가체계 구축 시 활용

책임투자 이행을 위해 자체 ESG 평가 체계를 구축하는 투자기관은 K-ESG 가이드라인 항목, 기준, 데이터 원천 등을 참고 해서 활용할 수 있다.

② 위탁운용사 선정/평가 기준 등으로 사용가능

연기금 등 기관투자자는 위탁운용사의 책임투자 이행 수준 점검 시, 위탁운용사의 ESG 평가기준과 K-ESG 가이드라인과 비교가 가능하다.

3) 논의점

2021년 'K-ESG 가이드라인 v.1.0'을 첫 공개한 정부는 K-ESG 가이드라인 개정판을 1~2년 주기로 발간한다는 방침이다. 같은 맥락에서 공급 업종별, 기업 규모별 가이드라인도 확대하겠다는 계획으로, 지난해 12월 중소, 중견기업을 위한 '공급망 대응 K-ESG 가이드라인'을 추가로 공개하는 등 K-ESG 가이드라인은 그 수준이 고도화되고 있다고 평가된다.

다만 K-ESG 가이드라인 등장부터 제기된 비판과 우려가 지금도 문제시 되고 있다. 가령 ESG 평가에 정부가 관여하는 것은 바람직하지 않다거나, 자본시장에서의 평가 지표는 시장 참여자에 의해 선택되는 것이지 정부가 선택을 강요하거나 가이드할 영역이 아니라는 지적과 함께 ESG 가이드라인이 확산을 전제로 하는 ESG 평가가 '그린 워싱'에 활용될 것이라는 우려 등이 그것이다. 아울러 K-ESG 가이드라인 공개 후 실제 현장 적용이 어렵다(한국법제연구원, 2022. 09. 22)는 비판도 제기됐다. 또 살펴본 바와 같이 K-ESG 가이드라인이 공개된 지 햇수로 3년차가 된 현재까지 아직 현장에서 적극 활용되지 못하는 모습이다.

앞서 언급한 우려와 비판에도, 기업의 비재무적 성과에 대한 시장 관심도가 높아지고 이는 내수뿐 아니라 수출 영역에서까지 공급망 점검 이슈 등으로 불거지며 실제로 기업의 ESG경영 실태가 일정 지표에 의해 평가될 필요성은 커지고 있으며 국제 기준에 부합하며 국내 기업에 적용 가능한 평가 지표의 구심점이 요구되는 것도 사실이다. 급변하는 시장 환경 속 정부 주도 ESG 가이드라인이 자리 잡기 위해서는 이 같은 기대와 비판을 적극적으로 분석해 진화를 거듭해야 할 것으로 보인다.

Chapter

07

알아두면 도움이 되는 팁

Environmental, Social and Governance

1 시장조사법

사업기획의 출발점은 시장조사이다. 시장조사를 통해 무엇을 조사할 것인지 목표를 분명히 설정하고, 계획을 수립한 후 확실하게 조사해야 한다. 즉, 시장조사를 왜 하는지, 어떻게 조사할 것인지, 정보는 어떻게 수집할 것인지, 수집한 자료는 어떻게 기획에 적용할 것인지 등에 대한 절차를 마련하고 시행해야 한다. [그림 5-3]은 시장조사의 절차를 설명한 것이다.

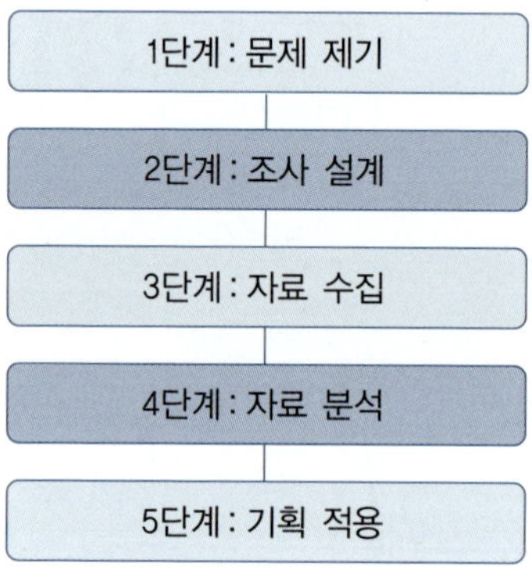

[그림 7-1] 시장조사의 절차

■ 1단계 : 문제 제기

문제 제기는 시장조사 방향을 설정하기 위한 첫 단계이다. 이 단계에서는 현재의 상태를 보완하고 기획을 하는 데 발생할 수 있는 문제점을 발견하고, 콘텐츠의 새로운 기회를 포착하기 위한 중요한 단계이다.

■ 2단계 : 조사 설계

조사 설계는 무엇을 조사할 것인지 향후 프로젝트와 관련된 시장조사 활동을 수행하고 통제하기 위한 청사진으로 네 가지 주요 활동과제가 있다.

- 도출된 문제점이나 보완사항에 대한 종합적인 검토
- 조사방법 및 조사의 틀을 설정하고, 자료 수집 절차와 자료 분석기법 선택
- 조사일정 및 조사예산(소요인원, 시간 및 비용) 편성
- 조사 설계가 잘 수립되었는지의 객관적인 평가

■ 3단계 : 자료 수집

자료는 기획자가 직접 수집해야 할 1차자료(직접질문, 전화, 설문조사, 면접 등)와 타 연구기관이나 언론매체 등에 의해서 이미 수집된 2차자료(각종 문헌, 신문이나 잡지, 인터넷 검색엔진 이용)가 있다. 특히, 2차자료는 구하기는 쉬우 나 문제해결을 위해서는 부족한 점이 많다. 좋은 자료를 얻기 위해서는 직접 수집하는 1차자료 수집에 중점을 두어야 한다. 자료 수집은 온라인과 오프라인을 병행하며 특히, 현장을 중심으로 이루어져야 한다.

■ 4단계 : 자료 분석

수집된 자료의 분석은 편집, 코딩(Coding), 통계적 기법으로 해석하는 방법이 있으며, 이는 기존 전략을 보완하고 수정하는 방식으로 진행되어야 한다.

■ 5단계 : 기획 적용

시장조사를 통해 분석된 자료는 마지막으로 기획을 하는 데 적용되어야 한다. 이 단계에서는 새로운 프로젝트 전략을 수립할 수 있도록 분석자료를 가공하여 차별화된 기획을 할 수 있도록 업그레이드시키는 기획자(연구자)의 스킬이 필요하다.

1) 시장조사법

시장조사법은 크게 1차조사와 2차조사로 나누어진다. 1차조사는 자사의 콘텐츠(상품, 서비스)에 대한 목표고객, 기존 고객의 사용패턴, 상품 특징 등에 관한 자료 수집 및 조사를 하는 것이며, 2차조사는 관련 책자나 정기간행물 등을 통해 조사하는 것으로 1차조사보다 시간이 덜 소요되고 저렴한 비용으로 조사할 수 있다. 통상 일반적인 시장조사법은 1차적으로 인터넷을 통해 폭넓은 자료를 수집할 수 있다.

이러한 방법은 자료 수집이 용이하며 빠르고, 수집되는 정보가 다양하기 때문에 전제적인 동향, 세부적인 시장조사의 방향 설정 등에 많은 도움이 되는 장점이 있는 반면, 정보의 깊이가 깊지 않아 재가공을 해야 하는 단점이 있다. 그러므로 1차조사를 통해 전체 동향파악 및 시장분석의 방향을 설정하고, 2차적으로 세부적인 조사를 실시하는 것이 좋다.

관련 사업 동향에 관해 알고 싶다면 정보서비스 회사나 무역협회, 산업전문가로부터 정보를 입수할 수 있으며, 직접방문을 하거나, 컨설팅회사의 도움을 받는 방법도 있다. 유의할 점은 어떠한 방법을 택하든지 실질적인 조사와 함께 객관적인 근거를 제시할 수 있는 방법이어야 한다는 것이다. 많이 사용하는 시장 조사법은 다음과 같다.

- 질적조사 : 조사대상 50~60명 정도로 제한, 심층면접, 그룹토론
- 양적조사 : 개별면접, 전화면접, 우편·SNS 설문 등
- 응용조사 : 측정 콘텐츠(제품)나 서비스에 대한 응용조사, 제품의 인지도, 경쟁제품과의 차별성, 고객의 라이프스타일 등을 통해 얻는 조사
- 이론조사 : 질문에 대한 몇 개의 정해진 답안을 제시하여 선택하게 하는 방법
- 방법론조사 : 조사된 내용에 대한 조사로서 우편 등의 설문을 통해 실시

2) 시장조사 전 필수사항

스마트한 기획을 위해서는 현장을 조사하기 전에 시장조사를 효과적으로 수행하기 위해 다음 사항을 준비하도록 한다.

(1) 인터넷을 통한 사전조사 필요

미리 준비하고 가면 200%의 효과를 거둘 수 있기 때문에 시장조사에 앞서 현 장에 대한 충분한 정보(위치, 구성, 현황 등)를 탐색하고 숙지한 후 현장을 방문하도록 한다.

보통 기업에서 해외출장을 다녀와 결과를 보고하는 것을 보면 사전에 현장조사를 하고 간 사람과 그렇지 않은 사람의 확연한 차

이를 발견할 수 있다. 사전조사를 충분히 하고 출장을 간 사람은 어디에서 무엇을 볼 것인지를 사전에 정하고 갔기 때문에 구체적인 자료와 정보를 수집하고 새로운 아이디어까지 만들어 제안할 수 있지만 사전조사를 하지 않고 간 사람은 그냥 짜여 있는 스케줄대로 보고 온 것을 보고하여 이전의 출장자와 차이점을 발견할 수 없게 된다.

(2) 현장조사 점검표 작성

현장에 가서 '무엇을 볼 것인지?', '누구를 만나 무엇을 조사할 것인지?', '기획에 어떻게 적용할 것인지' 등을 미리 생각하고 조사할 항목을 사전에 정리한다. 다음은 시간대별 현장조사 점검표와 조사보고서 양식이다. 이러한 내용을 토대로 각자 자신에게 맞는 점검표를 작성하는 것이 좋다.

〈현장조사 점검표 (샘플)〉

일시 :		조사지역 :	조사자 :
조사목적 및 포인트			
조사내용	1. 2. 3.		
조사대상 및 인터뷰 내용			
현장사진 (내용설명)			
특이사항			

시간	내용	장소	특이사항	비고
10:00~10:30				
10:30~11:00				
11:00~11:30				
11:30~12:00				
12:00~12:30				
12:30~13:00				
13:00~13:30				
13:30~14:00				
14:00~14:30				
14:30~15:00				
15:00~15:30				
15:30~16:00				
16:00~16:30				
16:30~17:00				
17:00~17:30				
17:30~18:00				
18:00~18:30				
18:30~19:00				
19:00~19:30				
19:30~20:00				

(3) 디지털카메라, 비디오카메라, 녹음기 등 준비

시장조사를 글로 정리하는 것도 중요하지만 보다 생생한 정보를 수집하기 위해서는 디지털카메라, 비디오카메라, 녹음기 등이 필요하다. 디지털카메라는 현장사진을 촬영하기 위해, 비디오카메라는 현장의 생생한 동영상을 촬영하기 위해, 녹음기는 고객과의 인터뷰를 담기 위해 필요하다. 요즘에는 이러한 기기를 한 번에 해결할 수 있는 스마트폰이 있으므로 이를 활용하여 정보를 수집하도록 하며, 현장에서 수집한 자료를 이메일로 전송하거나 블로그(Blog), 페이스북(Facebook), 인스타그램(Instagram) 등에 스크랩하여 바로 정리하거나 보고를 하도록 한다.

이처럼 시장조사를 잘하기 위해서는 디지털 기기를 적극적으로 활용하는 것이 중요하다.

TIP 시장조사 포인트

• 현장에서 아이디어 발굴

기획 아이디어, 아이템 등에 대한 보강은 책, 인터넷 등을 통해서도 정보를 얻을 수 있지만 실질적인 아이디어는 현장 속에 있다. 기획의 실용성 및 활용성을 높이기 위해 현장 탐방은 필수적이다. 현장 속에서 찾는 것이 고객과의 공감대를 형성할 수 있는 최선의 방법이다.

• 타깃의 관심사와 동향파악

시장조사를 통해 세상은 어디로 움직이고 있으며, 그 안에 고객들은 어떻게 반응하고, 관심사는 무엇인지를 파악할 수 있다. 기획자라면 고객의 움직임과 관심에 대해 항상 눈과 귀를 열어 놓고, 이를 기획에 적극 반영해야 한다.

- **현장 속에서 새로운 크리에이티브(Creative) 발견**

시장조사의 주된 목적은 벤치마킹에 있다. 치밀한 기획을 바탕으로 이루어진 공간에는 반드시 크리에이티브적인 요소들이 살아 숨 쉬고 있기 때문에 이를 잘 발견하고, 기획에 활용하면 차별화된 기획으로 업그레이드시킬 수 있다.

- **새로운 매체를 조사하고 적용**

상대적으로 사람들이 많이 모이는 장소에는 새롭고 시험적인 매체들이 많이 설치되어 있다. 그러므로 기획할 콘텐츠에 대한 효과적이고도 차별화된 PR을 위해 새로운 매체를 조사하고 이에 대한 활용도를 체크하여 콘텐츠 기획에 반영하는 것이 필요 하다.

- **트렌드 발견 및 이해**

사람들이 많이 움직이는 장소를 잘 살펴보면 공통점을 발견할 수 있고, 이를 통해 트렌드를 알 수 있다. 일례로 강남역에서 1시간 정도 움직이는 사람들의 모습을 살펴보다 보면 패션 트렌드를 파악할 수 있고, 이를 바탕으로 새로운 패션 트렌드의 방향성을 기획하는 데 참고자료로 활용할 수 있다.

3) 시장조사 결과는 자료화하는 것이 중요

시장조사를 마친 후에는 반드시 조사한 자료를 협의하고, 검토한 뒤 기획에 활용할 수 있도록 자료화하는 것이 필요하다. 특히, 사진이나 동영상은 바로 정리하지 않으면 어디서 촬영했는지 잘 기억이 나지 않을 수 있고 체계적인 정리를 할 수도 없다. 이에 프로 기획자들은 프로젝트가 주어졌을 때 현장을 방문하기도 하지만 평소에 현장을 주기적으로 방문하여 기획에 사용할 조사자료를 자료화해 놓는다. 즉, 철저히 사전준비를 하고 효율적인 현장조사를 한 뒤에는 반드시 느낀 점과 새롭게 얻은 아이디어 등을 정리하여 콘텐츠 기획에 적용하면 현장감 있고 차별화된 기획을 할 수 있게 된다. 시장조사를 할 때는 현장 방문하기에 좋은 시간, 장소, 조사방법이 있다.

시간은 주중 유동고객이 많은 시간 및 주말시간을 활용하는 것이 좋으며, 장소는 콘텐츠와 관련된 현장을 우선으로 하고, 이차적으로는 고객의 기호와 트렌드를 파악할 수 있는 인구밀집 장소를 대상으로 한다.

조사방법은 주기적으로 정례화하여 방문하는 것이 중요하며, 현장 방문 시에는 체크리스트, 디지털카메라, 메모노트 등을 소지하고 현장에서 바로 생생하게 기록을 남기도록 하는 것이 필요하다.

구분	주요내용
방문 일시	• 가급적 주말이나 평일 유동인력이 많은 시간을 선택한다. • 타깃 고객이 많이 모이는 시간을 선택한다.
방문 장소	• 프로젝트와 연관된 곳을 우선적으로 선택하되, 아이디어개발, 고객동향, 트렌드 파악을 위해 관련된 주요 장소나 서점, 전문유통(할인점, 카테고리 킬러숍) 전시장, 문화시설 등을 방문한다.
조사 방법	• 월 2회 이상을 방문한다. • 방문 전에는 반드시 사전조사 및 체크리스트를 준비한다. • 현장에서 고객의 의견을 청취한다. • 현장에서 얻은 자료는 장소와 실명(조사대상) 등을 기록한다. • 현장자료는 반드시 촬영한다. • 메모노트를 가지고 이동 중에도 자료 및 아이디어를 기록한다. • 제작물(카탈로그, 티켓, 포스터, 전단, 현수막, 초청장 등)을 수집한다.
조사 항목	• 가격, 판매현황, 진열형태, 고객 및 판매원 반응 등을 살핀다.

4) 시장조사 보고서 작성

서론에서는 보고서의 윤곽을 제시하여 관심을 유도하며 시장조사의 필요성, 목적, 범위, 방법, 의의, 중요성 등을 중심으로 작성한다. 본론은 조사내용(현황, 특징, 주목할 점 등)을 분석하고 샘플, 사진 등의 자료를 포함시킨다. 결론은 전체 내용을 요약한 후 해결책을 제시하여 정확한 결정을 내릴 수 있도록 하며, 콘텐츠의 향후 개발 및 제작 방안을 제시하도록 한다. 시장조사 보고서를 작성할 때는 3가지 기본원칙이 있다.

첫째, 작성 전에 충분히 구상을 해야 한다. 왜 시장조사를 하는지, 무엇을 조사할 것인지, 조사한 것을 어떻게 적용할 것인지를 미리 충분히 생각한 후 보고서의 프레임을 짜도록 한다. 일반적으로 보고서는 서론, 본론, 결론, 참고자료 순으로 구성한다.

둘째, 정확하고 명확한 문장을 사용한다. 추상적인 표현보다는 숫자를 사용 하여 구체화시키는 것이 중요하며 검토자가 잘 판단할 수 있도록 간결하고 짧게 직접적인 표현을 사용한다.

셋째, 표나 그림, 적절한 예시를 제시한다. 텍스트만으로 작성된 보고서는 검토자에게 지루한 감을 주고 특히, 현장감이 떨어져 정확한 판단을 내리기 어려우므로 표, 그림, 사례 등을 적절히 삽입하도록 한다.

보고서 작성에서 유의할 점은 보고의 주제를 명확히 파악하여 작성하는 것이 필요하며 충분한 자료 수집과 다양한 관점에서 비교·분석하도록 한다.

2 돈 되는 지식재산권의 확보

지식재산권(Intellectual Property Rights)이란 사람의 정신적, 지능적 능력의 결정체인 창작에 대하여 사회에 공개하는 대가로 국가가 공권력에 의해 부여해 주는 독점권을 말한다. 보통 우리가 알고 있는 통상의 동산이나 부동산과는 달리 형체가 없기 때문에 무체재산권이라고도 한다.

오늘날과 같이 기술적 창작활동이나 문화·예술 활동이 급속하게 발전하고 있는 첨단기술 정보사회와 사람의 두뇌에 기초한 경제사회의 다양화, 고속화, 자동화, 종합화로 인한 사회에서는 지식재산권의 관리능력이 개인이나 기업의 생존을 좌우하는 경우가 많다. 지식재산권의 종류로는 [그림 7-2]와 같이 산업재산권, 저작권, 신지식재산권으로 구분할 수 있다.

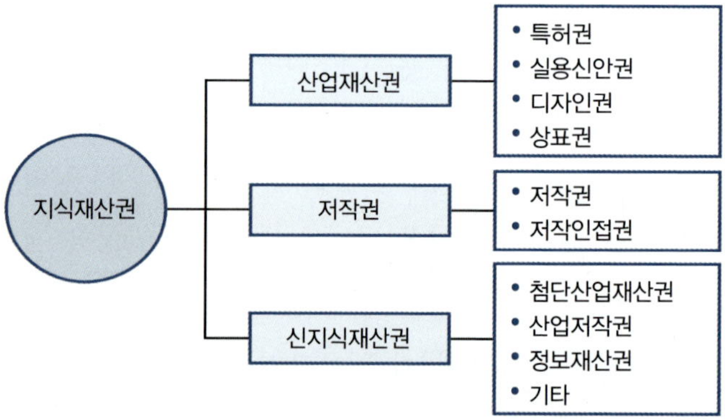

[그림 7-2] 지식재산권의 종류

1) 지식재산권은 왜 필요한가

• 시장에서의 독점적 지위 확보

지식재산권은 독점배타적인 무체재산권으로 신용창출, 소비자의 신뢰도 향상 및 기술판매를 통한 로열티 수입이 가능하다.

• 특허분쟁의 예방 및 권리보호

자신의 발명 및 개발기술을 적시에 출원 및 권리화함으로써 타인과의 분쟁을 사전에 예방하고, 타인이 자신의 권리를 무단 사용 시 적극적으로 대응하여 법적 보호가 가능하다.

• 연구개발 투자비 회수 및 향후 추가 기술개발의 원천

막대한 기술개발 투자비를 회수할 수 있는 확실한 수단이며, 확보된 권리를 바탕으로 타인과 분쟁 없이 추가 응용 기술개발이 가능하다.

• 정부의 각종 정책자금 및 세제지원 혜택

지식재산권을 보유하고 있는 경우 특허기술 사업화 자금지원을 비롯하여 각종 정부자금 활용과 세제지원 혜택이 주어진다.

2) 산업재산권의 개념 및 분류

산업재산권(Industrial Property Right)은 새로운 발명에 대하여 그 창작자에게 일정 기간 동안 독점 배타적인 권리를 부여하는 대

신, 이를 일반인에게 공개하도록 하여 일정기간이 지나면 누구나 이를 이용할 수 있도록 함으로써 기술 진보와 산업 발전을 추구하는 제도이다.

산업재산권은 특허권, 실용신안권, 디자인권, 상표권을 총칭하며, 산업활동과 관련된 사람의 정신적 창작물(연구 결과)이나 창작된 방법을 보호하고 그 독점적 권리를 인정하기 때문에 무체재산권의 일종으로 분류된다. 〈표 7-1〉은 산업재산권의 개념 및 분류를 설명한 것이다.

〈표 7-1〉 **산업재산권의 개념 및 분류**

구분	특허권	실용신안권	디자인권	상표권
정의	자연법칙을 이용한 기술적 사상의 창작으로써 발명 수준이 고도화된 것(대발명)	자연법칙을 이용한 기술적 사상의 창작으로써 물품의 형상·구조·조합에 관한 실용 있는 고안(소발명)	물품의 형상·모양·색채 또는 이들이 결합한 것으로써 시각을 통하여 미감을 느끼게 하는 것	타인의 상품과 식별하기 위하여 사용되는 기호·문자·도형·입체적 형상·색채, 홀로그램·동작 또는 이들을 결합한 것
보기(전화기)	알렉산더 그레이엄벨이 전자를 응용하여 처음으로 전화기를 생각해 낸 것	분리된 송수화기를 하나로 하여 편리하게 한 것	탁상전화기를 반구형이나 네모꼴로 한 것	전화기 제조회사가 제품이나 포장 등에 표시하는 상호·마크
존속기간	설정등록일로부터 출원일 후 20년까지	설정등록일로부터 출원일 후 10년까지	설정등록일로부터 출원일 후 20년까지	설정등록일로부터 10년(10년마다 갱신 가능, 반영구적 권리)

[그림 7-3] 산업재산권 분류의 예시

〈표 7-2〉 참고자료: 특허제도와 실용신안제도 비교

구분		특허	실용신안
등록	보호대상	자연법칙을 이용한 기술적 사상의 창작으로서 고도한 것	물품의 형상·구조 또는 조합에 관한 자연법칙을 이용한 기술적 사상의 창작
	등록요건	신규성, 진보성 등 실체적 요건	특허와 동일
	결정방법	특허결정 또는 특허거절 결정	실용신안 등록결정 또는 실용신안 등록결정 거절
권리 행사	권리존속기간	20년	10년
	권리행사의 요건	설정등록	특허와 동일
	침해자의 과실추정	설정등록 후	특허와 동일
권리 취소 무효	이의신청	이의신청제도가 무효심판제도로 통합	특허와 동일
	심사청구	출원부터 5년 이내, 누구든지 가능, 취하할 수 없음	출원부터 3년 이내, 누구든지 가능, 취하할 수 없음
	무효심판	• 설정등록이 있는 날부터 등록공고일 후 3개월 이내	특허와 동일

		에는 누구든지 가능 • 등록공고일 후 3개월 이후에는 이해관계인 또는 심사관만 가능	
기타	우선심사제도	있음	있음
	진보성	용이하게 발명가능한지 여부	극히 용이하게 고안가능한지 여부
	정정가능절차	무효심판, 정정심판, 정정의 무효 심판	특허와 동일

〈표 7-3〉 **참고자료: 상표의 종류**

구분	상표	서비스표	업무표장	단체표장
정의	타인의 상품과 식별하기 위해 사용하는 표장(과자, 옷, 학용품, 자동차 등에 사용)	타인의 서비스업과 식별하기 위해 사용하는 표장(광고업, 금융업, 요식업 등에 사용)	국내에서 비영리 업무를 영위하는 자가 업무를 나타내기 위해 사용하는 표장	동종업자의 법인이 단체참여자의 영업에 관한 상품 또는 서비스업에 사용하는 표장
사례	청정원	본죽&비빔밥cafe	KORAIL	무안양파
등록번호	40-0000000	41-0000000	42-0000000	44-0000000
권리자	대상 주식회사	본아이에프 주식회사	대한민국 철도청	무안양파 영농조합법인

3) 저작권과 저작인접권

저작권은 지식재산권의 하나로서 인간의 사상 또는 감정 등을 독창적으로 표현한 창작물인 '저작물'에 대하여 창작자가 가지는 독점적 · 배타적인 권리를 말하며, 산업재산권과 달리 창작과 동시에 보호를 받으며 보호받기 위하여 별도의 등록 절차나 방식을 필수적으로 요구하지는 않는다. 〈표 7-4〉는 저작권과 저작 인접권의 비교를 설명한 것이다.

〈표 7-4〉 **저작권과 저작인접권의 비교**

구분	저작권	저작인접권
정의	사람의 생각이나 감정을 표현한 결과물에 대하여 그 표현한 사람에게 주는 권리로 저작인격권과 저작재산권으로 구 분됨	글자 그대로 저작권에 인접한, 저작권과 유사한 권리로서 이 권리는 실연자(배우, 가수, 연주자), 음반제작자 및 방송 사업자에게 귀속됨
예시	소설가가 소설작품을 창작한 경우에 원고 그대로 출판·배포할 수 있는 복제·배포권과 함께 그 소설을 영화나 번역물 등과 같이 다른 형태로 저작할 수 있는 2차 저작물 작성권, 연극 등으로 공연할 수 있는 공연권 등	• 실연자가 그의 실연을 녹음 또는 녹화하거나 사진으로 촬영할 권리 • 음반제작자는 음반을 복제·배포할 권리 • 방송사업자는 그의 방송을 녹음·녹화·사진 등의 방법으로 복제하거나 동시 중계방송할 권리
보호 기간	• 사람이 저작자인 경우에는 저작물을 창작한 때로부터 시작되어 저작자가 살아 있는 동안과 사후 70년간 • 법인이나 단체가 저작자인 경우는 공표한 다음해부터 70년간	• 실연의 경우에는 그 실연을 한 때부터 70년간 • 음반의 경우에는 음반을 발행한 때로부터 70년간 • 방송의 경우에는 방송을 한 때부터 70년간

4) 신지식재산권의 개념 및 분류

신지식재산권이란 전통적인 산업재산권, 저작권의 범주에 속하지 않으면서 경제의 발전 및 변화와 함께 그 보호의 필요성이 대두된 새로운 지식재산권을 말한다. [그림 7-3]은 신지식재산권의 개념 및 분류를 설명한 것이다.

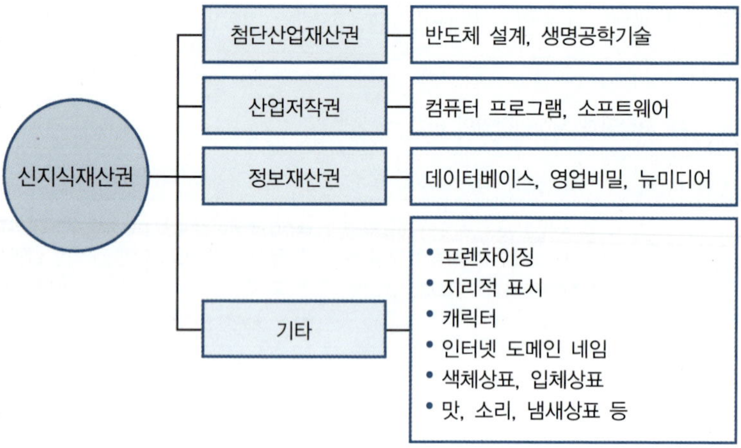

[그림 7-4] 신지식재산권의 개념 및 분류

3 사업화를 추진하기 위한 5가지 핵심요소

사업화를 추진하기 위한 핵심요소로는 사업화 조직, 사업적 가능성, 사업모델, 기술적 가능성, 권리화를 들 수 있다. [그림 7-5]는 사업화를 추진하기 위한 5가지 핵심요소를 나타낸 것이다.

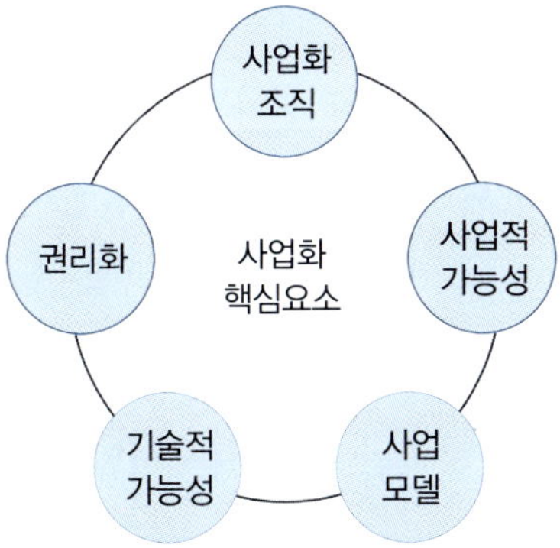

[그림 7-5] **사업화를 추진하기 위한 5가지 핵심요소**

▪ 사업화 조직

기술사업화를 위해서는 우선 이를 추진할 조직이 구성되어야 하는데, 이 중 가장 중요한 참여자는 사업을 중추적으로 추진할 사업화 추진팀장이다. 또한, 사업화 추진팀장을 중심으로 팀원들이 필요하며, 이 외에 이들의 활동을 지원해 줄 수 있는 후원자를 확보하는 것도 매우 중요하다. 팀원들만으로 사업화를 추진하기 어려울 경우에는 외부 조직을 활용할 필요가 있다.

▪ 사업적 가능성

해당 아이템에 대한 사업적 가능성을 확인해볼 필요가 있는데, 이를 위해서는 잠재고객을 정의하고, 시장으로 진입하기 위한 채널을 확인해야 하며, 경제적인 가능성 및 사업가치 등을 심층적으로 고려해 보아야 한다.

■ 사업모델

사업적 가능성이 있는 여러 대안 중에서 최종적으로 선정한 사업아이템에 대해 구체적인 사업모델을 설정하고, 사업화에 필요한 기술이 경제성을 유지할 수 있는지를 확인해 볼 필요가 있다. 또한, 해당 시장을 분석하고, 사업과 관련된 라이선스 여부도 확인해 보아야 하며, 자금조달 및 현금흐름(Cash Flow)을 포함한 재무분석도 필요하다.

■ 기술적 가능성

해당 기술의 명세를 작성한 후, 이 기술이 실용적 목적에 부합하는지의 여부와 프로토타입(Prototype)을 통해 기술이 제대로 구동될 수 있는지도 확인하여야 한다. 또한, 이 기술로 구현될 제품의 원가를 분석해 보고, 사업화에 필요한 인프라와의 적합성도 따져 볼 필요가 있다.

■ 권리화

해당 기술과 관련된 특허들의 위치와 권리청구범위(Claim)를 파악하고 이들에 대한 진입장벽 및 영업비밀(Trade Secrets)도 검토해 볼 필요가 있다.

4 사업화화 프로세스

사업화 프로세스는 1단계 사업기회 파악, 2단계 사업개발, 3단계 사업전개, 4단계 성과확산 등으로 이루어진다. [그림 7-6]은 단계별 사업화 프로세스를 나타낸 것이다.

1) 1단계 : 사업기회 파악

■ 관련시장 파악

- 해당 기술에 대한 전반적인 시장규모를 분석한다.
- 시장을 세분화하되, 각 세그먼트별로 고객, 경쟁자 규모 등을 파악한다.
- 관련 기술의 추이를 파악한다.

1단계 사업기회 파악	2단계 사업개발	3단계 사업전개	4단계 성과확산
•관련시장 파악 •기술역량 확인 •사업아이템 도출 •잠재시장 규정 •잠재적 사업모델 규정 •최적의 사업 아이템 선정	•필요기술에 집중 •수익성 확인 •제품수용 테스트 •제품조정 •사업가치 파악 •제품확정 •목표시장 결정 •제품 NABC 작성 •업무확정 및 수행 •사업개발팀장 선정 및 확보 •팀 가동 •협력자 확보 •핵심인력 추가 •사업계획 준비	•시장전개 현황 모니터링 •보완요소 개발 •시장개발 계획 수행 •자금확보 •사업모델 구축 •파트너협력 추가 •제품인력 추가 •지원인력 추가 •지원인프라 투자 •사업운영	•새로운 사업기회 발굴 •새로운 역량 추가 •새로운 사업개발 계획 창출

[그림 7-6] 단계별 사업화 프로세스

■ 기술역량 확인

- 개발된 기술이나 특정 툴과 같이 현재 보유하고 있는 역량을 파악한다.

■ 사업아이템 도출

- 사업아이템별로 평가를 실시한다.
- 사업성과나 사업가치 등과 같은 평가기준을 설정한다.

■ 잠재시장 규정

- 시장의 니즈를 파악하고, 잠재시장의 범위를 좁힌다.
- 시장선정의 기준을 마련하여 잠재시장을 선별한다.
- 해당 기술에 대한 실현가능성이 높을 것으로 판단되는 1~2개의 목표시장을 선택한다.

■ 잠재적 사업모델 규정

- 여러 가지의 가능성에 대해 검토한다.
- 사업목적에 대해 각 모델별로 찬반양론을 평가한다.
- 하나의 사업모델, 또는 사업모델의 조합을 선택한다.

■ 최적의 사업아이템 선정

- 평가결과를 분석한다.
- 설정된 선정기준에 따라 최적의 사업아이템을 선정한다.

2) 2단계 : 사업개발

■ 필요기술에 집중

- 기술역량을 사업아이템 및 제품과 연계한다.
- 기술역량을 정의하고, 담당자를 선정한다.
- 기술역량 담당자와 업무계획을 수립한다.

■ 수익성 확인

- 기술사업화의 성과를 평가할 담당자를 결정한다.
- 분석한 사업성과를 상세히 기록한다.

■ 제품수용 테스트

- 신제품의 성능 및 이점에 대해 시장 관련자들의 의견을 수렴한다.
- 시장 관련자들이 신제품에 대해 관심을 갖는지 파악한다.

■ 제품조정

- 사업개발자나 사업부 등의 관점에 따라 제품을 수정한다.
- 불확실성이 클 경우에는 사업아이템에 대해 재점검한다.

■ 사업가치 파악

- 사업가치 창출의 가능성을 파악하기 위해 재무적인 분석을 실시한다.
- 제품・시장 테스트와 고객 반응에 대한 결과를 종합한다.

• 예상되는 자금과 소요자원을 추가로 고려한다.

■ 제품확정

• 최종적인 제품을 서술한다.

• 그동안의 조사, 분석을 통해 파악된 결과를 상세히 기록한다.

■ 목표시장 결정

• 시장에 대해 파악한 결과를 검토한다.

• 목표시장에 대한 선정기준을 마련하고, 1~2개의 목표시장을 선정한다.

■ 제품 NABC 작성

• 시장의 요구(Needs), 접근법(Approach), 이익(Benefit), 경쟁(Competition)을 정의한다.

• 어떻게 시장 Needs를 만족시키고 Benefits을 제공할 것인지를 구체화한다.

■ 업무확정 및 수행

• 가치제안(Value Proposition)을 실시한다.

• 출시를 결정하고, 제품·서비스를 제공한다.

■ 사업개발팀장 선정 및 확보

• 평가표를 마련한다.

• 팀장에 대한 예비 목표 및 관련된 보상기준을 마련한다.

- 시장 지향적인 후보자들을 조사하고 접촉한다.
- 후보자들을 정한 후, 인터뷰를 통해 최종적으로 팀장을 결정한다.

■ 팀 가동

- 사업개발팀을 구성하고 가동한다.
- 성과를 평가하고, 경제적 가치를 구체화한다.
- 제공할 신제품을 검토해 보고, 필요시에는 제품기술에 적절한 수정을 진행한다.

■ 협력자 확보

- 시장진입의 포인트 및 핵심역량을 가진 협력자들을 파악한다.
- 선정된 시장에 가장 적합한 협력자들의 순위를 결정한다.
- 이들과의 협력에 따른 매출과 운영비용을 추정한다.

■ 핵심인력 추가

- 사업에 필요한 역량을 정의하고, 후보자들을 결정한 후 팀에 합류시킨다.
- 필요한 자원을 동원하기 위해 계약, 동업 등을 추진한다.

■ 사업계획 준비

- 최종적인 사업모델을 선택하고 확정(당초의 사업모델과 다를 수도 있음)한다.
- 시장진입 전략, 마케팅, 사업운영, 팀원 구성 등을 포함시킨다.

• 재무적인 분석을 포함시킨다.

3) 3단계 : 사업전개

■ **시장전개 현황 모니터링**

• 간단한 모니터링시스템을 운영한다.

• 신기술, 신시장, 파트너 등과 같이 사업계획에 영향을 줄 수 있는 요소들의 동향을 파악한다.

• 가장 잠재력이 큰 시장에 대해 사업적 가능성을 타진한다.

■ **보완요소 개발**

• 제품에 대한 브로슈어를 준비한다.

• 잠재고객을 대상으로 한 발표회나 설명회를 준비한다.

■ **시장개발 계획 수행**

• 잠재고객을 A, B, C등급으로 설정한다.

• 1차 접촉대상 고객을 선정한다.

• A등급 고객을 대상으로 설명회를 실시한다.

• 고객의 반응을 검토하고, 필요시 제품을 수정한다.

■ **자금확보**

• 목표시장에 진출하는 데 필요한 자금을 파악한다.

• 자본투자자들과의 네트워크를 구축한다.

• 파트너나 투자자 대상으로 사업설명을 위한 핵심자료를 준비

한다.

- 1차 자금조달을 위한 최종 사업계획서를 작성한다.

■ 사업모델 구출

- 선정된 사업모델을 추진하는 데 필요한 항목들을 도출한다.
- 기업 내부의 사업 프로세서와 관련 부서와의 합의를 도출한다.
- 파트너의 조직과 자원을 적절히 연계한다.

■ 파트너협력 추가

- 필요로 하는 자원을 파악한다.
- 잠재적인 파트너들과 그들의 자원을 파악한다.
- 가장 적합할 것으로 판단되는 3개 정도의 파트너들과 협의를 추진한다.
- 필요하다면, 파트너십이나 협력체제를 구축한다.

■ 제품인력 추가

- 선정된 시장세분화에 따라 필요한 인력을 결정한다.
- 후보자들을 검토한 후에 팀에 합류한다.

■ 지원인력 추가

- 선정된 사업계획에 따라 재무, 인사, 총무 등과 같은 필요한 지원인력을 결정한다.
- 후보자들을 검토한 후에 팀에 합류한다.

■ 지원인프라 투자

- 설비, 건물, 통신망 등과 같이 필요한 인프라를 파악한다.
- 건물 부지, 설비, 자재공급자 등을 결정한다.

■ 사업운영

- 사업계획을 실행한다.
- 성과를 파악하여, 필요시에는 사업전략이나 실행계획을 수정 한다.

4) 4단계 : 성과확산

■ 새로운 사업기회 발굴

- 사업적 성공과 새로운 시장기회를 연계한다.
- 1~2개의 새로운 사업기회를 선택하고 평가한다.
- 새로운 사업기회에 필요한 역량과 현재의 보유역량을 연계한다.

■ 새로운 역량 추가

- 새로운 시장에 필요한 역량을 파악한다.
- 현재 보유역량과의 잠재적인 갭을 파악한다.
- 새로운 역량과 기존 역량을 통합한다.

■ 새로운 사업개발 계획 창출

- 2단계(사업개발) 프로세스를 수행한다.
- 현재의 사업계획 및 활동과 연계한다.

5) 단계별 사업화 프로세스

앞에서 설명한 사업화 핵심요소들을 파악하고 나면, 본격적인 사업화를 추진해야 하는데, 사업화는 [그림 7-6]과 같이 사업기회 파악, 사업개발, 사업전개, 성과확산의 4단계로 구분해 볼 수 있다.

(1) 1단계 : 사업기회 파악

사업기회 파악에서 가장 우선적으로 추진해야 하는 사항은 해당 기술에 대한 전반적인 시장규모를 예측하는 것이다. 시장을 세분화하되, 각 세그먼트별로 고객, 경쟁자 규모, 관련 기술의 추이를 파악해야 한다. 또한, 개발된 기술이나 특정 툴과 같이 현재 보유하고 있는 역량을 이해하고, 사업아이템별로 평가를 실시하여 사업성과나 사업가치 등과 같은 평가기준을 설정할 필요가 있다.

잠재적 시장과 사업모델을 규정하는 문제도 매우 중요하다. 잠재시장을 규정하는 데 있어 시장의 니즈를 이해하고, 잠재시장의 범위를 좁혀야 하며, 시장선 정의 특정기준을 마련하여 잠재시장을 적절히 선별해 나가는 것이 요구된다. 이를 통해 해당 기술에 대한 실현가능성이 높을 것으로 판단되는 1~2개의 목표 시장을 선택하여 잠재시장의 접근가능성을 높인다. 또한, 사업모델 규정에서는 하나의 사업모델, 또는 사업모델의 조합을 선택해야 하는데, 사업목적에 따라 각 모델별로 찬반양론을 평가하고 여러 가지 가능성에 대해 검토할 필요가 있다. 이러한 일련의 평가분석을 마치고 나면 설정된 선정기준에 따라 최적의 사업아이템을 선정하는 과정을 거친다.

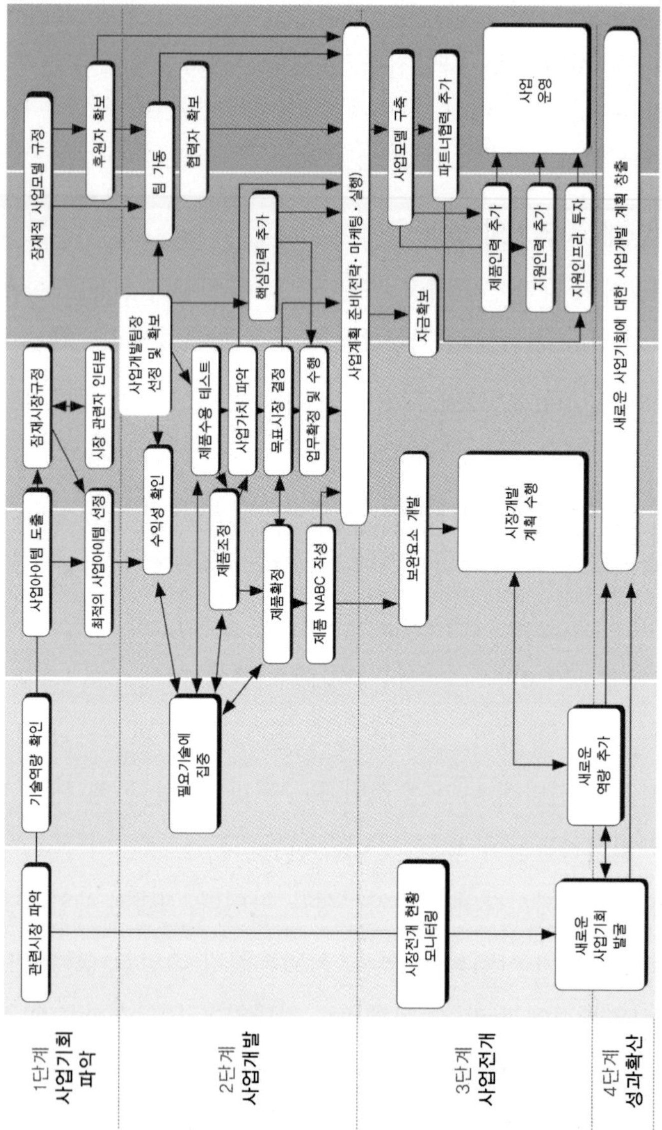

[그림 7-7] 단계별 사업화 프로세스

(2) 2단계 : 사업개발

사업개발에서는 먼저 사업화의 필요기술에 집중하는 것이 무엇보다도 중요하다. 기술역량을 사업아이템 및 제품과 연계하고, 담당자를 선정하여 철저한 업무계획을 수립해야 한다. 이것을 마치고 나면 기술사업화의 성과를 평가할 담당자와 함께 사업성과에 따른 수익성 검증작업을 진행한다. 또한 제품수용 테스트 및 제품조정 과정을 거쳐 신제품의 성능과 이점에 대해 시장 관련자들과의 의견과 동향을 수렴하고, 사업 아이템에 대해 재점검한다. 사업가치 파악 부문에서는 가치창출을 위한 재무적인 분석을 실시하여야 하며, 제품・시장 테스트와 고객 반응에 대한 결과를 종합하는 한편, 예상되는 자금과 소요자원을 추가로 고려해야 한다. 그리고 제품이 확정되었다면 최종적인 제품내용과 조사, 분석을 통해 파악된 결과에 대한 상세 기록과 목표시장에 대한 선정기준을 마련하고 실제로 1~2개의 시장을 선정해 둘 필요가 있다.

목표시장에 따른 제품 NABC(Needs, Approach, Benefits, Competition)를 정의하여, 어떻게 시장의 요구를 만족시키고 이익을 제공할 것인지를 구체화하는 부분도 간과할 수 없다. 더 나아가 실제 출시를 결정하고, 제품・서비스를 제공하는 것으로 업무를 확정지었다면, 사업개발팀장을 선정하고, 성과를 평가하고 경제적 가치를 구체화시켜 줄 수 있는 팀을 가동하도록 한다. 사업개발팀(사업단) 구축 외에도 시장진입의 포인트 및 핵심역량을 가진 협력자들을 파악하여, 이들과의 협력에 따른 매출과 운영비용을 추정하는 과정이 요구된다. 또한 핵심인력을 추가하여 팀에 합류시키고 계약, 협약 등을 추진 완료하였다면 최종적인 사업모델을 선택하고 확정하는 단계로 넘어가도록 한다.

(3) 3단계 : 사업전개

사업전개에서는 시장전개 현황을 모니터링하여 보완해야 할 요소들을 점검한 후 개발에 착수해야 한다. 신기술, 신시장, 파트너 등과 같이 사업계획에 영향을 줄 수 있는 요소들의 동향을 파악하여 가장 잠재력이 큰 시장에 대해 사업적 가능성을 타진하는 한편, 제품에 대한 홍보물을 마련하여 잠재고객을 대상으로 한 발표회나 설명회를 개최할 필요가 있다. 잠재고객에게 접근하는 방식에서는 A, B, C등급으로 고객을 설정하여 1차 접촉대상 고객을 구분하여 그들을 대상으로 설명회를 실시, 고객의 반응을 검토하도록 한다. 또한 목표시장에 진출하는 데 필요한 자금을 파악하고, 선정된 사업모델을 추진하는 데 필요한 항목들을 도출하여 관련 부서와 합의를 통해 적절한 사업안을 작성하도록 한다.

사업전개에서 필수적으로 수반되어야 하는 것은 지원인력과 인프라 구축이다. 먼저 잠재적인 파트너들과 그들의 자원을 파악하여 협력체계를 구축하고, 선정된 시장세분화에 따라 필요한 인력을 결정한다. 지원인력 추가에서는 선정된 사업계획에 따라 재무, 인사, 총무 등과 같은 필요한 지원인력을 결정하고, 지원 인프라 투자에서는 설비, 건물, 통신망 등과 같은 기초 인프라를 파악하고 건물 부지, 설비, 자재공급자 등을 결정한다. 사업운영에서는 사업화 성과를 파악하여, 필요시에는 사업전략이나 실행계획을 수정할 수 있도록 준비한다.

(4) 4단계 : 성과확산

성과확산에서는 기존의 사업역량을 토대로 새로운 사업기회와 사업역량, 그리고 사업개발계획을 창출한다. 1~2개의 새로운 사업기회를 선택하고 평가하여 새로운 사업기회에 필요한 역량과 현재의 보유역량을 연계하도록 한다. 새로운 시장에 필요한 역량을 파악하는 과정에서는 현재 보유역량과의 잠재적인 갭(Gap)을 확인하여 적절하게 통합시킬 필요가 있다. 그리고 이를 현재의 사업계획 및 활동에 적용시켜 향후 개발계획 창출에 미리 대비할 수 있도록 하는 것이 필요하다.

Appendix

부록

Environmental, Social and Governance

1 ESG 관련 기관

■ 국제금융공사(IFC)

국제금융공사(International Finance Corporation, IFC)는 개발도상국 및 저개발국 민간기업에 투자하는 유엔 산하 금융기관으로 1956년 설립되었다. 2005년 'Who Cares Wins' 컨퍼런스 보고서 〈Investing for Long-Term Value〉에서도 ESG 용어를 사용하였다. 세계 최대 개발금융기관인 IFC는 2003년 적도원칙(Equator Principles) 외에도 ESG 성과 및 리스크를 평가하고 관리할 수 있는 여러 표준 및 원칙을 개발하였다.

- 환경 및 사회적 지속가능성에 대한 성과 표준(Performance Standards on Environmental and Social Sustainability, 2012): IFC의 투자를 받은 기업들이 준수해야 할 환경 및 사회적 리스크 관리 책임을 규정
- 임팩트 관리를 위한 운영원칙(Operating Principles for Impact Management, 2019): 펀드 관리에 있어 재무수익과 함께 사회·환경에 긍정적인 임팩트 창출 을 고려하기 위한 운영 원칙으로, 투자 포트폴리오와 임팩트 목표 연계, 임팩트 달성 전략 등을 포괄한다.

■ 국제기업지배구조네트워크(ICGN)

국제기업지배구조네트워크(International Corporate Governance

Network, ICGN)는 기업지배구조 개선에 관한 정보 교류 및 연구를 위해 1995년 설립된 국제 비영리기구로, 기관투자자를 중심으로 학계, 기업, 정부기관 등 폭넓은 네트워크를 지닌 기업지배구조 관련 세계 최대 규모의 기관이다. 1980년대 중반 이후 북미와 유럽에서 기업지배구조의 중요성이 높아지고, 기관 투자자들이 10년 이상 주주행동주의에 관한 경험을 쌓은 것이 ICGN 설립의 주요 배경이 되었다.

ICGN은 기업지배구조 관련 정보와 이슈를 교류하기 위한 글로벌 플랫폼 역할을 하며, 기업지배구조 원칙과 관행에 대한 연구를 수행한다. 또한 기업지배구조 모범규준 및 가이드라인 제정을 촉구하고 연구 활동을 지원한다.

2016년 도입한 국내 스튜어드십 코드도 ICGN의 자료를 기준으로 삼았다. 국민연금과 한국투자공사(KIC)를 비롯해 세계 각국의 연기금과 블랙록, 피델리티 등 글로벌 금융사들도 회원사로 참여하고 있다. 회원사인 45개국 기관투자자가 운용하는 자산규모는 2021년 현재 54조 달러에 이른다. 전(前) 한국기업지배구조원(KCGS) 원장인 조명현 고려대 경영학과 교수가 2019년 ICGN 이사로 선임돼 6년 임기로 활동하고 있다.

■ 국제 기후채권기구(CBI)

국제 기후채권기구(Climate Bonds Initiative, CBI)는 2009년 영국 정부와 국제금융기관의 지원으로 설립된 국제 비영리기구다. 채권 시장을 움직여 지속가능한 금융으로의 전환을 촉구하는 투자자

이니셔티브다. 이를 위해 기후채권 표준(Climate Bonds Standards)을 개발하고 부문별 녹색 채권 발행기준을 제공한다.

■ 국제 지속가능성 기준위원회(ISSB)

자본시장에서 지속가능성의 중요성이 증가하면서 이를 공시하고자 하는 기준이 발표되어 왔으나 공시기준이 표준화되어 있지 않아 주로 글로벌 보고 이니셔티브(GRI), 지속가능성회계기준위원회(SASB), 기후관련 재무정보공개 태스크포스(TCFD) 등의 기준에 따라 공시하여 왔다. 정보를 제공하는 기업은 여러 기준에 따라 중복 공시하는 혼란, 정보를 제공받는 정보이용자 입장에서도 상이한 기준에 따라 공시된 정보로 인하여 기업 간 비교가 어려운 문제점이 발생하였다. 이에 2020년 9월 지속가능성 공시표준기구들은 공동 표준 제정에 합의하였고 국제회계기준위원회(IFRS) 역시 표준 통합을 위해 꾸준히 노력한 결과 2021년 11월 국제 지속가능성 기준위원회(International Sustainability Standards Board, ISSB) 설립을 공식화하고 지속가능성 정보공시에 관한 글로벌 기준점(Global baseline)을 마련하겠다고 선언하였다.

2022년 3월 ISSB는 지속가능성 공시를 위한 최초의 기준서인 'IFRS S1 일반요구사항'과 'IFRS S2 기후관련공시'에 대한 초안을 발표하였다. 초안에 따르면 종속기업에 대한 지속가능성관련 정보도 보고하도록 되어있으며, 기후관련공시지표의 경우 국내기업이 이미 활용 중인 GRI 기준보다 공시범위가 넓고 탄소배출량 공시 시 Scope 3 배출량까지 공시하도록 하였다.

◆ 한국지속가능성기준위원회(KSSB)

금융위원회와 한국회계기준원이 유관기관과 협력해서 ISSB의 공시기준에 대한 국내 이해관계자의 의견을 수렴하고 해외기구와 국제협력을 하는 등 국내외적 논의에 대응하기 위해 2023년 1월 지속가능성기준위원회(KSSB)를 결성하였다.

■ 국제통합보고위원회(IIRC)

국제통합보고위원회(International Integrated Reporting Council, IIRC)는 기업 재무정보 뿐 아니라 ESG 정보를 통합적으로 제공하는 보고서 작성을 위해 '국제적으로 인정되는 회계원칙'을 제정하고자, 지속가능성회계프로젝트(The Prince's Accounting for Sustainability, A4S)와 국제회계사연맹(IFA), GRI에 의해 2010년 설립된 조직이다. 전 세계 규제 당국, 투자자, 기업, 표준 제정기구, 회계 전문가 및 NGO 등이 참여했다.

IIRC에서는 2013년 통합 보고(Integrated Reporting) 프레임워크를 제시 했는데, 이는 재무보고서와 지속가능보고서를 하나로 합친 개념이다. 통합 보고서는 전통적인 재무자본과 제조자본 외에도 지식자본, 인적자본, 사회·관계 자본, 자연자본 등 6가지 자본의 개념을 제시한다. 즉, 이는 실물자본뿐 아니라 무형자본까지 포함한 모든 유형의 자본에 대한 회계책임(Accountability)과 수탁책임(Stewardship)을 높이고, 단기·중기·장기적인 가치창출에 중점을 둔 보고 프레임워크다. 현재 네슬레, 바스프, 다농 등 70개국 2,500개가 넘는 기업이 통합보고를 하고 있다.

IIRC는 2020년 11월 SASB와의 합병을 선언했고, 2022년 가치 보고재단(Value Reporting Foundation)으로 통합됐다.

■ 글로벌 탄소 프로젝트(GCP)

글로벌 탄소 프로젝트(Global Carbon Project)는 2001년 결성된 글로벌 이니셔티브로, 국제 과학계와 협력해 인간 활동이 배출하는 탄소와 지구 시스템에 대한 지식을 연구 하는 프로젝트다. 온실가스 배출을 감축해 지속가능한 환경을 만드는 것을 목표로 한다. GCP는 주요 온실가스인 이산화 탄소, 메탄, 아산화질소의 대기 중 농도와 각국의 정책을 집중 적으로 모니터링한다. GCP 및 국제에너지기구(IEA) 등에 따르면 2020년 탄소 감축량은 26억 톤으로, 1900년 집계를 시작한 이래 최대 폭으로 감소하였다.

■ 글래스루이스(Glass Lewis)

글래스루이스(Glass Lewis)는 2003년 설립된 세계적인 의결권 자문기관으로, 1,300명 이상의 기관투자자를 대상으로 기업의 거버넌스 관련 동향과 의결권 행사에 관한 가이드라인 및 자문을 제공하고 케이스별로 주주권 행사 과정 전반을 지원한다. 매년 30,000건 이상의 주주총회 의안 분석 등의 리서치 보고서를 발간한다.

또한 ESG 리스크 평가기관인 Sustainalytics와 협력하여 Sustainalytics의 서비스 중 4,500개 이상의 기업에 대한 ESG 연구 및 평가 내용을 Glass Lewis의 거버넌스 리서치 및 의결권 자문 플랫폼에 통합하여 제공하고 있다.

Glass Lewis는 지속가능성 회계기준위원회(SASB)의 회원사로서 서비스 플랫폼에 SASB의 업계별 표준을 표시하여 제공하고 있다. 이외에도 국제기업지배구조네트워크(ICGN) 회원사이자 유엔책임투자원칙(UN PRI) 서명기관이다. 외국 의결권 자문기관으로는 처음으로 2018년 한국 스튜어드십 코드에 참여했다.

매년 국내 기업의 750~800개 주주총회 안건을 분석해 기관투자자에게 의안 분석 보고서를 제공한다. 한편, 국내 대표적인 의결권 자문기관으로는 대신경제연구소 내 대신지배구조 연구소, 서스틴베스트, 한국기업지배구조원이 있다. 2021년 금융위원회는 '의결권 자문사 이용 가이드라인'을 제정해 관리·감독하겠다는 계획을 밝혔으며, 향후 의결권 자문사에 대한 등록 및 신고제 도입도 검토하고 있다.

■ 글로벌 보고 이니셔티브(GRI)

글로벌 보고 이니셔티브(Global Reporting Initiative, GRI)는 기업의 지속가능경영 보고서에 대한 가이드라인을 제시하는 비영리기구로, 1997년 미국의 환경단체 세레스(Coalition for Environmentally Responsible Economies, CERES)와 유엔환경계획(UNEP) 등이 주축이 되어 설립했다. GRI의 핵심은 지속가능성 보고 표준(Sustainability Reporting Standards)이며, 지난 20년 동안 지속적으로 개발되어 왔다. 2000년 발표된 GRI 가이드라인은 지속가능성 보고를 위한 최초의 글로벌 프레임워크다. 이후 가이드라인은 G2~G4로 이어지며 확대 및 개선되었다. 2016년, GRI는 최초의 글로벌 지속 가능성 보고 표준인 GRI 스탠다드(Standards)를 제시했으며, 계속 업데이트되고 있다. GRI Standards는 경제 분야 6개 주제, 환경 분야 8개 주제, 사회 분야 19개 주제 등 광범위한 주제별 영향 보고를 위한 세부 지침과 글로벌 우수사례를 제시한다. 보고 대상은 투자자를 포함한 모든 이해관계자이며, 전 세계에서 가장 널리 채택된 글로벌 지속가능성 보고 표준이다. 현재 전 세계에서 15,402개 조직이 GRI 가이드라인에 따라 지속가능경영보고서를 발간하고 있다.

■ 글로벌지속가능투자연합(GSIA)

글로벌지속가능투자연합(Global Sustainable Investment Alliance, GSIA)는 2014년 유럽, 호주, 캐나다, 영국, 미국, 일본, 네덜란드의 지속가능투자연합 기관들이 함께 설립한 조직으로, 멤버십을 바탕 으로 상호 간 네트워크와 협력 강화, 공동의 이니셔티브 수행을 위한 협의체로서 기능해왔다.

GSIA는 ESG 투자 방법론을 7가지 하위 부문으로 구분해 제시한다. 네거티브 스크리닝, 포지티브 스크리닝, 규범 기반 스크리닝, ESG 통합, 지속가능 테마 투자, 임팩트/지역사회 투자, 기업관여활동 및 주주행동 등이 그 방법론이다. 투자철학에 부합하지 않는 술, 담배, 무기 등과 같은 산업을 포트폴리오에서 배제 하던 '네거티브 스크리닝' 방식에서, 1990년대 이후로는 우수한 ESG 성과를 보이는 기업을 선별해 투자하는 '포지티브 스크리닝' 방식으로 변화했다. 최근에는 투자목적 설계, 포트폴리오 비중 선정 등 투자

의사결정 전반에 ESG 요소를 적용하는 'ESG 통합(integration)' 방식이 인기를 끌고 있다.

2012년부터 2년마다 글로벌 지속가능투자 규모를 발표하는 글로벌지속가능개발리뷰(Global Sustainable Investment Review, GSIR)를 발간하고 있다. 전 세계 지속가능투자 규모는 2012년 13.2조 달러에서 2018년 30.7조 달러로 급증했고, 2020년 상반기 40.5조 달러에 이를 정도로 급증하고 있다.

■ 기업 보고 다이얼로그(CRD)

기업 보고 다이얼로그(Corporate Reporting Dialogue, CRD)는 2014년에 국제통합보고위원회(IIRC)에서 조직한 글로벌 비재무정보 공시 표준 제정 기관들의 공식 협의체로, 현재 탄소 공개 프로젝트(CDP), 기후공시표준위원회(CDSB), 미국 회계기준 위원회, 옵저버(FASB), GRI, 국제회계기준위원회(IASB), 국제통합보고위원회(IIRC), ISO, SASB 등 총 8개 기관이 참여하고 있다. 이들은 베터 얼라인먼트 프로젝트(Better Alignment Project)를 통해 각 기관별 공시 기준 및 지표 간의 차이를 통합하기 위한 노력을 진행해왔다. 2019년 9월, 기후 관련 보고의 상호 조율 추진 보고서 〈Driving Alignment in Climate-related Reporting〉을 발간하여 CDP, CDSB, GRI, IIRC, SASB 등 5개 주요 기관의 지속가능성 보고 표준 및 프레임워크를 TCFD 권고안과 비교, 분석하는 작업에 착수하였다.

2020년 12월 5개 기관이 낸 프로토타입 보고서에는 기후변화

관련 재무정보 공개 권고안인 TCFD 기준에 따라 거버넌스, 전략, 리스크 관리, 매트릭스(측정 지표) 및 목표를 프레임워크의 전체 틀로 가져왔다. CRD는 이러한 협업을 통해 비재무성과가 재무성과와 어떻게 연관되는지 검토 하고, 궁극적으로 재무보고와 비재무보고의 통합을 지원하고자 한다.

■ 기후관련 재무정보공개 태스크포스(TCFD)

기후관련 재무정보공개 태스크포스(Task Force on Climate-related Financial Disclosures, TCFD)는 기후변화가 미치는 기업의 재무적 영향 공개를 위한 프레임워크 및 권고안을 만들기 위해, G20 재무장관과 중앙은행 총재가 설립한 금융안정위원회(FSB)에서 2015년 발족한 태스크포스다. 2017년 산업 전반에 적용되는 'TCFD 권고안'을 발표하였다. TCFD 권고안은 크게 기후 관련 리스크 및 기회, 권고안 및 지침, 시나리오 분석의 3가지 부분으로 구성된다. 이 중 권고안 및 지침은 거버넌스/전략/리스크 관리/정량적 지표 및 목표 등 4대 영역으로 구분하여 구체적 정보공개를 권고한다.

2021년 1월 기준 전 세계 77개국 1,700개 이상 기관들의 지지를 받고 있다. 영국과 뉴질랜드는 TCFD 권고안 기준 공시 의무화 방침을 발표했으며, 스위스 에서 상장기업과 금융기관의 TCFD 의무화가 추진되고 있다. 한국에서는 환경부와 한국거래소, 주요 금융지주, 포스코, SK이노베이션 등 민간기업 약 10여 곳이 지지를 선언했으며, 2020년 주요 기업에서 지속가능경영 보고서에 적용하면서 GRI, SASB와 같이 공시 표준으로 여겨지고 있다. 금융산업을 중심 으로 TCFD 참여가 활발했으나, 최근 다양한 산업분야의 기업들이 참여하면서 2023년 6월 170여 곳으로 증가하였다.

■ 기후변화당사국 총회(COP)

기후변화당사국 총회(Conference of the Parties, COP)는 지구 온난화로 인한 장기적 피해를 줄이기 위해 1992년 유엔환경개발회의(United Nations Conference on Environment and Development, UNCED)에서 체결한 유엔기후변화협약(UNFCCC)의 구체적인 이행 방안을 논의하기 위해 매년 개최하는 당사국들의 회의이다. 1차 총회는 1995년 3월 개최됐다.

■ 기후정보공개표준위원회(CDSB)

기후정보공개표준위원회(Climate Disclosure Standards Board, CDSB)는 2007년 1월 세계경제포럼(WEF)에서 기후 변화 관련 정보공개에 대한 국제 표준화의 필요성에 따라 만들어진 컨소시엄 조직이다. 탄소정보공개프로젝트(CDP)와 미국의 환경단체 세레스(CERES), 클라이밋그룹(Climate Group), 국제배출권거래협회, 세계 지속가능발전 기업협의회(WBCSD), 세계경제포럼, 세계자원연구소(WRI) 등이 이사회를 구성했다.

2010년 CDSB 정보공개 프레임워크 초안을 발표했고 2018년까지 업데이트 하였으며, 현재 32개국 374개 기업이 CDSB 프레임워크를 사용하고 있다. 보고사항으로는 기후변화 전략, 위험과 기회 요소, 온실가스 배출 등이 담겨있다. CDSB는 기업이 재무정보 공시 수준으로 환경 정보를 엄격하게 보고하는 프레임워크를 제공한다. 2020년 9월 CDSB와 GRI, SASB, IIRC, CDP 등 주요 5개 기관이 협력해 비재무정보 공시 글로벌 표준을 마련하겠다고 밝힌 데 이어, 12월에는 5개 기관 표준·프레임워크의 특정 구성요소와 TCFD 권고사항을 함께 분석하여 통합된 글로벌 표준 논의를 위한 출발점을 제공하였다.

■ **기후변화에 관한 정부 간 협의체(IPCC)**

기후변화에 관한 정부 간 협의체(Intergovernmental Panel on Climate Change, IPCC)는 1988년 유엔환경계획(UNEP)과 세계기상기구(WMO)가 공동으로 설립한 국제기구로, 전 세계 3,000명 이상의 전문가가 기후변화와 관련한 과학적 사실을 규명하기 위해 노력하고 있다. IPCC의 핵심 역할은 기후변화에 대한 전문적인 분석과 정책 방향을 제공하는 것이다. IPCC 보고서는 유엔기후변화 협약(UNFCCC)에서 정부 간 협상의 근거 자료로 활용되기도 한다. 제2차 평가보고서(1995)는 교토의정서(1997)의, 제5차 평가보고서(2014)는 파리기후변화협약(2015)의 과학적 근거를 제공했다.

■ **녹색금융협의체(NGFS)**

녹색금융협의체(Network of Central Banks and Supervisors for Greening the Financial System, NGFS)는 각국 중앙은행과 금융감

독기구가 기후변화 및 환경 관련 금융 리스크 관리·감독 기준을 논의하기 위해 만든 글로벌 협의체로, 2017년 12월 설립되었다. 기후 리스크가 정부 및 금융기관의 금융안정성 및 재정건전성에 미치는 영향에 대비하여 권고안과 가이드를 마련한다. 또한 파리 기후변화협약의 목표 달성을 위해 리스크 관리를 통한 금융시스템의 역할을 강화하고 녹색 및 저탄소 투자를 지원한다. 국내에서는 한국은행이 2019년 11월 가입하였고, 2021년 5월 금융위원회와 금융감독원이 가입하였다.

■ 모건스탠리캐피털인터내셔널(MSCI)

모건스탠리캐피털인터내셔널(Morgan Stanley Capital International, MSCI)는 1999년부터 ESG 평가를 제공해왔으며, 초기 ESG 분야를 개척한 리스크메트릭스(Riskmetrics Group), 이노베스트(innovest), 케이엘디(KLD) 등을 인수합병하여 2011년부터 ESG 리서치를 독자적으로 제공한다. 2019년에는 기후변화 대응 관련 애널리틱스 기업 카본델타(Carbon Delta)도 인수하였다.

MSCI ESG 평가는 공개된 기업 정보, 정부 DB, 매크로데이터 등을 활용해 실시되며, 피평가기업은 정보 검증과정에 참여할 수 있다. ESG 영역별 10개 주제, 35개 핵심이슈를 평가하여 AAA~CCC의 7개 등급으로 평가 결과를 부여한다. 거버넌스 평가에 가중치가 부여되며, 전체 평가등급 외에 ESG 영역별 등급도 별도로 부여한다. 매주 새로운 정보가 반영돼 업데이트 되며, 심층 기업 분석 리뷰는 연간 1회 정도 제공된다.

■ 블룸버그(Bloomberg)

블룸버그(Bloomberg)는 10년 이상 전 세계 기업의 ESG 공시 데이터를 제공 해왔으며, 2020년 8월부터는 ESG 스코어(Score) 서비스를 시작했다. 2008년 9월 CDP와의 제휴를 통해 블룸버그 터미널(단말기)에서 기업의 탄소발자국, 에너지 사용 량 등을 조회하도록 했으며, 2009년 7월 ESG 데이터 서비스를 런칭했다. 블룸버그의 ESG 데이터는 102개국 11,700개 이상의 기업에서 공개한 정보를 수집해 검증한 후 블룸버그 터미널에 공개되는데, 단말기 이용자만 평가 결과와 내용에 접근이 가능하다.

ESG Score에는 ESG 데이터를 바탕으로 이사회 구성, 환경 및 사회 성과, 성평등(gender equality), 공시 투명성 등에 관한 평가 점수가 포함된다. 또한, 자체 평가점수 외에 MSCI, 서스테이널리틱스(Sustainalytics) 등 주요 ESG 평가 기관 자료도 함께 제공, 투자자의 의사결정을 돕는다. 한편, 블룸버그는 2020년 8월 최초로 석유 및 가스기업 252개의 환경(E) 및 사회(S) 점수를 공개했고, 4,350개 기업의 지배구조(G) 점수도 공개했다.

■ 비지오 아이리스(Vigeo Eiris)

무디스 산하 ESG 평가 기관 비지오 아이리스는 2002년 설립된 ESG 평가, 데이터, 분석도구 및 지속가능금융 분야 전문 기업이다. 기업의 전략, 운영, 관리 측면에 ESG 요소를 통합하는 과정을 평가하기 때문에, Vigeo Eiris의 평가등급은 피평가기업이 주요 지속가능성 이슈를 회사의 활동과 통합하여 관리할 수 있는 역량 수준을 보여준다. 2019년 4월 신용평가기관 무디스(Moody's)가 인수하였다. Vigeo Eiris는 기업들이 ESG 기준을 사업부서 및 전략적 운영(지속가능채권, ESG 등급, CSR 평가 등)에 통합하는 것을 지원하고, 투자자들에게는 지속 가능투자 전략, 리스크 평가 및 관리 전략, 포트폴리오 분석, ESG 지표 등에 관한 정보를 제공한다.

Vigeo Eiris의 ESG 평가체계는 환경, 사회 및 거버넌스 요소가 서로 관련 있고 보완적이라는 시각에 따라 각 요소를 분리하지 않는다. 또한 ISO 26000 지침을 기준으로 환경, 인적자원, 인권, 지역사회 참여, 비즈니스 행동 및 기업 거버넌스의 6개 영역으로 구성되며, 피평가기업의 중대 ESG 이슈는 비즈니스 특수성을 감안하여 조정된다.

MSCI, Sustainalytics, 블룸버그(Bloomberg), 파이낸셜타임스스톡익스체인지 러셀(FTSE Russell) 등과 마찬가지로 Vigeo Eiris도 2020년부터 자사의 ESG 등급을 일반에 무료로 공개하고 있다.

■ 비랩(B Lab)

사회의 어려운 문제를 기업의 힘으로 개선해 포용적이고 공정하며 재생가능한 경제시스템을 만들어가는 글로벌 네트워크이다.

비랩(B Lab)은 재무적 성과와 사회적 성과를 균형 있게 추구하는 기업에 부여되는 비콥(B Corp) 인증 제도를 운영하고 있다. 비콥 인증을 받으려면, 기업이 자신의 이해관계자를 포용하고 높은 투명성과 책무성의 기준을 충족해야 한다. 아울러 제품과 서비스를 넘어 기업이 창출하는 긍정적인 사회 환경적 성과를 전반적으로 측정하는 과정이 있다. 때문에 인증 받기가 결코 쉽지 않다. 하지만 기업의 사회적 책임을 요청하는 소비자와 시민사회, ESG 경영을 지지하는 투자자의 흐름에 발맞춰 기업의 비콥 인증 수요는 더욱더 증가하는 추세이다.

2021년부터 나스닥에서는 상장기업들을 위한 ESG 보고 가이드 중 하나로 비랩과 비콥을 소개하고 있는데, 이는 비콥 기업에 대한 최근 사회 인식과 시장의 태도를 보여주는 예다.

Nasdaq

ESG RESOURCES FOR LISTED COMPANIES

REPORTING & RATINGS ORGANIZATIONS

This is a short list of reporting frameworks, standards-setters, and ratings firms; many others may also deserve attention.

- Global Reporting Initiative (GRI)
- Carbon Disclosure Project (CDP)
- United Nations Global Compact (UNGC)
- Sustainability Accounting Standards Board (SASB)
- International Integrated Reporting Council (IIRC)
- International Corporate Governance Network (ICGN)
- MSCI ESG Ratings
- Institutional Shareholder Services (ISS) ESG
- Sustainalytics
- Vigeo EIRIS
- Climate Disclosure Standards Board (CDSB)
- B Lab / B Corporation

■ 세계지속가능발전기업협의회(WBCSD)

세계지속가능발전기업협의회(World Business Council for Sustainable Development, WBCSD)는 지속가능발전에 관한 글로벌 기업들의 대표적인 이니셔티브로, 1995년 유엔환경개발회의(UNCED)에서 설립되었다. 200개 이상의 주요 기업이 회원사로 참여하고 있으며, 한국에서는 GS칼텍스, 한국타이어가 가입하였고 한국지부인 KBCSD에는 다수의 기업이 회원사로 활동 중이다.

WBCSD는 기후와 에너지, 순환경제, 소셜 임팩트 등 여러 지속가능성 난제에 대한 효과적인 비즈니스 솔루션을 제공하기 위해 회원사 및 가치사슬 상의 기업들과 협력해왔으며, 70개에 달하는 국가 비즈니스 위원회로 구성된 글로벌 네트워크를 통해 전 세계에 영향력을 행사한다. 또한 회원사들 간의 지식 공유와 지속가능성 표준 이행을 촉진하고, 관련 정책에 대한 지지를 함께 표명하며, 유엔지속가능발전목표(UN SDGs), 파리기후변화 협약 등 공동의 비전에 맞춰 경제 시스템의 전환을 지원하는 역할을 수행한다. 2020년 9월, WBCSD는 비재무정보 공시 표준 관련 시장의 컨센서스를 마련하기 위해 유엔책임투자원칙(UN PRI)와 ESG 데이터에 관한 협력을 진행한다고 발표하였다.

■ 의결권자문기관

의결권자문기관은 법률상 명시적으로 정의된 개념은 없으나, 통상적으로 증권의 보유자인 주주를 위하여, 특정 발행회사의 주주총회 의안을 분석하고, 의결권행사 방향을 자문하는 기관을 의미한다.

외국의 대표적인 의결권자문기관으로서는 기관주주서비스(Institutional Shareholder Service), 글래스루이스(Glass Lewis)가 있으며, 해당 기업들은 매년 2만 건 이상의 주주총회 의안을 분석하는 글로벌 1, 2위의 의결권자문사에 해당한다. 해당 기관은 20년 가까이 우리나라 주식시장에 큰 영향을 줄 수 있는 외국기관투자자들에게 의결권자문서비스를 제공하여 평판을 쌓아왔으며, 이를 토대로 글로벌 주주총회 결과에 영향력을 발휘하고 있다.

이에 반하여 국내 의결권자문기관은 2012년경부터 비로소 서비스를 개시하였고, 아직 시장에서 ISS나 Glass Lewis에 비하여 지위가 확고하지 않은 것으로 보인다. 법적으로도 그 지위가 명확하지 않아, 현행 자본시장법 제6조 제7항에 정한 투자자문업자에 해당하는지 여부가 논의되고 있으나, 실무상으로는 현재까지 별다른 규제 없이 설립, 운용되고 있는 것으로 파악된다.

주주행동주의 강화 추세에 맞추어, 기관투자자는 스튜어드십코드를 채택하여, 구체적인 사안에 관한 의결권을 종전보다는 적극적으로 행사하려는 노력을 기울이고 있으며 이에 따라 의결권자문기관의 영향력이 점차 높아지고 있다.

금융위원회는 2021년 1월 기관투자자들에 대한 의결권 자문사들의 영향력이 커지고 있다며 의결권자문사에 대한 관리감독에 나서겠다고 했으나 2년여가 흐른 현재까지 이렇다 할 가이드라인을 내놓지 못하고 있다.

■ 에코바디스(EcoVadis)

공급망의 사회적·환경적·경제적 성과를 평가하는 글로벌 기관으로, 2007년 설립됐다. 협력사가 제출한 자료를 기반으로 ① CSR 일반 환경 ② 노동 관행 ③ 인권 정책 ④ 공정한 비즈니스 관행 ⑤ 지속가능한 조달 5가지 분야에 걸친 39개의 질문에 대해 평가한다. 2023년 6월 기준 175+ 국가, 200+ 산업, 100,000+

기업 들이 평가 받았다.

■ 유럽 청정수소연합(European Clean Hydrogen Alliance)

2020년 7월 EU 집행위원회에서 결성된 협의체로, 유럽 지역 내 기업 및 금융기관 200개 이상이 참여하고 있다. 유럽 수소 전략을 실행하기 위한 연합체로 2030년까지 저탄소 및 신재생 수소 생산 등 수소경제 성장을 지원하기 위해 결성됐다.

■ 유엔 기후변화 협약(UNFCCC)

유엔 기후변화 협약(United Nations Framework Convention on Climate Change, UNFCCC)은 1992년 5월 브라질 리우데자네이루에서 열린 환경회의에서 채택된 협약으로 지구온난화에 따른 이상기후현상을 예방하는 것을 목표로 한다. 국가별 온실가스 배출 현황에 대한 국가통계 및 정책 이행에 관한 보고서 작성, 온실가스 배출 감축을 위한 정책 수립 및 시행, 온실가스 배출량 감축 권고 등이 주요 내용이다. 이후 교토의 정서(1997), 파리기후변화협약(2015)이 차례로 채택됐다.

■ 유엔 글로벌 콤팩트(UNGC)

유엔 글로벌 콤팩트(United Nations Global Compact, UNGC)는 코피 아난(Kofi Annan) 전(前) UN 사무총장의 주도로, 2000년 7월 출범한 기업의 사회적 책임에 관한 국제협약이다. 기업 활동에 있어 인권(Human Right), 노동 기준(Labor Standard), 환경

(Environment) 및 반부패(Anti-Corruption)에 관한 10대 원칙을 제시하였다.

10대 원칙은 세계인권선언(1948), 노동에서의 기본 원칙과 권리에 관한 ILO 선언(1998), 환경과 개발에 관한 리우 선언(1992), 유엔 반부패협약(2003)에서 유래하였다. 회원사들이 이 원칙들을 기업 운영 및 경영전략에 내재화하여 지속가능성과 기업시민의식 향상에 동참하도록 권장한다. 최근에는 지속가능발전목표(SDGs) 등 포괄적인 유엔의 목표 달성도 지원하고 있다.

현재 전 세계 157개국 14,000여 개 회원사(11,000여 개 기업회원 포함)가 참여하고 있으며, 한국의 경우 유엔글로벌콤팩트 한국협회에서 국내 기업의 가입과 참여를 담당하고 있다. 회원사로 가입하면 정보 및 네트워크 공유 등 일정한 혜택이 주어지며, 매년 유엔글로벌콤팩트 사무국에 이행보고서(COP)나 참여보고서(COE)를 제출해야 한다.

■ 유엔 기후변화협약(UNFCCC)

유엔 기후변화협약(UN Framework Convention on Climate Change)은 지구온난화에 따른 기후 변화를 예방하는 것을 목표로 1992년 리우데자네이루 환경 회의에서 채택된 협약이다. 상이한 온실가스 감축 의무, 선진국의 기술 이전 의무 부과 등 국가별 차등화된 기후 대응 의무를 부과했다. 매년 당사국 총회(COP)를 개최하고 있다. 우리나라는 1993년 12월에 비준했다.

■ 유엔 환경계획(UNEP)

유엔 환경계획(UN Environmental Programme, UNEP)은 환경 분야에서의 국제 협력을 증진하고 정책을 권고하기 위해 1972년 6월 스톡홀름에서 열린 UN 인간환경 회의의 권고와 12월 제27차 UN총회의 결의로 1972년 설립됐다. 환경 관련 유엔 활동의 방향을 설정하고 조정하며, 세계 환경 상태의 지속적 검토 및 평가, 환경 관련 정보의 수집, 평가 및 교환 촉진 등의 기능을 수행한다.

■ 지속가능성회계기준위원회(SASB)

지속가능성회계기준위원회(Sustainability Accounting Standards Board, SASB)는 2011년 설립되었으며, 주요 목적은 미 증권거래위원회(SEC)에 보고할 기업의 공시 기준을 마련하기 위한 것이었다. 투자자들에게 비교 가능한 비재무정보를 제공하고, 투자자들이 산업별로 중요한 ESG 이슈에 대한 기업의 성과를 비교할 수 있도록 하기 위해서였다.

SASB는 2018년 77개 산업별 지속가능성 보고 표준을 발표하였으며, 각 산업별 중대이슈(materiality)에 관한 정보 공개를 요구한다. GRI밖에 없었던 지속가능성 보고 표준 시장에 뒤늦게 등장했지만, 재무적 성과와 연계된 ESG 요소를 중심으로 간결한 세부 지침이 만들어져 투자자들에게 빠르게 수용되고 있다.

현재 지속가능성 보고에 있어서 GRI와 함께 가장 널리 채택되며, 특히 블랙록(BlackRock)의 래리 핑크 회장이 2020년 SASB

기준과 기후관련 재무정보공개 태스크포스(TCFD) 기준 보고서 공시를 요구하면서 큰 주목을 받았다.

2021년 6월, 국제통합보고위원회(IIRC)와 합병하여 가치보고재단(VRF. Value Reporting Foundation)을 설립하였고 2022년 6월 가치보고재단은 국제지속가능성기준위원회(ISSB)와 글로벌 지속가능성 공시기준 제정에 협력하기 위해 국제회계기준(IFRS)재단과 통합되었다.

■ 청정수소 공급망 이니셔티브(CHTI)

청정수소 공급망 이니셔티브(Clean Hydrogen Trade Initiative, CHTI)는 수소수요·공급 등 교역관련 프로젝트가 구체화된 국가를 중심으로 청정수소인증, 원산지 구정 등 교역규칙, 이산화탄소 포집 및 저장, 수소가격공시, 실증 프로젝트 등을 논의할 예정이다.

- 2021년 10월. 제26차 기후변화협약당사국총회(COP26)에서 호주, 독일, 사우디 등 10여개 수소 관심국들에게 청정수소공급망이니셔티브를 제안하고 한국홍보관에서 설명회를 진행했다.
- 2022년 9월. 고양시 킨텍스에서 '제1회 청정수소 교역 이니셔티브(CHTI) 국제포럼'을 개최했다. 수소 교역 9개국 정부 인사와 국제수소연료전지파트너십(IPHE), 국제재생에너지기구(IRENA) 등 국제기구, 주요국 청정수소 인증제 전문가가 온·오프라인으로 참가해 청정수소 교역 현안에 대해서 논의했다.

■ 캐피탈연합(Capitals Coalition)

자연자본(natural capital), 사회자본(social capital), 인적자본(human capital)에 해당하는 370개 이상의 이해관계자들의 글로벌 연합체로, 이전 조직인 자연자본연맹(Natural Capital Coalition)과 사회와 사람자본연합(Social and Human Capital Coalition)이 통합되어 2020년 1월 출범하였다.

자연자본, 사회자본, 인적자본, 생산자본 등 '자본(capitals)' 개념을 통해 자연, 사람, 경제 간의 관계를 총체적으로 이해하고 가치(value)에 대한 인식을 전환하여 모든 조직이 기후변화, 생물다양성 손실, 불평등 심화 등 3대 도전과제에 제대로 대응할 수 있도록 지원하는 것을 목적으로 한다. 2012년 GRI, WBCSD, 세계은행 등에 의해 설립된 자연자본연맹(NCC)는 2016년 자연자본프로토콜(Natural Capital Protocol)을 통해 주로 민간부문이 자연자본을 측정하고 계량화하여 자연 생태계와 경제적(재무적) 의사결정을 통합할 수 있도록 지원해왔다. 2018년 IIRC와 WBCSD 등이 설립한 소셜 휴먼 자본연맹(Social & Human Capital Coalition, SHCC)는 사람들 간의 네트워크, 개인에게 내재된 지식, 기술, 역량이 이익을 창출한다는 측면에서 사회자본과 인적자본을 정의하고, 2019년 소셜휴먼자본프로토콜(Social and Human Capital Protocol)을 통해 이들 자본의 임팩트 측정 및 평가 프레임워크를 개발하였다.

■ 탄소공개프로젝트(CDP)

탄소 공개 프로젝트(Carbon Disclosure Project, CDP)는 전 세계

약 91개국 주요 상장 기업의 이산화탄소(CO_2) 또는 온실가스(green house gases) 배출 정보와 쟁점에 관하여 장·단기적인 관점의 경영 전략을 요구·수집하여 연구·분석·평가하는 범세계적 비영리 기구이다. 탄소 공개 프로젝트의 참여 기관으로는 프로젝트를 보조하는 서명 기관과 프로젝트를 수행하는 수행 기관이 있다. 이때 수행 기관은 권역별 또는 국가별로 위치해 있다.

2002년부터 탄소 공개 프로젝트(CDP)는 세계 500대 기업의 온실가스 감축 대응 방안 등 조사 결과를 후원기업에 보고하여 참고자료로 활용하도록 하고 있다. 탄소 공개 프로젝트(CDP)를 통해 투자 기관 측은 CDP 기업 정보 공시를 바탕으로 투자 여부를 결정할 수 있으며, 기업 측은 탄소 관리를 비롯한 탄소 경영을 위한 쟁점을 논의하고 수립하는 데 도움을 얻을 수 있다.

우리나라는 탄소 공개 프로젝트(CDP) 한국위원회에서 시가 총액 상위 300대 기업의 온실가스 배출량과 기후변화에 대한 환경 전략 및 탄소 경영 전략을 조사하고 있으며, 투자자들의 신뢰도를 증진하기 위하여 2017년부터 CDP 보고서에 대한 검증 제도를 도입하였다.

탄소 공개 프로젝트(CDP)의 목표는 전 세계 금융기관 및 기관투자자들에게 기후변화와 관련한 기업 정보를 제공하여 투자 위험도 또는 투자 기회를 체계적으로 측정하고 반영할 수 있도록 돕는 것이다. 또한 전 세계 주요 상장 기업의 경영진에게 금융기관 및 기관투자자가 기업의 가치 및 방향성에 미치는 기후변화의 영향력에 큰 관심을 지니고 있다는 점을 인식시키는 것이다. 탄소 공개 프로젝트를 통해 온실가스 배출량을 측정하고 관리, 공개해 저탄소 실천과 지속가능한 경제를 구축하는데 지향점을 두고 있다.

■ 탄소회계금융협회(PCAF)

금융사의 금융자산(포트폴리오)에서 배출되는 온실가스 측정기준이 부재하여 금융사들은 제각각 방식으로 공시하고 있었으나 이는 금융업의 투명성, 비교가능성, 신뢰성을 약화시키는 결과를 초래하였다. 이에 금융사들의 대출 및 투자에서 발생하는 온실가스 배출량을 측정하고 공시하는 방식을 표준화하기 위해 2015년 네덜란드 금융사들이 탄소회계금융협회(Partnership for Carbon Accounting Financials, PCAF)를 설립하였고 2018년에는 북미, 2019년부터 전세계적으로 확장되었다.

PCAF는 ① 상장주식 및 회사채(Listed equity and corporate bonds) ② 기업대출 및 비상장주식(Business loans and unlisted equity) ③ 프로젝트 금융(Project finance) ④ 상업용 부동산(Commercial real estate) ⑤ 부동산 담보(Mortgages) ⑥ 자동차대출(Motor vehicle loans) 등 6개의 자산군(asset classes)에 대한 방법론을 제공한다.

2022년 7월 기준 국내 금융사 중 신한금융그룹, KB금융그룹, IBK기업은행, 한화자산운용, 우리금융그룹, 하나금융그룹, DGB금융그룹, JB금융그룹, BNK금융, 미래에셋자산운용, 키움투자자산운용, NH농협금융 등이 참여하고 있으며 이중 KB금융그룹(2020년 기준), 신한금융그룹(2021년 기준), DGB금융그룹(2021년 기준)은 각 금융자산에 대한 탄소배출량을 측정한 바 있다.

■ 온실가스 프로토콜(GHG Protocol)

GHG Protocol for Corporate Accounting and Reporting Standard, 일명 온실가스 회계처리 및 보고기준(GHG Protocol)은 1997년 세계자원연구소(WRI)와 세계지속가능발전기업협의회(WBCSD)에서 설립하였다. 1998년부터 기업과 정부, 지자체 등의 기후변화 대응 활동을 지원하기 위해 온실가스 배출량 산정과 보고에 관한 국제 표준을 제정해 보급하고 있다. GHG Protocol 기업 표준(Corporate Standard)은 2001년 처음 마련되었으며, 이후 기업이 전기 및 기타 에너지 구입으로 인한 온실가스 배출량(Scope 2)을 측정하고 가치사슬 전체에서의 온실가스 배출량(Scope 3)을 측정하는 데 활용할 수 있는 지침을 추가하였다. 온실가스 배출 관련 비재무정보 공시에서 국제적으로 가장 널리 활용되는 표준 으로, 2016년 미국 경제 전문지 포춘(Fortune) 선정 글로벌 500대 기업 중 탄소정보공개프로젝트(CDP) 평가를 받은 기업의 92%가 GHG Protocol을 직·간접적 으로 사용하였다.

■ 어카운터빌리티(AccountAbility)

1995년 영국에서 설립된 비영리기관으로, 기업들이 발행한 지속가능경영 보고서의 제3자 검증(assurance)을 위한 글로벌 표준 개발을 하는 가장 대표적인 기관이다. AccountAbility는 전 세계 10여 개국 전문가들이 참여해 기업 지속가능경영 보고서 검증

(assurance) 및 이해관계자 참여를 위한 국제 표준인 AA1000 시리즈를 개발했다. 보고서 검증 원칙(AA1000AP), 보고서 검증절차 표준(AA1000AS), 이해관계자 참여 표준(AA1000SES)로 구성되어 있다. AA1000 시리즈는 국제회계사연맹(IFAC)의 국제인증업무기준3000(ISAE3000, International Standardon Assurance Engagements 3000)과 함께 전 세계 지속가능경영 보고서 사후 검증에 가장 많이 활용되어 왔다.

2021년 1월 기준 AccountAbility는 검증 표준을 업데이트한 AA1000AS v3를 발표하였다. 검증기관 자격 기준이 엄격해졌고, '포괄성(Inclusivity)', '중대성(Materiality)', '대응성(Responsiveness)'으로 대표되었던 AA1000AS 3대 원칙에 '임팩트(Impact)'가 추가되었다. 이에 따라 검증기관은 지속가능경영 보고서에 해당 기업의 활동으로 인한 사회 및 환경 영향이 측정 및 모니터링되고 있는지에 관한 검증의견을 제시해야 한다.

■ 임팩트 매니지먼트 프로젝트(IMP)

임팩트 매니지먼트 프로젝트(Impact Management Project, IMP)는 2016년 조직된 글로벌 비영리기구로, 지속가능성에 대한 임팩트를 측정, 관리 및 보고하는 방식에 있어 합의된 글로벌 지침이 필요하다는 인식에서 시작되었다. 세계 최초의 사회성과연계채권(SIB) 운용사인 영국 브릿지스 펀드 매니지먼트(Bridges Fund Management)가 주도해 만든 글로벌 협의체다. 투자자, 기업, 비영리단체, 표준 및 회계기준 제정기관 등의 관점을 종합해 임팩트의 구성요소를 정의하여 ESG 관련 기업의 보고, 임팩트 투자, 자선 사업 등 관련 활동 전반에 적용하는 것을 목적으로 한다.

전 세계 2,000개 이상의 조직으로 구성된 실무자 커뮤니티와 CDP, CDSB, GRI, IFC, SASB 등 16개 기관이 임팩트 표준 설정을 협의하고, 임팩트 측정 및 관리에 추가적인 합의가 필요한 부분에 대해 논의한다. 현재까지의 논의 결과, IMP는 임팩트를 아래의 5가지 차원으로 정리하였다.

- What: 임팩트 활동을 통해 발생한 결과는 무엇인가?
- Who: 결과를 경험하는 이해관계자는 누구인가?
- How much: 결과를 경험하는 이해관계자의 수·기간·정도는?
- Contribution: 임팩트 활동을 안 했을 경우보다 나은 결과인가?
- Risk: 임팩트 활동이 없었을 경우 존재했을 리스크는 무엇인가?

■ 기관주주서비스(ISS)

기관주주서비스(Institutional Shareholder Service, ISS)는 1985년 설립된 세계 최대의 의결권 자문기관이다. 2,000명 이상의 기관 투자자에게 기업의 거버넌스 및 책임투자에 관한 자문과 서비스를 제공한다. 매년 42,000건 이상의 주주총회 안건을 분석해 의결권 행사에 관한 방향을 제시하며, ESG 동향 연구 및 데이터 분석을 바탕으로 전 세계 자본시장별 의결권 행사 가이드라인을 제공한다.

글로벌 기관투자자의 60% 이상이 의결권 행사 시 ISS 자문을 참고한다고 알려져 있다. 특히 대형 기관투자자들은 주주총회 의

안 찬반 여부에서 ISS 및 Glass Lewis 권고와 90%에 달하는 일치율을 보이는 등 영향력이 갈수록 높아지고 있다.

ESG 평가 관련하여, 이사회 구성, 경영진 보수, 주주의 권리, 감사 및 리스크관리의 4개 영역별 총 230여 개의 항목을 평가하는 거버넌스 평가(Governance Quality Score)가 잘 알려져 있으며, 이외에 환경·사회(E&S) 공시 수준 평가, 기업별·국가별 ESG 평가 서비스 등을 제공한다.

2020년 3월 기후변화 이슈 관련 의결권 자문 서비스를 시작하였고, 11월에는 중대한 환경·사회 리스크 관리에 실패한 이사 선임에 반대를 권고할 수 있다는 내용이 담긴 의결권 행사 가이드라인 개정안을 발표하였다. 또한 미국, 유럽 등 자본시장별로 이사회와 최고 경영진 구성 시 인종, 성별 등 다양성을 요구하는 가이드라인이 추가되었다.

2022년 12월 국내 기업의 2023년 주주총회에 관한 의결권 행사지침개정안에는 이사의 선임에 기후관련 책임을 새롭게 추가하였다.

■ 넷제로 어셋 매니저스 이니셔티브(NZAM)

넷제로 어셋 매니저스 이니셔티브(Net Zero Asset Managers Initiative, NZAM)는 2020년 12월 출범한 2050년까지 온난화가스 배출 실질제로(넷제로)를 목표로 하는 단체이다. 영국 최대 투자운용사인 리걸앤제네럴(Legal & General Investment Management), 스위스 UBS 등은 모든 자산군에서 2050년 혹은 그 이전까지 넷제로를 달성하는 것을 목표로 한다.

■ 넷제로 자산소유자 연합(Net-Zero Asset Owner Alliance)

유엔 책임투자원칙(UN PRI)와 유엔환경계획 금융 이니셔티브(UNEP FI)가 공동 주관하는 기후변화 대응 리더십 그룹으로, 2019년 출범했다. 보험사 알리안츠그룹, 프랑스 예금금탁금고(Caisse des Dépôts) 등 가입한 30여 개의 기관투자자들은 2050년까지 자사 포트폴리오의 넷제로를 구축하겠다고 선언 했다.

■ 신 플라스틱 경제 글로벌 공약(New Plastics Economy Global Commitment)

2018년 엘렌 맥아더 재단과 유엔환경계획(UNEP)에서 공동으로 출범시킨 이니셔티브로, 2025년까지 플라스틱 폐기물 과 이로 인한 오염을 해결하기 위해 만들어졌다. 월마트·네슬레·유니레버 등 글로벌 기업과 NGO, 국가 및 지방정부, 투자자 등 450개 기관이 참여하고 있다.

■ 녹색성장과 글로벌 목표 2023을 위한 연대(P4G)

녹색성장과 글로벌 목표 2023을 위한 연대(Partnering for Green Growth and the Global Goals 2030, P4G)는 2017년 9월 공식 출범한 국제 이니셔티브로, 녹색경제 분야의 공공·민간 파트너십 강화를 목적으로 한다. 한국을 포함해 전 세계 12개국 정부와 C40세계도시기후정상회의, 글로벌녹색성장 연구소(GGGI), 세계

경제포럼(WEF), 세계자원연구소(WRI) 등이 참여하고 있다. 지속가능발전목표(SDGs) 달성, 파리기후변화 협약 이행 가속화, 녹색경제 관련 5대 중점 분야(물 에너지 순환경제 도시 식량/농업)에서의 민관협력을 추진하고 있다.

2021년 5월 서울에서 P4G 정상회의가 개최되었으며 이 회의에서는 ▶지구온도 상승 1.5도 이내 억제 지향 ▶탈석탄을 향한 에너지 전환 가속화 등의 내용을 담은 서울선언문이 채택되었다.

■ 포트폴리오 탈탄소화 연합(PDC)

포트폴리오 탈탄소화 연합(Portfolio Decarbonization Coalition, PDC)은 유엔환경계획 금융 이니셔티브(UNEP FI), 프랑스 자산운용사 아문디(Amundi), 탄소정보공개프로젝트(CDP), 스웨덴 국가연금기금인 아시아퍼시픽파트너4(Asia-Pacific Partners 4, AP4)가 2014년 함께 설립한 민관협력체제로, 글로벌 금융기관들의 탈탄소화 투자를 지원하는 플랫폼이다. PDC는 기관투자자들로 하여금 투자 포트폴리오를 탈탄소화함으로써, 탄소 집약적인 기업으로부터 자본을 회수하여 같은 부문의 탄소 효율이 높은 기업에 재투자하도록 촉진한다. PDC 회원사는 32곳, 8000억 달러에 달한다. 세계 최대 보험사인 독일 알리안츠그룹, 로베코샘, BNP인베스트먼트 등이 PDC 회원으로 가입돼 있다.

PDC에 참여하는 투자자들은 우선 그들의 핵심 투자 포트폴리오의 탄소발자국을 몬트리올 탄소 서약서(Montr al Carbon Pledge)를 통해 측정 및 공개 해야 하며, 포트폴리오 조정을 통한 온실가스 감축 계획을 실행 가능한 수치로 제시해야 한다. 네덜란드 최대 연기금인 ABP는 주식 포트폴리오의 탄소배출량을 16% 낮추고, 프랑스 정부 연기금 FRR(Fonds de Reserve pour les Retraites)은 기준치 대비 30% 낮은 포트폴리오 탄소 집약도를 달성했다고 보고했다.

■ 책임감 있는 비즈니스연합(RBA)

책임감 있는 비즈니스연합(Responsible Business Alliance, RBA)은 글로벌 공급망에서의 기업의 사회적 책임(CSR) 및 ESG 관련 행동 규범을 제시하는 세계 최대의 산업 연합이다. RBA의 전신은 전자산업시민연대(Electronic Industry Citizenship Coalition, EICC)로, 2004년 전자산업 내 이니셔티브로 출발했다. 현재는 전자산업 뿐만 아니라 자동차, 도·소매업 등 다양한 업종의 150개 이상 의 기업들이 회원사로 참여하고 있다. 유엔 기업과 인권 이행 원칙, 국제노동기구(ILO) 선언, 유엔 세계인권선언 등의 인권 기준에 근간을 두고 있다. 평가 기준인 RBA 검증평가프로그램(VAP)을 바탕으로 생산 공정에서의 CSR 달성 여부, 근로자의 작업 조건, 운영 과정에서 인권과 지속가능성 고려 여부 등을 평가한다. 평가 결과에 따라 플래티넘-골드-실버 순으로 등급을 부여한다. 2021년 1월 1일부터 행동규범(Code of Conduct) 7.0 버전이 적용되고 있다.

■ 렙리스크(RepRisk)

렙리스크는 1998년 설립된 ESG 데이터 평가기관이다. 인공지능과 머신러닝을 사용하여 전 세계 15만 개 이상의 기업 ESG 리스크를 분석한다. RepRisk에서 2007년부터 운영하는 ESG 리스크 플랫폼(Risk Platform)은 ESG 리스크에 대한 세계 최대 실사 데이터베이스로, ESG와 연관된 기업 경영, 투자, 사업 관계 등의 데이터가 포함된다.

RepRisk가 제공하는 데이터의 목적은 중대한 ESG 리스크를 체계적으로 식별하고 평가하는 데에 있다. 인공지능을 활용하여 전 세계 20개 이상의 언어로 된 9만여 개의 정보를 검토해 매일 업데이트한다. 또한 GRI, SASB, UNGC 등 글로벌 ESG 표준에 의거해 28개의 ESG 이슈, 58개의 하위주제를 설정하여 ESG 리스크를 측정한다. 특히 공개된 정보뿐 아니라 온라인 정보 출처(미디어, 싱크탱크, 뉴스레터, 소셜미디어 등)를 통해 비정형 ESG 리스크를 식별한다. 기업의 자체 보고나 공개 정보를 의도적으로 제외해, 제3자 데이터를 통해 이슈를 분석하는 게 특징이다.

이용자들은 ESG 리스크를 매일 모니터링할 수 있어, 350곳 이상 고객들이 이 플랫폼을 이용한다. 일례로 플라스틱 산업에서 ESG 리스크가 높은 10개 기업에 관한 보고서를 발간하면서, 최근 2년간 플라스틱 관련 ESG 사고 빈도와 심각도를 함께 조사, 산정했다.

■ 스탠더드앤드푸어스(S&P)

미국의 금융정보업체 스탠더드앤드푸어스 다우존스(S&P Dow Jones)와 스위스 지속가능경영 평가사인 로베코샘(RobecoSAM)은 1999년 다우존스 지속가능경영지수(Dow Jones Sustainability Indices, DJSI)를 개발해 매년 평가 결과를 발표한다. 전 세계 상위 기업을 대상으로 기업의 경제적 성과, 환경 및 사회 성과 등을 종합적으로 고려해 기업 경영의 지속가능성을 분석한다.

피평가기업이 설문지에 답변한 내용을 기반으로 평가를 실시하며, 공통 평가 항목과 산업별 항목으로 구분된다. 대개 80~120개 문항으로 이뤄져 있으며, 산업별 특성을 반영한 기준을 적용해 가중치를 부여하는 것이 특징이다.

평가 결과 상위 10%는 대상 기업에 따라 DJSI 월드 지수, 아시아·태평양 지수, 코리아 지수 등에 편입된다. 국내에서는 매년 한국생산성본부(KPC)에서 결과를 발표하며, 2020년 월드 지수에는 국내 기업 17개사가 편입되었다.

2019년 12월 S&P 글로벌이 로베코샘의 ESG 평가사업을 인수했으며, 2020년 5월 S&P 글로벌 ESG 스코어(S&P Global ESG Score) 서비스를 출시하였다. S&P 글로벌 ESG 스코어는 전 세계 시가총액의 95%에 해당하는 7,300여 개 기업의 ESG 점수를 제공한다.

■ 과학기반 감축목표 이니셔티브(SBTi)

과학기반 감축목표 이니셔티브(Science Based Targets initiative,

SBTi)는 2015년 탄소정보공개 프로젝트, 유엔 글로벌 콤팩트, 세계자원연구소, 세계자연기금 등의 파트너십으로 설립되었다. 산업화 수준 대비 지구 온도 상승폭을 2℃ 이하로 억제하고, 1.5℃ 이하까지 줄이자는 파리기후변화협약의 목표를 달성하기 위해, 기업들이 '과학에 기반해' 온실가스(GHG) 배출 감축 목표를 설정할 수 있도록 전문적인 지침과 방법론을 제공한다.

기업들이 SBTi에 참여하는 방법은 다음과 같다. 우선 1단계로 약정서(Commitment Letter)를 제출하면 'Committed' 단계로 인정된다. 이후 SBTi의 온실가스 감축 목표 기준을 충족하는 목표를 설정해 제출하면, SBTi에서 해당 목표의 유효성 여부를 검증하여 승인한다. SBTi에서 승인한 이후에는 기업명과 감축 목표가 SBTi 웹사이트에 공개되며, 기업 차원에서도 이해관계자 커뮤니케이션에 활용할 수 있다. 중기(2030년), 장기(2050년) 절대치 및 원단위 목표 수립이 필요하며, 목표 공개완료까지 약 24개월이 소요돼 장기적인 접근 전략이 필요하다.

현재 전 세계 2,000여개 기업이 참여하고 있으며, 한국에서는 2021년 한국농수산식품유통공사(aT)가 국내 공공기관 중 최초로 가입하였고, 신한금융그룹, 우리금융그룹, NH농협금융, SK주식회사, SK네트웍스, SK텔레콤, 한국타이어, LG전자, SK케미칼 등이 가입되어 있다.

■ 지속가능거래소 이니셔티브(SSE Initiative)

지속가능거래소 이니셔티브(Sustainable Stock Exchanges

Initiative, SSE Initiative)는 각국의 증권거래소가 상장법인의 ESG에 대한 관심을 제고 하여 기업의 경영성과를 높이고 지속가능투자 기회를 확대 하기 위한 UN의 파트너십 프로그램이다. 2009년 반기문 UN 사무총장 주도로 발족됐으며, 유엔무역개발협의회(UNCTAD), UNGC, UNEP FI, UN PRI가 공동 파트너십을 맺고 있다. 전 세계 100여 개 거래소가 참여하며, 한국거래소는 2015년 20번째로 가입했다. SSE 이니셔티브는 GRI, IIRC, SASB 등을 활용해 각국 증권거래소의 ESG 정보 공개 가이던스 수립을 지원한다. 2023년 6월 기준 전 세계 증권거래소 중 한국('21년 1월 발표)을 포함해 69개 나라에서 명문화된 ESG 정보 공개 가이던스를 제공한다.

ESG 공시 지침을 보유하는 증권거래소가 증가함에 따라 SSE는 증권거래소의 ESG 공시 지침 현황과 더불어, 각 증권거래소의 공시 지침이 어떠한 ESG 관련 글로벌 가이드라인을 반영하고 있는지 한눈에 볼 수 있는 데이터베이스를 구축하고 있다.

■ 서스테이널리틱스(Sustainalytics)

Sustainalytics는 1992년 설립되어 기업의 ESG 리스크 평가 및 리서치 등의 높은 전문성을 보여온 평가기관이다. 글로벌 펀드 평가회사 모닝스타(Morningstar)가 2020년 Sustainalytics를 인수했다. 이후 모닝스타는 Sustainalytics의 ESG 평가방법론을 활용하여 모든 펀드, 주식, 자산 분석에 ESG 요소를 통합하고 있다.

Sustainalytics의 ESG 리스크 평가는 공개된 정보 기반으로

ESG 리스크가 기업의 재무가치에 미치는 영향을 측정한다. 피평가기업의 요청 시 보고서 발간 전 검토와 정보 업데이트가 가능하다. 평가 결과는 0~50 사이 점수 및 리스크 등급으로 표시된다. 점수가 높을수록 기업의 ESG 리스크가 크다. 전 세계 4만개 기업의 데이터와 2만 개 기업의 ESG 평가등급을 제공한다. 2020년부터 자사 웹사이트에 4,000개 이상 기업의 ESG 등급을 공개하고 있다.

Sustainalytics의 ESG 리스크 평가체계는 1) 거버넌스, 2) 산업별 중대 ESG 이슈(material ESG issues), 3) 기업별 기타 ESG 이슈로 구성되어 있다. 산업별 70개 이상의 평가항목을 평가하며, 세부 평가항목은 공개되어 있지 않다. 또한, Sustainalytics는 '지속가능채권 가이드라인' 검증기관이다. 국내 기업 및 금융기관들도 ESG 채권을 발행하면서 Sustainalytics로부터 ESG 평가 및 인증을 받았다.

■ 자연관련 재무정보 공개 태스크포스(TNFD)

자연관련 재무정보 공개 태스크포스(Taskforce on Nature-related Financial Disclosures, TNFD)는 글로벌 재무 흐름을 자연에 부정적인 결과에서 긍정적인 결과로 전환하기 위한 글로벌 이니셔티브이다. 유엔개발계획(UNDP)과 세계자연기금(WWF) 등이 주도해 2021년 6월 출범했다.

■ 더인베스터아젠다(The Investor Agenda)

파리기후변화협약 달성을 위한 글로벌 투자자들의 '1.5℃ 기후 행동' 이니셔티브로, 글로벌 주요 기관(AIGCC, CDP, CERES, IGCC, IIGCC, UNEP FI, UN PRI)이 공동 발족했다.

투자(Investment), 기업관여(Corporate Engagement), 투자자 정보공개(Investor Disclosure), 정책 옹호(Policy Advocacy)의 4개 중점 분야에서 투자자 및 금융기관이 취할 수 있는 기후행동 조치를 제시하고 이행을 촉구한다.

■ 유엔환경계획 금융 이니셔티브(UNEP FI)

유엔환경계획 금융 이니셔티브(United Nations Environment Programme - Finance Initiative, UNEP FI)는 지속가능발전을 위한 금융부문의 역할을 수행하기 위해 1991년 유엔환경계획(UNEP)과 세계 주요 금융기관들이 공동으로 결성한 국제 파트너십이다. 1992년 은행업계가 유엔환경계획 금융 기관 이니셔티브(UNEP Financial Institutions Initiative)를 출범시켰고, 1995년 보험업계에서 유엔환경계획 보험산업 이니셔티브(UNEP Insurance Industry Initiative)를 출범시켰으며, 2003년 두 이니셔티브가 통합되고 자산 운용사, 연기금 등이 참여해 현재에 이르렀다. 2021년 1월 기준, 전 세계 378개의 금융기관(은행, 보험사, 투자사)이 참여하는 글로벌 이니셔티브로 성장했다.

UNEP FI는 금융기관의 재무적 요소뿐 아니라 ESG를 비롯한 비재무적 요소를 고려한 경영과 투자, 리스크 관리 및 정보공개를 추구한다. 지속가능한 발전을 위한 약속, 경영지침, 정보 공개 및 커뮤니케이션 등 3개 분야 내 19개 항목으로 구성되어 있다. UNEP FI 참여를 원하는 금융기관은 환경과 지속가능발전에 대한 자발적 참여 선언에 대한 동의 의사를 CEO의 승인 하에 UNEP FI 사무국에 전달하고 회비를 납부함으로써 참여할 수 있다. 현재 한국에서는 9개 금융기관이 가입되어 있다.

■ 밸류 밸런싱 얼라이언스(VBA)

밸류 밸런싱 얼라이언스(Value Balancing Alliance, VBA)는 ESG를 기업회계에 반영하기 위한 활동을 선도하는 화폐화 기반 사회적 가치(Social Value) 측정 표준을 개발하는 글로벌 민간협의체로, 2019년 8월 출범했다.

OECD, EU 녹색회계프로젝트 등 글로벌 ESG 정책 기준에 적용할 수 있는 가치 측정 표준 모델을 개발하는 것을 목표로 OECD로부터 정책 자문을 받고 있으며, 측정 모델 개발을 위해 미국 하버드(Harvard) 대학교 및 영국 옥스퍼드(Oxford) 대학교 등 세계 유수의 대학들과도 협력하고 있다.

2 ESG 용어

■ 가치사슬(Value Chain)

기업활동에서 부가가치가 생성되는 과정을 의미한다. 1985년 미국 하버드대학교의 마이클 포터(M. Porter)가 모델로 정립한 이후 광범위하게 활용되고 있는 이론틀로, 부가가치 창출에 직접 또는 간접적으로 관련된 일련의 활동·기능·프로세스의 연계를 의미한다. 주활동(primary activities)과 지원활동(support activities)로 나눠볼 수 있다.

주활동은 제품의 생산·운송·마케팅·판매·물류·서비스 등과 같은 현장업무 활동을 의미하며, 지원활동은 구매·기술개발·인사·재무·기획 등 현장활동을 지원하는 제반업무를 의미한다. 주활동은 부가가치를 직접 창출하는 부문을, 지원활동은 부가가치가 창출되도록 간접적인 역할을 하는 부문을 말한다. 이 두 활동부문의 비용과 가치창출 요인을 분석하는 데에 사용된다.

기업들은 제품의 생산부터 고객에게 전달되기까지의 가치사슬 전반에 걸친 활동에서 지속가능경영을 추구할 것을 요구받는다.

■ 그린카본(Green Carbon)

자연에 존재하는 탄소는, 탄소가 포함된 환경에 따라 블랙카본(black carbon), 그린카본(green carbon), 블루카본(blue carbon) 등으로 분류된다.

이 중 그린카본은 침엽수림이나 열대우림 등 육상 생태계가 흡수하여 저장되는 탄소를 가리킨다. 녹색식물의 잎 속에 들어있는 엽록소는 광합성 작용을 하는데, 광합성 작용이란 식물이 영양분을 만드는 과정으로, 햇빛, 물, 이산화탄소를 필요로 한다. 삼림은 광합성 작용을 통해 화석연료의 사용으로 발생되어 대기 중에 분포하는 이산화탄소를 흡수하는 한편, 지구상의 모든 생명체가 생명을 유지하는 데 필수적인 산소를 배출함으로써 대기를 정화하고 생태계를 유지하는 데 중요한 역할을 한다.

전 세계에서 그린카본이 가장 활발하게 일어나는 장소는 아마존 열대우림으로 알려져 있다. 아마존 열대우림은 지구 열대우림의 절반 이상을 차지하고 지구 산소의 20% 이상을 생성하고 있어 '지구의 허파'라고도 불린다. 그러나 최근 이 지역은 무분별한 삼림 벌채, 토양 황폐화 등으로 인해 생물종 다양성이 위협받고 있으며, 그린카본의 기능을 상실하고 있는 실정이다.

■ 그린워싱(Greenwashing)

그린워싱은 'green'과 'washing(세탁)'의 합성어로, 기업들이 실질적인 친환경 경영과는 거리가 있지만 녹색경영을 표방하는 것처럼 홍보하는 것을 말한다. 이는 2007년 12월 마케팅 회사인 테라 초이스(Terra Choice)가 〈그린워싱이 저지르는 여섯 가지 죄악들〉이라는 보고서를 발표하면서 주목을 받은 바 있다.

예컨대 제품 생산 전 과정에서 발생하는 환경오염 문제는 축소시키고 재활용 등의 일부 과정만을 부각시켜 마치 친환경인 것처럼 포장하는 것, 제지업체의 경우 벌목으로 인해 발생하는 환경파괴는 공개하지 않고, 재생지 활용 등 특정 부문에만 초점을 맞춰 친환경경영을 강조하고 있는 사례 등을 들 수 있다.

여기에 그린워싱과 비슷한 의미로 친환경 관련 기업들의 가치가 과도하게 부풀려지는 '그린 버블(Green Bubble·녹색 거품)'이라는 말도 있다. 한편, 우리나라 환경부는 제품 및 서비스의 환경성을 소비자가 확인할 수 있도록 '환경성적표지 마크'를 붙이고 있는데, 여기에는 탄소발자국, 물발자국, 오존층영향, 저탄소제품 인증 마크 등이 있다.

■ 네거티브 스크리닝(Negative Screening)과 포지티브 스크리닝(Positive Screening)

ESG 투자 전략 중 하나로 ESG 관점에서 부정적으로 평가되는 산업 또는 사업에는 투자하지 않는 '투자 배제전략'이 네거티브 스크리닝(Negative Screening)이고 반대로 ESG 우수기업에 대해 적극적인 투자를 하는 것은 포지티브 스크리닝(Positive Screening)이다.

네거티브 스크리닝을 사용하는 경우 ESG 위험 관리 관점에서 투자 고려 기업이 다음에 해당하는지 확인한다.

글로벌 기준은 투자 배제 대상으로 술·담배·무기 등의 제조·판매 기업과 도박·성윤리 위반 엔터테인먼트 등의 서비스 제공 기업에 한정된다. 최근에는 화석연료 생산, 심각한 환경 파괴, 인권탄압, 열악한 노동 환경과 같이 인류의 존엄과 생존에 위협이 되는 사업 또는 행위를 하는 산업 등이 포함된다.

- 스웨덴중앙은행이 2020. 11. 네거티브 스크리닝 전략을 추진하겠다고 선언했다.
- 한국은행은 2021. 4. 1. '네거티브 스크리닝' 전략을 적용하겠다고 밝혔는데, 구체적으로 ESG부실기업을 블랙 리스트에 올리고, 채권 및 주식을 매입하지 않는 것을 검토하겠다는 내용이다. 아울러 '포지티브 스크리닝' 전략도 병행할 방침이라고 밝혔는데, 2020년 말 54억 5,000만 달러 규모인 ESG 자산을 더 사들이는 등 외화자산 운용액 중 ESG 투자 비중을 지속해 늘리겠다는 것이다. 한국은행은 모건스탠리캐피털인터내셔널(MSCI)의 ESG 7등급을 기준으로 선별한다.
- 국민연금은 운용 금액의 50% 이상을 ESG를 고려하여 투자하겠다고 선언하였다. 국민연금은 자체 평가기준을 사용하고 있다.

■ 넷제로(Net Zero)

1997년에 채택된 교토의정서에서 규정한 이산화탄소(CO2), 메탄(CH4), 아산화질소(N2O), 수소불화탄소(HFCs), 과불화탄소(PFCs), 육불화황(SF6) 등 기후변화를 초래하는 6대 온실가스의 순배출량을 제로화 하는 것을 말한다. 기후중립(Climate Neutral)이라고도 한다.

넷제로는 온실가스 배출량을 최소화하고 현재까지 배출된 온실가스는 흡수하여 순배출량을 제로화하기 때문에, 탄소중립보다 더 포괄적인 개념으로, 넷제로 달성을 위해서는 탄소중립보다 넓은 범위의 온실가스 배출 저감활동을 요구한다. 한편, 한국에서는 2022년 9월 시행된 '기후위기 대응을 위한 탄소중립•녹색성장 기본법'을 통해 탄소중립을 넷제로와 같은 의미로 정의하고 있다.

■ 바이오매스(Biomass)

바이오매스(Biomass)는 원래 '생물량'이라는 생태학 용어였으나 현재는 '에너지화할 수 있는 생물체량'이라는 의미로 사용된다. 녹색 식물은 태양에너지를 받아 물과 탄산가스를 이용해 전분, 당 또는 섬유소를 합성하고 이를 식물에 저장한다. 동물은 식물을 먹고 자라며 동식물은 미생물에 의해 종국적으로 탄산가스와 물 등의 무기물로 분해되어 하나의 순환 과정을 형성한다. 이러한 생태계의 순환 과정 중에 관련된 모든 '유기체'를 바이오매스라 하며 이중에서 가장 많은 것이 식물 자원이다.

바이오매스로부터 여러 가지 형태의 에너지를 얻을 수 있으며, 해당 에너지는 '재생성(Renewability)'을 지녔다고 말한다. 그 재생 속도는 생물체 마다 다르며, 계절 또는 하루를 주기로 하는 태양광의 조사량, 기후 그리고 날씨 조건 등에 따라서도 다르다. 또한 각 식물의 성장 주기에 따라서도 다르며, 생물체의 지배 조건에 따라서 크게 달라진다. 통계학적으로는 재생속도를 평균 1년을 주기로 한다고 보면 된다.

■ 바이오에너지(Bioenergy)

농림 부산물, 산업체 부산물, 유기성 폐기물 등 바이오매스로부터 생산 가능한 에너지. 바이오에너지의 원료가 되는 바이오매스는 목재의 직접 연소·목판·톱밥 압축 성형한 것 등 고체 바이오매스, 에너지 작물 등 당류의 발효에 의해서 생산된 액체 바이오매스, 메탄가스(유기물의 혐기성 소화 등)·열분해가스·조류에 의한 수소 발생 등 기체 바이오매스로 나눌 수 있다.

2021년 기준 국내 에너지생산의 4.1%가 재생에너지이고 재생에너지의 34%가 바이오에너지이다. 바이오매스는 계속 자라거나 생성될 수 있으므로 바이오에너지는 화석에너지와는 달리 재생성을 가지고 있으며, 지구온난화 완화를 위한 탄소중립에너지로 관심을 모으고 있다.

열 또는 전기로만 사용 가능한 다른 재생에너지와 달리 수송용 에너지로도 활용이 가능하다는 특징을 갖는데, 기후변화에 관한 정부 간 협의체(IPCC)에서 바이오디젤이 경유를 대체할 경우 CO_2 2.59ton/kl을 감축한다고 인정하여 바이오에너지는 탄소 중립에너지로 인식하게 되었다.

■ 블랙카본(Black Carbon)

자연에 존재하는 탄소는, 탄소가 포함된 환경에 따라 블랙카본(black carbon), 그린카본(green carbon), 블루카본(blue carbon) 등으로 분류된다.

이 중 블랙카본은 그린카본이나 블루카본과 같이 흡수되는 것이 아닌, '배출되는 탄소'이다. 석탄, 석유 등 땅 속의 화석연료에 함유되어 있던 탄소가 자동차의 연료나 공업 원료 등으로 사용될 때 불완전연소하게 되면 먼지나 분진, 검은 그을음 등으로 배출되는데, 이렇게 고형입자로 배출되는 것을 가리켜 블랙카본이라고 한다. 블랙카본은 이산화탄소의 형태로 대기로 배출되어 대기 중에 머무르며 태양열을 가두어 온실효과를 일으킴으로써 지구온난화를 유발하고 기후 변화에 악영향을 미친다.

최근 많은 국가들은 이산화탄소의 배출량을 효율적으로 감소시키기 위해 탄소배출권 거래제(Emissions Trading System, ETS)를 도입하였다. 여기에서 거래되는 탄소가 바로 블랙카본이며, 탄소배출권 거래제는 정부가 기업에 적정 탄소배출량을 할당하고 기업이 탄소배출량에 맞춰 배출권을 시장에서 거래할 수 있는 제도이다. 기업은 실제 탄소배출량을 계산하여 허용량보다 탄소를 더 많이 배출한 경우 다른 기업으로부터 부족한 배출권을 구입하고, 허용량보다 탄소를 덜 배출한 경우 남는 배출권을 다른 기업에 판매할 수 있다. 유럽연합은 2005년 탄소배출권 거래제를 도입했으며, 우리나라도 〈저탄소 녹색성장 기본법〉에 의거하여 2015년부터 시행하고 있다.

■ 블루카본(Blue Carbon)

자연에 존재하는 탄소는, 탄소가 포함된 환경에 따라 블랙카본(black carbon), 그린카본(green carbon), 블루카본(blue carbon) 등으로 분류된다.

이 중 블루카본은 해안생태계와 해양생태계에 흡수되어 저장된 탄소를 가리킨다. 블루카본이라는 용어는 2009년 국제연합(UN)과 국제자연보전연맹(IUCN)이 공동으로 발간한 〈해양의 탄소 흡수에 대한 종합평가보고서〉에서 처음 언급되었다. 이후 블루카본은 2019년 기후변화에 관한 정부 간 협의체(Intergovernmental Panel on Climate Change, IPCC)에서 온실가스의 감축 수단으로서 공식 인정되었다.

해안생태계는 바다 전체면적의 2%에 불과하지만 바다로 흡수되는 블루카본의 약 50%를 차지할 정도로 뛰어난 탄소 흡수 능력을 갖추고 있는 것으로 알려져 있다. 해안생태계는 크게 해초군락지, 맹그로브 숲, 염습지 등으로 분류된다.

- 해초는 나무와 같이 광합성을 통해 탄소를 흡수하지만 뿌리를 통해 물속 토양에 다량의 탄소를 저장하며 저장 기간이 수천 년에 이른다. 바다 속에서는 박테리아에 의한 분해 작용이 제한되어 이산화탄소가 대기 중으로 방출되기 어렵기 때문이다.
- 열대 및 아열대 지역의 갯벌이나 하구에서 자라는 맹그로브는 염분을 배출하는 특수한 기관이 있어 바닷물에서도 서식할 수 있으며 줄기가 여러 개로 갈라져 있어서 파도가 밀려와도 쉽게 쓰러지지 않는다. 맹그로브는 이산화탄소를 흡수하여 저장하는 기능뿐만 아니라 지구온난화에 의해 해수면 상승이 발생할 경우 이를 저지하여 적응하는 기능도 지니고 있다.
- 염습지는 바닷물이 드나들어 염분 변화가 크게 나타나는 습지를 가리키며, 염습지에서 자라는 각종 염생식물들의 탄소흡수 능력도 뛰어난 것으로 연구되어 있다.

* 아직 국제사회에서 블루카본으로 공식적인 인정을 받지는 못했으나, 갯벌 역시 갯벌에 서식하는 식물 플랑크톤의 광합성

작용으로 탄소를 흡수한다. 또한 강과 바다에서 유입된 퇴적물에는 각종 유기물이 포함되어 있는데, 이러한 유기물들이 갯벌에 퇴적되면서 공기중으로 탄소가 배출되지 않고 저장된다.

■ 사회책임투자(SRI)

기업의 경영능력 및 재무상태 등의 가시적 성과뿐만 아니라 환경, 인권, 노동, 반(反)부패, 투명한 지배구조, 지역사회의 공헌도 등과 같은 다양한 사회적 성과를 중시하는 지속가능경영을 실천하는 기업을 대상으로 하는 투자를 말한다. 환경오염 기업이나 핵무기 관련 기업 등과 같이 사회에 해악을 끼치는 기업의 주식을 투자대상에서 배제함으로써 사회 해악적 기업이 도태되도록 하는 것이 사회책임투자(Social Responsibility Investment, SRI)의 대표적인 방식이며, 선진국에서는 이미 보편화된 투자 개념이다.

■ 사회책임투자채권(SRI)

사회책임투자채권(Socially Responsible Investment, SRI)은 발행자금이 친환경 또는 사회적 이득을 창출하는 프로젝트에 사용되는 채권으로 녹색채권, 사회적 채권, 지속가능채권, 지속가능연계채권을 지칭한다. 또한 발행자와 시장 관계자들 사이에서는 ESG채권, 테마틱(Thematic)채권, 사회공헌채권이라는 용어로도 널리 사용되고 있다.

① 녹색채권(Green Bond, 그린본드): 신재생에너지 등 친환경 프로젝트나 사회기반시설에 투자할 자금을 마련하기 위해

발행하는 채권

② 사회적 채권(Social Bond, 소셜본드): 사회가치 창출 사업에 투자할 자금을 마련하기 위해 발행하는 채권

③ 지속가능채권(Sustainability Bond): 환경 친화적이고 사회가치를 창출하는 사업에 투자할 자금을 마련하기 위해 발행하는 채권

④ 지속가능연계채권(Sustainability-Linked Bond): 발행기관이 사전에 정한 지속가능(ESG) 목표 달성 여부에 따라 재무적 및/또는 구조적 특성이 변경될 수 있는 채권

2020년 6월, 한국거래소(KRX)에 SRI채권 전용 세그먼트가 오픈되었고 2022년 6월, SRI채권 전용 세그먼트의 신규 상장금액이 200조원을 넘어섰다.

■ 생물다양성(Biodiversity)

생물다양성은 보통 '어떤 지역의 유전자, 종, 생태계의 총체'로 이해되지만, 좀 더 자세한 정의로는 1989년 세계자연보호재단이 규정한 '수백만 여 종의 동식물, 미생물, 그들이 가진 유전자, 그리고 그들의 환경을 만드는 생태계 등을 모두 포함하는 이 지구상에 살아 있는 모든 생명의 풍요로움' 이 있다. 모두 생명 현상의 다양함에 대한 개념이며 보통 유전자, 종, 생태계 수준을 포함한다.

무분별한 개발과 기후변화, 벌채와 남획 등으로 자연이 무너지면서 생물다양성에 빨간 불이 켜졌고, 자연에 크게 의존하고 있는

경제와 기업도 리스크 관리에 비상이 걸렸다. 생물다양성이 흔들리고 있는 현상은 그대로 경제 및 경영 리스크로 이어지고 있다. 실제로 자연은 식량을 비롯해 물, 연료, 유전자 자원, 약품 등을 제공해 준다. 또 기후를 조절하고 물을 정화하며 자연재해를 방지하는 역할도 한다. 세계은행은 자연이 제공하는 생태계 서비스가 붕괴하면 오는 2030년까지 매년 글로벌 GDP가 2조7000억 달러씩 줄어들 것이라고 경고하고 있다.

생물다양성에 미치는 기업의 부정적 영향을 줄여나가기 위한 투자자 등 민간의 보폭도 커지고 있다. 자연관련 재무정보 공개 태스크포스(TNFD)는 블랙록, 뱅크오브아메리카 등 금융기관과 기업 등이 참여하고 있는데 기후 관련 공시 프레임워크인 TCFD와 유사한 틀로 만들어지고 있다. 큰 틀에서 보면 자연 관련 지배구조, 전략, 위험관리, 측정지표와 목표치를 공시하도록 하는 게 핵심 내용이다. 2023년 9월에 TNFD는 최종 공시안을 발표한다는 계획이다. 특히 현재 기후공시방안을 마련하고 있는 ISSB(국제지속가능성기준위원회)는 TNFD와 협의해 기후공시와 생물다양성 등 이슈를 연계하는 안에 대해서도 검토에 들어갔다. 결국 ESG의 환경 대응은 기후변화와 생물다양성이라는 두 축을 중심으로 전개될 것으로 보인다.

■ **스코프 1, 2, 3(Scope 1, 2, 3)**

탄소 감축의 첫걸음은 현재 배출하는 탄소의 양을 파악하는 것부터 출발한다. 얼마나 배출하는지를 알아야 관리하고, 목표를 세워 양을 줄이고, 국제 사회에 발표할 수 있기 때문이다. 현재 기업들은 GHG 프로토콜(GHG Protocol: 온실가스 회계 처리 및 보고 기준)에서 정의된 스코프(Scope, 유효범위) 1, 2, 3을 사용하여 탄소 배출을 분류, 관리하고 보고한다.

① 스코프 1: 직접 배출

스코프 1은 기업이 소유하고 관리하는 자원에서 직접 발생된 탄소를 의미한다. 즉, 기업의 직접적인 활동 결과로 대기 중으로 바로 방출되는 탄소다. 직접 배출 탄소는 네 가지로 분류된다.

- 연료와 열을 만들어내는 근원 장치인 열원(Heat Sources) 등 고정적인 연소(Stationary Combustion)
- 자동차, 트럭, 기차 등 기업이 소유하거나 임대한 모든 운송 수단을 운용하기 위한 화석연료 연소인 이동 연소(Mobile Combustion)
- 냉장, 냉방 등에서 방출되는 비산 배출(Fugitive Emissions)
- 시멘트를 제조할 때 발생되는 이산화탄소, 공장의 매연, 화학물질 등 산업 공정과 현장에서 제조될 때 방출되는 프로세스 방출(Process Emissions)

② 스코프 2: 소유 자산에서의 간접 배출

스코프 2는 기업에서 간접적으로 방출된 탄소를 뜻한다. 기업이 구매하여 소비한 전기, 스팀, 냉방 등으로 발생하여 대기 중으로 방출되는 모든 온실가스가 포함된다. 대부분의 기업에게 스코프2를 감축하기 위해서는 '전기'가 주요 화두가 될 것이다. 사업장에서 가장 많이 사용되는 에너지원이 바로 전기일 텐데, 전기의 효율적 사용 혹은 친환경 에너지를 통해 생산한 전기를 사용하면 탄소 발자국을 줄일 수 있다.

③ **스코프 3: 소유 자산을 제외한 간접 배출**

스코프 3은 스코프 2를 제외한 모든 간접적인 탄소 배출을 뜻한다. 기업의 가치 사슬(Value Chain)에서 발생하는 모든 탄소 배출이 포함된다. 따라서 그 항목도 15가지로 나뉠 만큼 아주 다양하며, 크게 업스트림(Upstream)과 다운스트림(Downstream) 활동으로 나눠 볼 수 있다.

- 업스트림 활동은 주로 소재의 생산, 공급사와의 협력 등 비교적 기업 차원에서 일어나고 관리할 수 있는 공급자 중심의 항목들이다. 업무상 출장, 직원들의 출퇴근, 제조 과정에서 생산된 매립 쓰레기 및 폐수 처리, 원료 및 부품 등 제조와 관련된 제품의 구매, 사무실 가구, 사무실 설비와 IT 지원 등 비제조 관련 제품들이 포함된다.
- 다운스트림 활동은 소비자 중심의 항목이다. 기업이 제조한 제품이 소비자에게 수송되고 유통되는 과정, 판매 제품을 소비자가 사용할 때, 사용한 제품을 폐기할 때 등의 과정에서의 탄소배출을 포함한다. 또한 본사의 관리 아래에서 운영되는 프랜차이즈 지점처럼 임대나 계약으로 맺어진 자산 및 점포 등이 포함된다. 스코프 3 중에서도 다운스트림 활동은 기업이

자사 제품의 유통부터 보관, 사용, 폐기까지 모든 수명 사이클을 포함하여 탄소 배출을 측정해야 하기에 더욱 어려운 문제이다. 이는 보통 소비자에 따라 달라지는 문제이며, 기업이 관리하기 어려운 요소들이 많다.

④ 스코프 3에 주목해야 하는 이유

스코프 1과 2와 비교했을 때 스코프 3은 그 범위가 넓고 복잡해 탄소 배출량을 파악하고 감축 계획을 세우기가 쉽지 않다. 또 아직 법적으로도 반드시 발표해야 하는 수치도 아니다. 그럼에도 많은 기업들은 탄소 중립을 향해 가는 여정에서 스코프3에 주목한다. 기업의 투명성을 높여 긍정적인 브랜드 이미지를 구축하고 고객의 신뢰도를 높일 수 있으며, 장기적으로는 사업을 운영하는데 필요한 자원을 효율적으로 사용하고, 생산 및 관리 비용을 절감할 수 있기 때문이다.

탄소 배출량의 산정 방식, 데이터 기준의 표준화와 관리 방식 등 아직 해결해야 할 과제들이 많지만, 인류와 지구의 미래를 위해 지속 가능한 발전은 이제 선택이 아닌 필수이다.

■ 스튜어드십 코드(Stewardship Code)

스튜어드십 코드란 수탁자 책임의 일환으로 보유주식의 의결권 행사를 포함한, 주주권 행사를 요구하는 자율규제 형식의 기관투자자 행위 준칙을 말한다. 스튜어드십 코드는 법률에 별도의 위임 규정이 없어 강제성과 구속력은 없다. 다만, 2016년 최초 도입 이래 6년 만에 참여기관이 국민연금을 포함하여 190개사로 급증하는 등 기관투자자들이 적극적으로 참여하고 있는 추세에 있다.

스튜어드십 코드에 가입하면 기관투자자는 적극적으로 의결권을 행사하고 행사내역을 공시하여야 하며, 필연적으로 이와 관련한 기관투자자의 업무가 증가하게 된다. 특히, 우리나라의 경우 12월 말 결산법인이 절대 다수를 차지하고 있어, 정기주주총회 개최 시점이 대부분 유사한 기간에 집중되어 있어 동시에 모든 의안을 직접 살피는 것은 물리적으로 가능하지 않은 경우가 발생한다. 이런 지점에서 기관투자자들로서는 의결권자문기관을 보다 적극적으로 활용하게 될 유인이 발생하게 되었다.

■ 온실가스(greenhouse gas)

온실가스란 지구를 둘러싸고 있는 기체로 지표면에서 우주로 발산하는 적외선 복사열을 흡수 또는 반사할 수 있는 기체를 말한다. 주된 온실가스로 이산화탄소, 메탄, 아산질소 등이 있다. 온실가스는 두 가지 이상의 원자가 결합된 분자로 잔류수명이 길어 온실효과에 영향을 준다. 지구 공기는 질소, 산소, 아르곤 등이 주된 성분이고 이산화탄소는 1% 미만으로 존재하지만 지구 온도에 대한 영향은 매우 크다. 온실가스는 지구환경 유지에 없어서는 안될 필수적인 요소이지만, 산업 발전으로 인한 온실가스 증가는 기후변화, 지구 온난화와 같은 온실가스효과를 초래하며, 생태계의 변화와 함께 인류 생존에 위협적인 요소로 간주되고 있어, 국제적으로 온실가스 감축을 위한 노력이 진행되고 있다.

■ 임팩트 투자(Impact Investment)

수익에 국한하지 않고, 사회와 환경에 긍정적인 영향을 미치는 사업이나 기업에 돈을 투자하는 착한 투자방식을 지칭한다. 기존의 착한 투자가 투자자들이 사회나 환경에 해로운 영향을 끼치는 기업에 투자를 하지 않는 것이었다면, 임팩트 투자자들은 그러한 소극적인 방식을 넘어 사회나 환경문제에 긍정적인 영향력을 발휘할 수 있는 사업이나 기업을 적극적으로 찾아 이에 장기적으로 투자한다.

한편, 기업들이 이러한 임팩트 투자를 바탕으로 사회문제를 해결하고 새로운 사업기회를 창출하는 것을 임팩트 비즈니스(Impact business)라고 한다. 특히 임팩트 비즈니스는 피라미드의 바닥층(Base of the pyramid, BoP)인 빈곤층을 가장 주목하고 있다. BoP 계층은 세계 인구의 72%인 40억 명에 이르고, 시장규모도 5조 달러에 달하는 거대 시장으로, 중간소득 계층으로 성장할 가능성이 높아 넥스트마켓(next market)이라고도 불리고 있다.

■ 재생 가능 에너지(Renewable energy)

온실가스 프로토콜에서 규정한 재생 가능 에너지(Renewable energy)에 대한 정의를 따르면, '풍력, 물, 태양, 지열 에너지 및 바이오 연료 등과 같은 무궁무진한 에너지원에서 가져온 에너지'를 뜻한다. 재생이 가능한 자원, 즉 햇빛(태양), 바람(풍력), 비, 조수(조력), 파도(파력), 지열과 같이 시간이 지남에 따라 자연적으로 보충되는, 재생&지속이 가능한 자원으로부터 수집된 에너지이다. 그 밖에도 수력, 생물 자원(바이오매스) 등이 있다.

IEA(국제에너지기구, International Energy Agency)의 2023년 3월 통계자료에 의하면 전체에너지 중 재생에너지 비율이 OECD 37.2%, IEA가입국전체 36.3%, 일본 26.9%, 한국 9.9%를 기록했다.

■ **지구온난화 지수(Global warming potential)**

이산화탄소가 지구온난화에 미치는 영향을 기준으로 각각의 온실가스가 지구온난화에 기여하는 정도를 수치로 표현한 것.

〈이산화탄소를 1로 설정했을 때 다른 온실가스들의 지구온난화 지수〉

온실가스	지구온난화 지수(GWP)	주요 배출원
이산화탄소(CO2)	1	연로 사용 / 산업공정
메탄(CH4)	21	폐기물 / 농업 / 축산
아산화질소(N20)	310	산업공정 / 비료 사용 시
수소불화탄소(HFCs)	140~11,700	반도체 생산, 냉매, 발포제 사용
과불화탄소(PFCs)	6,500~9,200	반도체, 전자제품 등의 세척
육불화황(SF6)	23,900	전기제품, 변압기 등 절연체

이산화탄소의 경우 지구온난화지수는 1이지만 배출량이 워낙 많기 때문에 대기 중 이산화탄소 농도를 줄이기 위해서 다양한 연구들이 진행되고 있다.

지구온난화에서 이산화탄소 다음으로 큰 비중을 차지하는 메탄가스에 대한 관리의 중요성이 부각되는 추세이며, 2021년 제26차 유엔기후변화협약 당사국총회(COP26)에서 2030년까지 전 세계 메탄 배출량을 2020년 대비 최소 30%감축에 합의하였다.

■ 탄소국경세(CBT)

탄소국경세(Carbon Border Tax)는 이산화탄소 배출 규제가 약한 국가가 강한 국가에 상품·서비스를 수출할 때 적용받는 무역관세로, 탄소의 이동에 관세를 부과하는 조치를 말한다. 즉, 수입품을 대상으로 해당 상품을 생산하는 과정에서 배출된 탄소량을 따져 비용을 부과하는 것으로, 사실상의 추가 관세라 할 수 있다.

탄소국경세는 온실가스 규제가 강한 국가의 기업 피해를 줄이기 위해 제시된 것으로, 온실가스 규제가 강한 국가의 기업은 외국 경쟁업체에 비해 높은 생산비용으로 피해를 입는다는 문제가 제기됨에 따른 것이다. 이러한 탄소국경세는 미국 조 바이든 행정부와 유럽연합(EU)이 주도적으로 추진하는 새로운 무역관세의 일종이다.

특히 EU는 2021년 7월, 2030년 유럽의 온실가스 배출량을 55% 감축하기 위한 입법 패키지인 '핏포 55(Fit for 55)'를 발표하면서 탄소국경조정제도(탄소국경세, CBAM) 도입을 포함시켰다. 탄소 국경 조정 제도(CBAM)은 EU 역내로 수입되는 제품 가운데 자국 제품보다 탄소배출이 많은 제품에 대해 비용을 부과하는 조치이다. EU는 2023년부터 전기·시멘트·비료·철강·알루미늄 등 탄소배출이 많은 품목에 CBAM을 시범 시행한 뒤 2026년부터 단계적으로 적용한다. EU는 이와 같은 탄소국경세 부과를 위해 수입제품에 '탄소배출권거래제(ETS)'를 적용하는 방법을 택했는데, 이에 따라 EU에 수출하려는 기업은 배출권 가격을 기준으로 만든 CBAM 인증서를 구매해야 한다.

■ 탄소 상쇄(Carbon offsetting)

탄소 상쇄는 산업 또는 기타 인간의 활동으로부터 발생되는 이산화탄소(CO_2) 배출을 보상하는 행위 또는 과정을 말한다. 대기 중 이산화탄소를 동등하게 감소시키기 위해 고안된 제도에 참여해 달성한다. 탄소 상쇄는 대기에 온실가스 배출을 방지, 감소 또는 제거하는 활동으로 이뤄진다. 전세계의 배출 감축 프로젝트는 재생 가능한 에너지, 바이오가스, 재조림(再造林) 등과 같은 활동으로 탄소를 상쇄한다. 이들 프로젝트의 혜택에는 지역 사회를 위한 경제적, 사회적 및 건강 개선이 포함된다.

◆ 산림탄소상쇄제도

기업, 산주(山主), 지방자치단체 등이 자발적으로 온실가스 배출 저감을 위한 탄소 흡수원 증진 활동(식생복구, 산림경영, 신규조림 및 재조림, 목제품 이용, 산림 바이오매스에너지 이용)을 하고 이를 통해 확보한 산림탄소흡수량을 정부가 인증해 주는 제도이다.

2010년부터 산림분야의 온실가스 감축사업을 활성화하고 이를 통해 얻어진 이산화탄소 흡수량을 거래할 수 있도록 시범 운영한 데 이어 2023년 2월 23일부터 '탄소흡수원 유지 및 증진에 관한 법률'이 시행되면서 본격적으로 운영되고 있다.

■ 탄소중립(Carbon Neutral)

이산화탄소를 배출한 만큼 이산화탄소를 흡수하는 대책을 세워 이산화탄소의 실질적인 배출량을 '0'으로 만든다는 개념이다. 대기 중으로 배출한 이산화탄소의 양을 상쇄할 정도의 이산화탄소를 다시 흡수하는 대책을 세움으로써 이산화탄소 총량을 중립 상태로 만든다는 뜻.

탄소중립을 실행하는 방안으로는 첫째, 이산화탄소 배출량에 상응하는 만큼의 숲을 조성하여 산소를 공급하거나 화석연료를 대체할 수 있는 무공해에너지인 태양열·태양광·풍력 에너지 등 재생에너지 분야에 투자하는 방법, 둘째, 이산화탄소 배출량에 상응하는 탄소배출권을 구매하는 방법 등이 있다. 탄소배출권(이산화탄소 등을 배출할 수 있는 권리)이란 이산화탄소 배출량을 돈으로 환산하여 시장에서 거래할 수 있도록 한 것인데, 탄소배출권을 구매하기 위해 지불한 돈은 삼림을 조성하는 등 이산화탄소 흡수량을 늘리는 데에 사용된다.

■ 탄소배출권

지구온난화의 주범인 이산화탄소(CO2), 메탄(CH4), 아산화질소(N2O), 수소불화탄소(HFCs), 과불화탄소(PFCs), 육불화황(SF6) 등 온실가스를 배출할 수 있는 권리를 말한다. 온실가스 중에서 이산화탄소가 비중이 가장 높아 대표적으로 이산화탄소 배출을 규제하기 위한 것이다.

교토의정서 가입국들은 2012년까지 이산화탄소 배출량을 1990년 대비 평균 5% 정도 감축하기로 했으며, 이를 이행하지 못하는 국가나 기업은 탄소배출권을 외부에서 구입하도록 했다. 따라서 이산화탄소 배출량이 많은 기업은 에너지 절감 등 기술개발로 배출량 자체를 줄이거나 배출량이 적어 여유분의 배출권을 소유하고 있는 기업으로부터 그 권리를 사서 해결해야 한다.

탄소배출권은 유엔기후변화협약(UN Framework Convention on Climate Change, UNFCCC)에서 발급하며, 발급된 탄소배출권은 시장에서 상품처럼 자유롭게 거래할 수 있다. 탄소배출권은 '할당량(allowance) 배출권'과 '크레딧(credit) 배출권'의 두 가지로 나뉜다. 여기서 '할당량'은 의무 감축 주체별로 배출할 수 있는 온실가스 배출 권리로, 정부가 기업에 배출권을 할당하면 기업은 초과하거나 남는 배출량을 배출권 형태로 시장에서 거래할 수 있다. 그리고 크레딧은 온실가스 저감 활동을 통해 원래 배출할 것으로 예상됐던 전망치보다 온실가스를 줄였을 때 그 저감량에 해당하는 만큼 크레딧을 발행해 주는 방식을 말한다.

2005년 EU의 탄소배출권거래소가 개장한 이후 탄소배출권 거래는 지속적으로 증가하고 있으며 거래가격 또한 상승하는 추세이다. 탄소배출권 제도는 탄소를 감축하려는 다양한 신기술 개발로 이어지고 있는데, 대표적으로 탄소 포집 및 저장기술(CCS)을 들 수 있다. 이는 화석연료에서 발생하는 이산화탄소(CO2)를 대기로 배출하기 전에 추출한 후 압력을 가해 액체 상태로 만들어 저장하는 기술을 말한다.

■ 사회책임투자지수(FTSE4Good Index)

기업의 ESG 활동을 평가하는 지수의 대표주자는 다우존스지속가능경영지수(DJSI)의 S&P500 ESG 지수, FTSE의 FTSE4GOOD

지수, MSCI의 ESG Leaders 지수 등이다. 이중 유럽을 대표하는 지수는 영국 FTSE(Financial Times Security Exchange) 지수 중 하나인 FTSE4GOOD 지수다. 분기별로 편입 기업을 발표한다.

FTSE4Good 지수는 ▲환경보호 ▲인권보장 ▲협력업체 노동규범 준수 ▲반부패 정도 ▲기후변화 대응 등 5가지 항목을 평가해, 각 부문별로 0~5까지 등급점수를 매긴다. 기업의 재정상태뿐 아니라 사회적 책임 이행 여부도 중요한 투자 지표라고 보기 때문에, FTSE4Good 지수를 개발해 사용한다. FTSE인터내셔널은 "FTSE4Good 지수가 높지 않더라도 이 지수에 편입되는 것만으로도 의미가 있다"고 설명한다. 5개 평가 항목 중 한 가지 부문이라도 기준에 미달되면 지수 편입이 불가능하기 때문이다.

■ 2050 장기 저탄소발전전략(LEDS)

2050 장기 저탄소발전전략(Long-term low greenhouse gas Emission Development Strategies, LEDS)은 파리기후변화협약(2015) 당시 모든 당사국에게 제출을 요구한 중장기 탄소 감축 전략이다. 2050년까지 탄소중립을 달성하기 위한 장기 비전과 국가 전략을 제시한다. 한국은 2020년 12월 제출했으며, 5대 기본 방향으로 전기·수소 활용 확대, 디지털 기술 연계를 통한 에너지 효율 향상, 탈탄소 기술 개발 및 상용화, 순환경제 이행, 자연·생태 탄소 흡수 기능 강화 등을 담았다.

■ 교토의정서(Kyoto Protocol)

교토의정서(Kyoto Protocol)는 온실가스 배출을 줄이기 위한 구체적인 계획과 의무를 명기한 유엔 기후변화협약(UNFCCC) 의정서로 일본 교토에서 열린 기후변화협약 제3차 당사국 총회(COP3, 1997)에서 채택되고, 2005년에 발효됐다. 선진국과 시장 경제 전환 국가에 대해 2008년부터 12년간 1990년 대비 평균 5% 이상의 온실가스 감축 의무를 부과했다. 2005년 2월 발효됐으며, 파리협정이 출범한 2020년까지 유효했다. 우리나라는 2002년 11월 비준했다.

■ 국가온실가스 감축목표(NDC)

국가온실가스 감축목표(Nationally Determined Contributions, NDC)는 지구 평균기온 상승을 산업화 이전보다 2℃ 이하로 유지하는 것을 목표로 하는 파리기후변화협약에 따라, 각 국가가 5년마다 제출해야 하는 자발적인 감축 목표이다. 감축, 적응, 재원, 기술, 역량강화, 투명성 6개 분야를 포괄한다. 한국은 2030년까지 2017년 온실가스 배출량 대비 24.4% 감축을 제시했으며 2025년까지 목표를 상향하겠다고 밝힌 바 있다.

■ 국제 항공탄소 상쇄감축제도(CORSIA)

국제 항공탄소 상쇄감축제도(Carbon Offsetting and Reduction Scheme for International Aviation, CORSIA)은 국가별 탄소배출 규제 범위에 포함되지 않는 국제항공운송의 탄소배출량을 관리하기 위해 2016년 UN 산하 국제민간항공 기구(ICAO)에서 합의한

계획이다. 순배출량을 2019년 기준으로 유지할 수 있도록 각 항공사는 초과한 탄소배출량만큼 배출권을 구매해 탄소배출량을 상쇄해야 한다. 2021~2023년은 시범단계로 자발적 참여를 전제로 하며, 2021~2035년까지 총 25억 톤 감축을 목표로 한다.

■ 녹색분류체계(Green Taxonomy)

친환경을 뜻하는 그린(Green)과 분류학을 의미하는 택소노미(Taxonomy)의 합성어로 환경적으로 지속 가능한 경제 활동의 범위를 정한 분류체계이다.

◆ EU택소노미

유럽연합(EU)은 2018년 그린 택소노미(Green Taxonomy)를 위한 분류체계를 수립한 후 20개월 동안 200명 이상의 전문가와 두 번의 공청회를 거친 끝에 그린 택소노미(Green Taxonomy) 규정 및 6대 목표, 4개의 기본 원칙을 발표하였다. 그린 택소노미(Green Taxonomy)는 6대 목표를 한 개 이상 달성하는 것과 동시에 4개의 기본 원칙을 모두 충족하는 경우에만 친환경 행위로 분류한다.

- EU 택소노미 목표(최소 1개 이상 달성)
    1. 기후변화 완화
    2. 기후변화 적응
    3. 수자원과 해양자원의 지속 가능한 이용 및 보호
    4. 순환경제로의 전환

5. 오염 방지 및 관리
6. 생물 다양성과 생태계 보호 및 복원

• EU택소노미 기본원칙(모두 충족)

1. 6대 환경 목표 중 하나 이상의 달성에 기여할 것
2. 하나의 환경목표에 기여하는 과정에서 다른 환경목표에 심각한 위해를 미치지 않을 것
3. 최소한의 사회적 안전장치를 준수할 것
4. 기술 선별 기준에 부합할 것

◆ K-택소노미(한국형 녹색분류체계)

2021년 12월 환경부가 한국형 녹색분류체계 가이드라인 발표

탄소중립 및 환경개선에 기여하는 경제활동인 '녹색부문'과 탄소중립으로 전환하기 위한 과도기적 경제활동인 '전환부문'으로 구성되어 있고 이를 실행하기 위한 3대 원칙을 제시한다.

• 한국형 녹색분류체계의 원칙

1. 환경목표에 기여할 것(그린 택소노미의 6대목표 중 하나 이상의 환경목표 달성에 기여)
2. 심각한 환경피해가 없을 것(환경목표 달성 과정에서 다른 환경목표에 심각한 피해를 주지 않아야 함)
3. 최소한의 보호장치(인권, 노동, 안전, 반부패, 문화재 파괴 관련 법규를 위반하지 않아야 함)

■ 비재무정보 공개지침(NFRD)

비재무정보 공개지침(Non-Financial Reporting Directive, NFRD)은 2014년 EU 의회에서 통과된 법안으로, 비재무정보 공시 의무화를 담았다. 2018년부터 역내 500인 이상 또는 자산총액 2,000만 유로 이상의 기업과 공익법인은 의무적으로 공시해야 한다. 원칙준수 예외설명(Comply or Explain) 방식에 따라 환경문제, 이사회 다양성, 인권, 반부패 등 다양한 ESG 리스크 와 기회에 대한 정보를 공개함으로써 ESG 관련 기업 운영의 투명성을 높이고 사회적 책임을 강화하려는 취지다.

■ 신재생에너지 공급 의무화 제도(RPS 제도)

신재생에너지의 보급 확대 및 관련 사업 육성을 위한 제도로 2012년 도입됐다. 이에 따라 일정규모 이상(50만kW)의 발전 사업자는 총 발전량의 일정비율 이상을 신재생에너지로 공급 해야 한다. 현재 한국수력원자력, 남동발전, 중부발전 등 에너지 공기업과 포스코에너지, SK E&S, GS EPS 등 14개 발전사가 해당된다. 산업통상자원부는 '재생에너지 3020 이행계획'에 따라 RPS 비율 확대를 적극 추진하고 있다.

■ 유럽 그린 딜(European Green Deal)

EU 집행위원회에서 중장기 경제성장 전략의 일환으로 2019년 12월 발표한 정책 로드맵이다. 2050년 탄소중립 달성을 목표로 지속가능한 미래를 위한 EU 경제의 전환을 위해 채택 됐다.

■ 유럽 기후법(European Climate Law)

유럽연합(EU) 회원국들이 2021년 6월 28일 채택한 법안으로, EU의 온실가스 순배출량을 2030년까지 1990년 대비 최소 55% 감축하고 2050년까지는 탄소중립을 이룬다는 목표를 담고 있다.

■ 유엔 책임투자원칙(UN PRI)

유엔 책임투자원칙(Principles of Responsible Investment, UN PRI)은 금융기관의 투자 의사 결정시 기업의 ESG 요소를 고려하는 골자로 2006년 유엔(UN) 코피 아난(Kofi Annan) 사무총장 이 주도해 마련한 전 세계 책임투자 표준을 제시하는 구상이다.

〈책임투자원칙(PRI) 6대원칙〉

원칙 1. 투자 분석 및 의사결정 과정에서 ESG 이슈를 통합한다.

원칙 2. 투자철학 및 운용원칙에 ESG 이슈를 통합하는 적극적인 투자자가 된다.

원칙 3. 투자 대상에게 ESG 이슈들의 정보공개를 요구한다.

원칙 4. 투자 업계 내 책임투자원칙의 준수와 이행을 위해 노력한다.

원칙 5. 책임투자원칙 이행의 효과를 높이기 위해 상호 협력한다.

원칙 6. 책임투자원칙의 이행에 관한 세부 활동 및 진전 사항을 보고한다.

■ 지속가능금융 공시규제(SFDR)

2018년 3월 유럽의회(EU)가 발표한 지속가능금융 행동계획(Sustainable Finance Action Plan)의 일환으로 EU는 2019년 11월 27일 지속가능금융 공시규제(Sustainability Finance Disclosure Regulation, SFDR)를 발표했다. SFDR은 금융기관에 투자 자산의 지속가능성 위험 및 해당 투자가 사회와 지구에 미치는 영향에 대한 정보를 공시하도록 의무화하고 이를 통해 기후변화와 지속가능성에 대한 투자자의 인식·수요 제고와 함께 금융기관에 책임을 부여하여 그린워싱 행위를 방지하고 책임 있고 지속 가능한 투자를 촉진하는 것이 목적이다.

■ 파리 기후변화 협약(Paris Climate Change Accord)

온실가스의 배출을 줄이기 위해 체결된 기후 변화 협약이다. 2020년 만료되는 교토 기후 협약을 대체하여 참여 당사국 모두에게 온실가스 감축 의무를 부여한다. 2015년 12월에 프랑스 파리에서 개최된 기후 변화 협약 제21차 당사국 총회에서 채택되었고 2021년 1월부터 적용되었다.

모든 당사국에 보편적인 구속력이 있는 첫 기후 합의로, ▶장기 목표 ▶감축 ▶시장 메커니즘 도입 ▶적응 ▶이행점검 ▶재원 ▶기술 등이 주요 내용으로 담겨 있다. 당사국이 자발적 감축목표(NDC)를 제출하고, 2020년부터 5년마다 정기적으로 결과를 보고하고 이행상황을 점검하며 상향된 목표를 제시하도록 한다.

■ 무탄소에너지 100퍼센트(CF100)

CF100은 '24/7 Carbon-Free Energy'로 Carbon Free 100%의 줄임말이다. 24시간 7일 내내 탄소 배출 없는 무탄소 에너지를 통해 전력을 100% 공급한다는 개념이다. RE100과 24/7 CFE는 궁극적으로는 탄소중립을 위한 글로벌 캠페인이지만, 24/7 CFE는 RE100보다 포괄적 의미다.

RE100이 사용 전력의 100%를 재생에너지로 충당하는 데 비해 CF100은 재생에너지뿐만 아니라 탄소를 발생시키지 않는 원자력발전, 연료전지 등을 통한 전력도 포함된다.

RE100 달성을 위해서는 기업이 사용하고 있는 모든 에너지를 재생에너지로 바꿔야 하는데, 예를 들면 천연가스, 원자력발전 등을 풍력, 수력 등의 재생에너지로 대체해야 한다. 이 때문에 현실적으로 달성이 어렵다는 지적을 받는다. 또 RE100은 석탄·화력발전소를 통해 나온 전기를 사용해도 이행 주체가 연간 사용량에 맞는 재생에너지를 구매해 기존 전기 사용분을 상쇄할 수 있어 재생에너지 사용을 인정받을 수 있다. 반면 CF100은 24시간 무탄소 전원으로 전기를 공급받아, 탄소를 발생시키는 전력원으로부터 공급받는 전기를 0으로 만들겠다는 것이다. CF100 이행을 위해서는 전력 수요와 공급이 실시간으로 연결돼 언제 어디서나 무탄소 전기를 사용할 수 있어야 한다.

CF100을 실천하는 대표적인 기업으로는 구글이 있는데, 구글은 2017년 RE100을 달성한 후 2018년 〈Moving toward 24x7 Carbon-Free Energy at Google Data Centers〉 보고서를 통해

기업의 에너지 정책으로 탄소 배출이 없는 에너지를 사용하자는 'CF100 계획'을 발표 했다.

■ 클라이밋 액션 100+(CA100+)

클라이밋 액션 100+(Climate Action 100+)은 파리기후변화협약 달성을 위해 2017년 창설된 글로벌 투자자들의 이니셔티브다. 블랙록(BlackRock), 캘리포니아공무원연금(CalPers), 노르웨이 연기금 운용사 스토어브랜드, 일본 우생연금펀드 등 700여개 이상의 투자 회사들로 구성되어있다. CA100+의 투자자들은 기업들이 기후변화에 대한 거버넌스를 개선하고, 온실 가스 배출량을 억제하며, 기후 관련 금융공시를 강화할 것을 요구하고 지속적 으로 모니터링한다. 2021년 1월 현재 온실가스 배출량이 가장 많은 전 세계 167개 기업에 서한을 보내 2050년까지 넷제로(Net Zero, 온실가스 순배출량 0)에 도달하는 방안과 계획 수립을 요구하고 있다. 엑손모빌, BP, 아람코, 로열 더치쉘 등 글로벌 석유기업을 비롯해 코카콜라, 포드, GM, 월마트 등이 포함돼 있다. 국내 기업 중에는 한전, 포스코, SK이노베이션이 있다. 이들 167개 기업이 배출하는 온실가스는 전 세계 산업부문 온실가스 배출량의 80%에 해당한다.

2022년 10월에 159개 중점회사에 대한 최신 클라이밋 액션 100+ 넷제로 기업 벤치마크(CA100+ Net Zero Company Benchmark)평가를 게시했다.

■ 국제표준화기구(ISO) 26000

국제표준화기구(International Organization for Standardization, ISO)가 2010년 발표한 기업의 사회적 책임에 관한 국제표준이다. 글로벌 빈곤과 불평등, 경제성장에 따른 환경 위기 등 지속가능성에 관한 새로운 패러다임이 요구되면서, 2004년 ISO에서 표준 개발이 결정되었고, 2005년부터 5년에 걸쳐 개발되었다. 소비자, 정부, 기업, 노동, NGO 및 기타 등 6대 다자간 이해관계자 접근방식으로 참여한 90여 개국 이상의 전문가가 이를 개발하였다.

ISO 26000은 지배구조, 인권, 노동관행, 환경, 공정거래, 소비자 이슈, 지역사회 참여 및 개발 등을 7대 핵심 주제로 규정하고, 이에 대한 실행지침과 권고사항 등을 담고 있다. ISO 26000은 기업의 사회적 책임(CSR) 분야에서 참고가 되어 왔으나, ISO 9000(품질경영시스템)이나 ISO14000(환경경영시스템)과 달리, 강제성이 없는 실행 가이드라인으로 인증을 위한 표준이 아니다. 때문에 세계 각국의 기관과 기업은 적용에 있어 제각기 다른 방식을 채택하고 있다.

■ 경제협력개발기구(OECD) 기업지배구조원칙

자본시장을 통한 기업의 투자활동 지원과 기업의 이익창출 과정에 참여하는 다양한 이해관계자들의 권리와 역량을 제고 하기 위한 가이드라인으로, 1999년 처음 제정되었다. 주주권 및 주주평등, 기관 투자자 및 주식시장, 이해관계자, 공시와 투명성, 이사회의 책임 등으로 구성됐다. 글로벌 기준으로서 유효성이 입증돼 여러 국가에서 지배구조 개혁 관련 기본 자료로 활용되고 있다.

■ 경제협력개발기구(OECD) 다국적기업 가이드라인

다국적기업의 경제·사회·환경 측면의 긍정적 영향을 제고하고 부정적 영향을 최소화하도록 지원하기 위해 2011년 OECD가 제정한 모범적 행동 규범이다. 한국 등 OECD 회원국과 비회원 국을 포함해 총 48개국이 수락했다. 법적 구속력은 없으나 수락국 연락사무소(National Contact Point)를 통해 홍보 및 이행 문제를 다룬다. 정보공개, 인권, 고용 및 노사관계, 환경, 뇌물공여, 뇌물 청탁 및 강요 방지, 소비자 보호, 경쟁, 조세 등 광범위한 기업윤리 분야를 포괄한다.

■ 재생에너지 100%(RE100, Renewable Electricity 100%)

기업이 사용하는 전력의 100%를 2050년까지 태양광, 풍력 등 재생에너지로만 충당하겠다는 국제 캠페인이다. 2014년 영국의 비영리단체인 더클라이밋그룹(The Climate Group)과 탄소공개프로젝트(Carbon Disclosure Project)에서 발족했다. RE100은 정부가 강제하는 것이 아니라 글로벌 기업의 자발적 참여로 진행되는 캠페인이라는 점에서 높은 평가를 받는다. RE100을 달성하기 위해서는 태양광 발전 시설 등 설비를 직접 만들거나 재생에너지 발전소에서 전기를 사 쓰는 방식이 있다. 가입하기 위해 신청서를 제출하면 본부인 더클라이밋그룹의 검토를 거친 후 가입이 최종 확정된다. 가입 후 1년 안에 이행계획을 제출하고 매년 성과를 점검 받는다. 재생에너지 비중을 2030년 60%, 2040년 90%로 올려야 자격이 유지된다.

◆ 한국형 RE100(K-RE100)

RE100에 본격적으로 참여할 수 있는 기반을 구축하고 재생에너지 사용을 활성화하여 이를 통해 국내 기업경쟁력을 강화하기 위한 목적으로, 2021년부터 한국형 RE100(K-RE100) 제도를 도입하여 시행하고 있다.

■ 폐기물 매립 제로(ZWTL)

폐기물 매립 제로(Zero Waste To Landfill, ZWTL)는 기업의 자원순환 노력을 평가하는 지표로서 미국 최초의 안전규격 인증기관 언더라이터스 레버러터리(Underwriters Laboratories, UL)이 폐기물 배출량 제로를 달성하기 위하여 도입한 폐기물 관리 인증제도이다. 사업장에서 발생하는 폐기물을 자원으로 재 활용하여 폐기물 배출량이 0으로 수렴하는 순환경제를 목표로 한다. 폐기물의 총 중량에서 재활용을 할 수 없는 폐기물의 중량을 빼 재활용률을 수치화하여 기업의 자원 재활용 수준과 사업장 발생 폐기물의 재활용 수준을 등급으로 평가한다. 사업장 폐기물을 소각, 매립하지 않고 자원으로 활용하는 비율에 따라 100%일 경우 플래티넘, 95~99%는 골드, 90~94%는 실버 등급이 부여된다.

참/고/문/헌

김경식 (2023). 착한 자본의 탄생. 어바웃어북.

김태식 외 8명 (2012). 고등학교 창의적 사고기법. 서울특별시교육청.

박봉수 (2015). 잠자는 창의력을 깨워라. 호이테북스.

박윤호, 한광식 (2009). 아이디어 특허로 재테크하기. 영진닷컴.

박종철, 한광식 (2023). ESG창업. 이프레스.

박종철 외 2명 (2021). ESG 경영과 법률. 도서출판 정독.

박종철 외 6명 (2022). ESG레볼루션. 캐피털북스.

심보균 (2023). ESG 공공기관, 지방자치단체의 역할과 교육. 한국ESG 학회 제2회 세계ESG포럼.

이선영 (2015). 1인 창업이 답이다. 갈라북스.

조연순 외 2명 (2008). 창의성 교육. 이화여자대학교출판부.

조준동 (2015). 창의융합 프로젝트 아이디어북. 한빛아카데미.

창조경제타운 (2013). 아이디어 보호 매뉴얼.

하버드 경영대학원 (2004). 창의와 혁신의 핵심 전략. 청림출판.

한광식 (2017). 창업과 기업가정신. 이프레스.

한광식 (2018). 컨설턴트에 도전한다. 이프레스.

한광식 외 1명 (2015). 돈 버는 아이디어로 재테크하기. 이프레스.

허남식 (2023). 한국ESG학회의 진단과 대처. 한국ESG학회 제2회 세계 ESG포럼.

찾/아/보/기

(ㄱ)

가치 126
가치사슬(Value Chain) 308
거버넌스(governance) 113
경성규범(Hard Law) 119
경제협력개발기구(OECD) 기업지배구조원칙 338
경제협력개발기구(OECD) 다국적기업 가이드라인 339
계약(범위 확정) 60
계약 61
고객(Client) 13
고든법(Gordon Method) 86
고정비(Fixed Costs) 91
공급망 실사 지침 119
공헌이익(Contribution Margin) 92
과학기반 감축목표 이니셔티브(SBTi) 302
교토의정서(Kyoto Protocol) 330
국가온실가스 감축목표(NDC) 330
국제 기후채권기구(CBI) 271
국제 기후채권기구(CBI) 271
국제 지속가능성 기준위원회(ISSB) 272
국제 항공탄소 상쇄감축제도(CORSIA) 330
국제금융공사(IFC) 270
국제기업지배구조네트워크(ICGN) 270
국제통합보고위원회(IIRC) 273
국제통합보고위원회(IIRC) 273
국제표준화기구(ISO) 26000 338
권리화 254
그린워싱(Greenwashing) 309
그린카본(Green Carbon) 308
글래스루이스(Glass Lewis) 274
글로벌 보고 이니셔티브(GRI) 275
글로벌 탄소 프로젝트(GCP) 274
글로벌지속가능투자연합(GSIA) 276
기관주주서비스(ISS) 296
기술적 가능성 254
기업 ESG 지원 136
기업 보고 다이얼로그(CRD) 277
기업의 지속가능경영을 위한 인권환경보호에 관한 법률안 182
기획 적용 238
기후관련 재무정보공개 태스크포스(TCFD) 278
기후변화당사국 총회(COP) 279
기후변화에 관한 정부 간 협의체(IPCC) 280
기후정보공개표준위원회(CDSB) 279

(ㄴ)

네거티브 스크리닝과 포지티브 스크리닝 310
넷제로 어셋 매니저스 이니셔티브(NZAM) 297
넷제로 자산소유자 연합(Net-Zero Asset Owner Alliance) 298
넷제로(Net Zero) 311
녹색금융협의체(NGFS) 280

녹색금융협의체(NGFS) 280
녹색분류체계(Green Taxonomy) 331
녹색성장과 글로벌 목표 2023을 위한 연대 (P4G) 298
녹색채권(green bond) 216

(ㄷ)
단체표장 250
대화예절 26
더인베스터아젠다(The Investor Agenda) 306
디자인권 248

(ㄹ)
래리 핑크(Larry Fink) 212
렙리스크(RepRisk) 301
르윈과 샤인(Lewin & Schein) 모델 40

(ㅁ)
마인드맵(Mind Map) 84
매거리슨(Margerison) 모델 46
멘토링(Mentoring) 16
모건스탠리캐피털인터내셔널(MSCI) 281
모니터링 101
목적(purpose) 126
무탄소에너지 100퍼센트(CF100) 336
문제 제기 236
밀란(Milan) 모델 43

(ㅂ)
바이오매스(Biomass) 312
바이오에너지(Bioenergy) 312
방법론조사 239
밸류 밸런싱 얼라이언스(VBA) 307
변동비(Variable Costs) 91
브레인라이팅법(Brain Writing Method) 81
브레인스토밍법(Brainstorming 79
블랙카본(black carbon) 313
블루카본(blue carbon) 314
블룸버그(Bloomberg) 282
비랩(B Lab) 283
비용편익분석 94
비재무정보 공개지침(NFRD) 333
비전 127
비지오 아이리스(Vigeo Eiris) 282

(ㅅ)
사명 선언문 127
사명 127
사업개발 257
사업기회 파악 255
사업모델 254
사업적 가능성 253
사업전개 260
사업화 조직 253
사회(social) 112
사회적 채권(social bond) 216
사회책임투자(SRI) 316
사회책임투자지수(FTSE4Good Index) 328
사회책임투자채권(SRI) 316
산업재산권 247
상담(Advice) 16
상표권 248
새천년개발목표(MDGs) 115
생물다양성(Biodiversity) 317
서비스표 250
서스테이널리틱스(Sustainalytics) 304

성과확산 262
세계지속가능발전기업협의회(WBCSD) 284
손익분기점분석 91
스코프 1, 2, 3(Scope 1, 2, 3) 318
스탠더드앤드푸어스(S&P) 302
스튜어드십 코드(Stewardship Code) 321
시범 사업(Pilot project) 90
시장조사법 236
시장조사의 절차 236
신 플라스틱 경제 글로벌 공약(New Plastics Economy Global Commitment) 298
신재생에너지 공급 의무화 제도(RPS 제도) 333
신지식재산권 251
실행 100
실행단계 74

(ㅇ)

아이디어 발상 77
아이디어 상품화 전략 132, 135, 148, 191, 208
아이디어 75
양적조사 239
어카운터빌리티(AccountAbility) 294
업무표장 250
에코바디스(EcoVadis) 286
연성규범(Soft Law) 119
예비진단 56
온실가스 프로토콜(GHG Protocol) 294
온실가스(greenhouse gas) 322
운영관리 컨설팅 15
원형화(Prototyping) 90
유럽 그린 딜(European Green Deal) 333
유럽 기후법(European Climate Law) 334
유럽 청정수소연합(European Clean Hydrogen Alliance) 287
유엔 글로벌 콤팩트(UNGC) 287
유엔 기후변화 협약(UNFCCC) 287
유엔 책임투자 원칙(PRI) 214
유엔 책임투자원칙(UN PRI) 334
유엔 환경계획(UNEP) 289
유엔지속가능발전목표(SDGs) 115
유엔환경계획 금융 이니셔티브(UNEP FI) 306
유지보수 103
응용조사 239
의결권자문기관 285
의뢰인(Consultee), 13
이론조사 239
인적자원 컨설팅 14
인터뷰(Interview) 30
임팩트 매니지먼트 프로젝트(IMP) 295
임팩트 투자(Impact Investment) 323

(ㅈ)

자료 분석 237
자료 수집 237
자료분석 70
자연관련 재무정보 공개 태스크포스(TNFD) 305
자체평가 109
재생 가능 에너지(Renewable energy) 323
재생에너지 100%(RE100, Renewable Electricity 100%) 339
저작권 250
저작인접권 250
저탄소 녹색성장 기본법 117

전략 컨설팅 14
정보기술 컨설 15
정부 및 유관기관 ESG 방침 148
제안서 57
제안요청서 57
조사 설계 237
종료단계 108
주주제안 119
중앙행정기관 평가 137
지구온난화 지수(Global warming potential) 324
지방자치단체 평가 138
지속가능거래소 이니셔티브(SSE Initiative) 303
지속가능금융 공시규제(SFDR) 335
지속가능성 공시 지침 119
지속가능성 보고서 207
지속가능성회계기준위원회(SASB) 289
지속가능연계채권(Sustainability-Linked Bond) 216
지속가능채권(sustainability bond) 216
지식재산권 246
진단단계 64
질적조사 239

(ㅊ)

착수단계 53
책임감 있는 비즈니스연합(RBA) 300
책임투자원칙 114
청정수소 공급망 이니셔티브(CHTI) 290
총자본 순이익률 95

(ㅋ)

카운슬링(Counseling) 18
캐피탈연합(Capitals Coalition) 291
컨설턴트(Consultant) 13, 19
컨설팅 12
코칭(Coaching) 15
콜프와 프록만(Kolb & Frohman) 모델 41
클라이밋 액션 100+(CA100+) 337

(ㅌ)

탄소 상쇄(Carbon offsetting) 326
탄소공개프로젝트(CDP) 291
탄소국경세(CBT) 325
탄소국경조정제도(CBAM) 119
탄소배출권 327
탄소중립(Carbon Neutral) 326
탄소회계금융협회(PCAF) 293
토론토시 ESG경영 140
특허권 248

(ㅍ)

파리 기후변화 협약(Paris Climate Change Accord) 335
평가절차 190
평판 리스크 121
폐기물 매립 제로(ZWTL) 340
포스트잇 발상법(Post-it Method) 87
포트폴리오 탈탄소화 연합(PDC) 299
피드백 73

(ㅎ)

한국의 SDGs 이행 현황 2021 보고서 117
한국지속가능성기준위원회(KSSB) 273
한국형 ESG 공시기준안 208

할인현금흐름분석 93
행정부 자체 실천 사항 136
환경(environmental) 112
환경 · 사회 · 지배구조 경영 촉진법안 184
회계(Accounting) 14

(영문)

Brundtland 보고서 114
ESG 8대 국정과제 137
ESG 가이던스 206
ESG 경영 관리체계 수립 127
ESG 경영 수준 진단 127
ESG 경영 전략 수립 127
ESG 경영 125
ESG 구성요소 113
ESG 기본법 179
ESG 자가진단 테스트 204
ESG 정보공시 206
ESG 투자 213
ESG 평가 189
ESG 행정 5대 원칙 136
K-ESG 가이드라인 196
MSCI 지표 199
NABC 265
Occupy Wall Street Me Too 119
PMI기법 88
PRI 6가지 원칙 215
SASB Standards 192
SASB 산업별 중대성 지도(Materiality map) 194
SCAMPER기법 83
Who Cares Wins 보고서 114

(기타)

120대 국정과제 132
2050 장기 저탄소발전전략(LEDS) 329

저/자/소/개

한광식(Han, Kwang Sik)　kshan@kcce.or.kr

- 한국전문대학교육협의회 산학교육혁신연구원장
- 전문대학평생직업교육협회(COLIVE) 사무총장
- 전문대학창업교육네트워크(CEEN) 회장
- 국가교육위원회 직업·평생교육 특별위원회 위원
- 대통령직속 지방시대위원회 평가자문단 위원
- 중소기업정책심의회 지역분과위원회 전문위원(중소벤처기업부)
- (사)지역특화자원사업화연구센터 이사장(농림축산식품부)
- 한국ESG학회 부회장 겸 사회공헌위원장
- 김포대학교 교수 역임
- 지역특화발전특구위원회 민간위원(부위원장) 역임
- 한국창업교육협의회 부회장 역임

박종철(Park, Jong Cheol)　cheolpj@gmail.comr

- 미국변호사, 법학전문박사
- 한국ESG학회 부회장
- 전문대학창업교육네트워크(CEEN) 실행위원
- 대신금융그룹 대신경제연구소 자문위원
- 신용보증재단중앙회 ESG경영위원
- 삼성중공업 ESG 자문위원
- A사 소셜임팩트펀드 민간자문단 위원
- 한국전문대학교육협의회 산학교육혁신연구원 정책자문위원
- 전문대학평생직업교육협회(COLIVE) 자문위원
- 한국중견기업학회 부회장

이종현(Lee, Jong Hyun)　hopeklee@daum.net

- 아시아 벤처 필란트로피 네트워크(AVPN) 한국대표부 총괄 대표
- 국제개발컨설팅협회(CAIND) 기획이사/운영위원
- 한국ESG학회 부회장
- 지속가능경영학회 부회장/ESG 위원장
- 한국정책학회 이사
- 대한경영학회 상임이사
- 전문대학창업교육네트워크(CEEN) 부회장
- 네모파트너즈(Nemopartners) 공공부문 이사
- 사단법인 소셜엔터프라이즈네트워크(SEN) 상임이사/대표
- 유엔협회세계연맹 사무총장 특별보좌관 겸 대외협력 조정관

ESG컨설팅

초판발행 2023년 11월 30일 **1판 1쇄 발행** | 2025년 6월 10일 **1판 2쇄 발행**

지은이 한광식 박종철 이종현
펴낸이 최용구 | **펴낸곳** 도서출판 **이프레스**
주소 (04316) 서울시 용산구 원효로 89길 19 (원효로1가)
전화 02) 537-1720(영업부), 537-1721(편집부), 537-1711(팩스)
이메일 epress01@naver.com | **홈페이지** www.epress1.com
등록 2009년 12월 10일 제16-2710호
기획마케팅 최용구 장만동 송대용 최충구 | **책임편집** 석기은 황가연

ISBN 979-11-91348-47-7 03320
정가 22,000원